T0190765

GENERACIÓN DOPAMINA

Anna Lembke

GENERACIÓN
DOPAMINA

CÓMO ENCONTRAR EL EQUILIBRIO
EN LA ERA DEL GOCE DESENFRENADO

Urano
Argentina – Chile – Colombia – España
Estados Unidos – México – Perú – Uruguay

Título original: *Dopamine Nation*
Editor original: Dutton, an imprint of Penguin Random House LLC.
Traducción: Marisa Tonezzer

1.ª edición: enero 2023
2.ª reimpresión: julio 2024

ISBN: 978-84-17694-75-3
E-ISBN: 978-84-19251-12-1
Depósito legal: B-20.490-2022

Fotocomposición: Urano World Spain, S.A.U.

Impreso por: Rotativas de Estella – Polígono Industrial San Miguel Parcelas E7-E8
31132 Villatuerta (Navarra)

Impreso en España – *Printed in Spain*

Para Mary, James, Elizabeth, Peter y el pequeño Lucas.

ÍNDICE

INTRODUCCIÓN

El problema

«Sentirse bien, sentirse bien, todo el dinero del mundo empleado en sentirse bien».

LEVON HELM

Este es un libro sobre el placer. También es un libro sobre el dolor. Pero lo más importante es que trata sobre la relación entre el placer y el dolor. Comprender esa relación se ha vuelto esencial para una vida bien vivida.

¿Por qué?

Porque hemos transformado el mundo, un lugar de escasez, en un lugar de abundancia abrumadora: drogas, comida, noticias, juegos de azar, compras, mensajes de texto, *sexting*,[1] Facebook, Instagram, YouTube, Twitter... El actual incremento en número, variedad y potencia de los estímulos altamente gratificantes es asombroso. El *smartphone*, el teléfono inteligente, es la aguja hipodérmica de hoy, que administra dopamina digital las veinticuatro horas del día, los siete días de la semana para una generación conectada. Si aún no has encontrado tu droga favorita, pronto estará disponible a un clic en un sitio web.

---

1. Mensajes de texto de contenido sexual. (N. del t.)

Los científicos cuentan con la dopamina como una especie de moneda universal para medir el potencial adictivo de cualquier experiencia. Cuanta más dopamina haya en la vía de recompensa del cerebro, más adictiva será la experiencia.

Además del descubrimiento de la dopamina, uno de los hallazgos neurocientíficos más notables del siglo pasado es la constatación de que el cerebro procesa el placer y el dolor en el mismo lugar. Además, el placer y el dolor funcionan como lados opuestos de un equilibrio.

Todos hemos experimentado ese momento en el que anhelamos un segundo trozo de chocolate, o que un buen libro, película o videojuego duren para siempre. Ese momento de intenso deseo se produce cuando, en el cerebro, el equilibrio del placer se inclina hacia el lado del dolor.

Este libro tiene como objetivo desentrañar la neurociencia de la recompensa y, al hacerlo, permitirnos encontrar un equilibrio mejor y más saludable entre el placer y el dolor. Pero la neurociencia no es suficiente. También necesitamos las experiencias vividas por los seres humanos. Quiénes mejor para enseñarnos a superar el consumo excesivo-compulsivo que los más vulnerables: las personas con adicción.

Este libro está basado en historias reales de pacientes que cayeron en la adicción y lograron encontrar la salida, y que me han dado permiso para contar sus historias a fin de que puedas beneficiarte de su sabiduría, como he hecho yo. Puede que encuentres impactantes algunas de estas historias, pero para mí son solo versiones extremas de lo que todos somos capaces de hacer. Como escribió el filósofo y teólogo Kent Dunnington: «Las personas con adicciones severas se encuentran entre esos profetas contemporáneos que ignoramos en nuestro propio perjuicio, porque nos muestran quiénes somos realmente».[2]

---

2. Kent Dunnington, *Addiction and Virtue: Beyond the Models of Disease and Choice*, Downers Grove, IL: InterVarsity Press Academic, 2011. Este es un maravilloso tratado teológico y filosófico sobre la adicción y la fe.

Ya sea que se trate de azúcar o compras, voyeurismo o vapeo, publicaciones en las redes sociales o en los foros de los periódicos digitales, todos incurrimos en comportamientos que consideramos indeseables, y que incluso lamentamos. Este libro ofrece soluciones prácticas sobre cómo gestionar el consumo excesivo-compulsivo en un mundo en el que el consumo se ha convertido en el propósito omnipresente de nuestras vidas.

En esencia, el secreto para encontrar el equilibrio consiste en combinar la ciencia del deseo con la sabiduría de la recuperación.

PARTE I
La búsqueda del placer

1

Nuestras máquinas de masturbación

Me dirigí a la sala de espera para recibir a Jacob. ¿Mi primera impresión? Una persona amable. Tenía poco más de sesenta años; de peso mediano, de rasgos poco marcados pero guapo, y envejeciendo relativamente bien. Vestía el uniforme estándar de Silicon Valley: pantalones caqui y una camisa informal. Una persona corriente. Alguien sin secretos.

Mientras Jacob me seguía por el corto laberinto de pasillos, podía sentir su ansiedad, como olas deslizándose por mi espalda. Recordé los tiempos en que me ponía ansiosa al acompañar a los pacientes a mi consultorio. «¿Estoy caminando demasiado rápido? ¿Estoy balanceando mis caderas? ¿Mi trasero se ve gracioso?».

Parece que fue hace tanto tiempo, ahora. Admito que soy una versión curtida en la batalla de mi antiguo yo, más estoica, posiblemente más indiferente.

«¿Era mejor médica entonces, cuando sabía menos y sentía más?».

Entramos a mi consultorio y cerré la puerta detrás de él. Con gentileza, le ofrecí dos sillas idénticas, de igual altura, a la distancia correcta una de la otra, con cojines verdes, todo según los cánones terapéuticos. Él se sentó. Yo también. Sus ojos recorrieron la habitación.

Mi consultorio mide tres metros por cuatro, tiene dos ventanas, un escritorio con un ordenador, una estantería llena de libros y una mesita baja entre las sillas. El escritorio, la estantería y la mesa baja son de madera marrón rojiza. El escritorio lo he heredado de mi antiguo jefe de departamento. Está rajado por la mitad en el interior, donde nadie más puede verlo, una metáfora apropiada para el trabajo que realizo.

Sobre el escritorio hay diez pilas de papel, perfectamente alineadas, colocadas como un acordeón. Me han dicho que esto da una apariencia de eficiencia y organización.

La decoración de la pared es un batiburrillo. Los diplomas necesarios, en su mayoría sin enmarcar. Demasiada pereza. El dibujo de un gato que encontré en la basura de mi vecino, que recogí por el marco pero conservé por el gato. Un tapiz multicolor de niños jugando dentro y alrededor de unas pagodas, una reliquia de la época en la que enseñaba inglés en China, cuando tenía veinte años. El tapiz tiene una mancha de café, pero solo es visible si sabes lo que estás buscando, como un test de Rorschach.

También se puede ver una variedad de chucherías, en su mayoría obsequios de pacientes y estudiantes. Hay libros, poemas, ensayos, dibujos, postales, tarjetas navideñas, cartas, caricaturas...

Un paciente, talentoso artista y músico, me regaló una fotografía que había tomado del puente Golden Gate, con sus propias notas musicales superpuestas, dibujadas a mano. Ya no tenía tendencias suicidas cuando lo hizo y, sin embargo, es una imagen triste, toda negros y grises. Otra paciente, una hermosa joven acomplejada por las arrugas que solo ella veía y que ninguna cantidad de bótox podía borrar, me regaló una jarra de arcilla lo suficientemente grande como para servir agua a diez personas.

A la izquierda de mi ordenador guardo una pequeña reproducción de la *Melancolía I* de Alberto Durero. En el dibujo, la melancolía está representada por una mujer sentada en un banco, encorvada y rodeada de herramientas abandonadas por la industria y el tiempo: un calibre, un nivel, un reloj de arena, un martillo. Su perro hambriento, con las costillas sobresaliendo de su cuerpo hundido, espera pacientemente y en vano a que ella salga de su ensimismamiento.

A la derecha de mi ordenador, un ángel de arcilla de doce centímetros, con alas hechas de alambre, extiende sus brazos hacia el cielo. A sus pies está grabada la palabra «coraje». Es un regalo de un colega que estaba vaciando su consultorio. Un ángel sobrante. Me lo llevo.

Estoy agradecida por esta habitación para mí sola. Aquí estoy suspendida fuera del tiempo, en un mundo de secretos y sueños. Pero el espacio también está teñido de tristeza y nostalgia. Cuando mis pacientes dejan de estar a mi cuidado, los límites profesionales me prohíben contactar con ellos.

Por más reales que sean nuestras relaciones dentro del consultorio, no pueden existir fuera de este espacio. Si veo a mis pacientes en la tienda de comestibles, dudo incluso en saludarles, para no tener que admitir que soy un ser humano con mis propias necesidades. ¿Comer, yo?

Hace años, durante mi residencia en psiquiatría, vi por primera vez a mi supervisor de psicoterapia fuera de su consultorio. Salía de una tienda, vestido con una gabardina y un sombrero de fieltro estilo Indiana Jones. Fue una experiencia muy extraña.

Había compartido con él muchos detalles íntimos de mi vida, y me había aconsejado como se aconseja a un paciente. Nunca lo había imaginado como una persona con sombrero. Para mí, denotaba una preocupación por la apariencia personal que estaba en desacuerdo con la versión idealizada que tenía de él. Pero, sobre todo, me hizo tomar consciencia de lo desconcertante que podría ser para mis propios pacientes verme a mí fuera de mi consultorio.

Me volví hacia Jacob y comencé.

—¿En qué le puedo ayudar?

Otras formas de comenzar que he desarrollado con el tiempo incluyen: «Dime por qué estás aquí», «¿Qué te trae hoy?» e incluso «Empiece por el principio, sea cual fuere para usted».

Jacob me miró.

—Esperaba —dijo con un marcado acento de Europa del Este— que usted fuera un hombre.

Entonces supe que hablaríamos de sexo.

—¿Por qué? —pregunté, simulando ignorancia.

—Porque podría resultar difícil para usted, una mujer, escuchar mis problemas.

—Puedo asegurarle que he escuchado casi todo lo que se puede escuchar.

—Verá —titubeó, mirándome con timidez—, soy adicto al sexo.

Asentí y me acomodé en mi silla.

—Dígame...

Cada paciente es un paquete sin abrir, una novela sin leer, una tierra inexplorada. Un paciente me describió una vez lo que se siente al practicar la escalada. Mientras escala, para él no existe nada aparte de la pared de roca infinita, yuxtapuesta a la decisión finita de dónde colocar cada dedo de la mano, y dónde apoyar el pie. Ejercer la psicoterapia no es diferente a la escalada. Me sumerjo en la historia, relatada una y otra vez, y el resto desaparece.

He escuchado muchas variantes de las historias de sufrimiento humano, pero la de Jacob me sorprendió. Lo que más me inquietó fue lo que implicaba acerca del mundo en el que vivimos, el mundo que les dejaremos a nuestros hijos.

Jacob empezó con un recuerdo de la infancia. Sin preámbulo. Freud se habría sentido orgulloso.

—Me masturbé por primera vez cuando tenía dos o tres años —dijo. El recuerdo era vívido para él. Pude verlo en su rostro—. Estoy en la Luna —continuó—, pero no es realmente la Luna. Hay una persona allí, como un dios... y tengo una experiencia sexual que no reconozco...

Pensé que «luna» podría significar algo así como el abismo, algo que está en ninguna parte y en todas partes al mismo tiempo. Pero, ¿y dios? ¿No anhelamos todos algo más allá de nosotros mismos?

Cuando era un colegial, Jacob era un soñador: le faltaban botones, tenía rastros de tiza en las manos y en las mangas; era el primero en ponerse a mirar por la ventana durante las lecciones y el último en marcharse del aula. A los ocho años se masturbaba con regularidad. A veces solo, otras con su mejor amigo. Todavía no habían aprendido a sentir vergüenza.

Sin embargo, después de su primera comunión empezó a ver la masturbación como un «pecado mortal». A partir de entonces, siempre se masturbaba solo, y todos los viernes visitaba al sacerdote católico de la iglesia local para confesarse.

—Me masturbo —susurraba Jacob a través de la abertura enrejada del confesionario.

—¿Cuántas veces? —preguntaba el sacerdote.

—Todos los días.

Pausa.

—No lo vuelvas a hacer.

Jacob dejó de hablar y me miró. Compartimos una pequeña sonrisa de comprensión. Si tan sencillas advertencias resolvieran el problema, me quedaría sin trabajo.

Jacob, el niño, estaba decidido a obedecer, a ser «bueno», por lo que apretó los puños y dejó de tocarse allí. Pero su determinación solo duró dos o tres días.

—Ese —me dijo— fue el comienzo de mi doble vida.

La expresión «doble vida» me resulta tan familiar como la «elevación del segmento ST» para el cardiólogo, el «estadio IV» para el oncólogo y la «hemoglobina A1c» para el endocrinólogo. Se refiere al compromiso secreto del adicto a las drogas, al alcohol o a las conductas compulsivas, ocultas a la vista; incluso a la propia, en algunos casos.

Durante su adolescencia, al regresar de la escuela, Jacob subía al ático y se masturbaba mirando un dibujo de la diosa griega Afrodita que había copiado de un libro de texto y escondido entre las tablas de madera del suelo. Más tarde, consideraría ese período de su vida como una etapa de inocencia.

A los dieciocho se fue a vivir con su hermana mayor en la ciudad, para estudiar Física e Ingeniería en la universidad de allí. Su hermana estaba ausente gran parte del día, trabajando, y, por primera vez en su vida, Jacob estuvo solo durante largos períodos de tiempo.

Se sentía solo.

—Así que decidí construir una máquina...

—¿Una máquina? —Me enderecé en el asiento.

—Una máquina de masturbación.

Tardé unos segundos en reaccionar.

—Entiendo. ¿Cómo funciona?

—Conecto una varilla de metal a un tocadiscos. El otro extremo lo conecto a una bobina metálica, que envuelvo con un paño suave.

Hizo un dibujo para enseñármelo.

—Pongo el paño y la bobina alrededor de mi pene —dijo, pronunciando *penis* como si fueran dos palabras: «*pen*»,[3] y «*ness*», como el monstruo del lago Ness.

Tuve ganas de reír, pero tras reflexionar un momento me di cuenta de que mi reacción era una tapadera: en realidad, tenía miedo. Miedo de que, después de haberlo invitado a sincerarse conmigo, no fuera capaz de ayudarlo.

—A medida que el tocadiscos se mueve dando vueltas —explicó—, la bobina sube y baja. Regulo la velocidad de la bobina ajustando la velocidad del tocadiscos. Tengo tres velocidades diferentes. De esta manera, me llevo hasta el límite... muchas veces, sin pasarme. También aprendí que fumar un cigarrillo al mismo tiempo impide que me pase del límite, así que utilizo ese truco.

Mediante este método de microajustes, Jacob podía mantener un estado de preorgasmo durante horas.

—Esto —dijo, asintiendo con la cabeza— es muy adictivo.

Jacob se masturbaba durante varias horas al día usando su máquina. El placer que le ofrecía no tenía rival. Se prometió que dejaría de hacerlo. Escondía la máquina en lo alto de un armario, o la desmantelaba por completo y tiraba las piezas. Pero uno o dos días más tarde, las sacaba

---

3. Lápiz, en inglés. (N. del t.)

del armario o del cubo de la basura para volver a ensamblarlas y comenzaba de nuevo.

* * *

Quizás te repugne la máquina de masturbación de Jacob, como me pasó a mí cuando me la describió por primera vez. Quizás lo consideres una especie de perversión extrema, algo que está más allá de la experiencia cotidiana, con poca o ninguna relevancia para ti y para tu vida.

Pero, si dejamos que esto ocurra, tú y yo perderemos la oportunidad de apreciar algo crucial sobre la forma en que vivimos hoy: todos estamos, en cierto modo, comprometidos con nuestras propias máquinas de masturbación.

Alrededor de los cuarenta años, desarrollé una afición poco saludable a las novelas románticas. *Crepúsculo*, una novela romántica paranormal sobre vampiros adolescentes, fue mi puerta de entrada. Ya me sentía lo suficientemente avergonzada por el solo hecho de leerla, por lo que ni por asomo habría admitido que me tenía cautivada.

Crepúsculo ofrecía la combinación ideal de historia de amor, *thriller* y fantasía, la evasión perfecta en ese momento en que yo doblaba la esquina hacia la mediana edad. No estaba sola: millones de mujeres de mi edad leían *Crepúsculo* y se convertían en fans. No había nada inusual en el hecho en sí de que un libro me atrapara. He sido lectora toda mi vida. Lo que hace de este un caso diferente es lo que sucedió a continuación, algo que no podía explicar basándome en inclinaciones del pasado o a circunstancias de la vida.

Tras acabar de leer *Crepúsculo*, devoré todas las novelas románticas de vampiros que cayeron en mis manos; luego pasé a los hombres lobo, las hadas, las brujas, los nigromantes, los viajeros del tiempo, los videntes, los lectores de mentes, los portadores del fuego y los adivinos... ya me entiendes. En algún momento, las simples historias de amor dejaron de satisfacerme, así que busqué interpretaciones cada vez más explícitas y eróticas de la clásica fantasía «chico conoce a chica».

Recuerdo que me sorprendió lo fácil que era encontrar escenas de sexo explícitas allí mismo, en los estantes de ficción general de la biblioteca de mi vecindario. Me preocupaba que mis hijos tuvieran acceso a esos libros. Lo más picante que había en mi biblioteca local, mientras crecía en el Medio Oeste, era *¿Estás ahí, Dios? Soy yo, Margaret*.

Las cosas se intensificaron cuando, a instancias de mi amigo experto en tecnología, compré un Kindle. Ya no tenía que esperar a que llegaran libros de otra sucursal de la biblioteca o esconder cubiertas de libros tórridos debajo de revistas médicas, especialmente cuando mi esposo y mis hijos estaban cerca. Ahora, con dos deslizamientos y un clic, podía conseguir el libro que quería al instante, en cualquier lugar, en cualquier momento: en el tren, en un avión, o mientras esperaba a que me cortaran el pelo. Con la misma facilidad, podía pasar de las páginas de *Fiebre oscura*, de Karen Marie Moning, a las de *Crimen y castigo* de Dostoievski.

En resumen, me convertí en una lectora compulsiva de novelas eróticas. Tan pronto como terminaba un libro digital, pasaba al siguiente: leía en vez de socializar, leía en vez de cocinar, leía en vez de dormir, leía en vez de prestar atención a mi esposo y mis hijos. En una ocasión, me avergüenza admitirlo, llevé mi Kindle al trabajo y leí entre un paciente y otro.

Busqué opciones cada vez más baratas, incluso gratuitas. Amazon, como cualquier buen traficante de drogas, conoce el valor de una muestra gratis. De vez en cuando, me encontraba con un buen libro que resultaba ser barato; pero la mayoría de las veces eran realmente terribles, con argumentos gastados y personajes sin vida, repletos de errores tipográficos y gramaticales. Pero los leía de todos modos, porque buscaba cada vez más un tipo de experiencia muy específico. Cómo llegaba allí importaba cada vez menos.

Quería disfrutar de ese momento de creciente tensión sexual que se resuelve cuando el héroe y la heroína finalmente se enganchan. Ya no me importaban la sintaxis, el estilo, la escena o el personaje. Solo quería mi dosis, y estos libros, escritos siguiendo una fórmula, estaban diseñados para engancharme.

Cada capítulo finalizaba con una nota de suspense, y los capítulos mismos se encadenaban hacia el clímax. Empecé a leer deprisa las primeras partes de las novelas hasta llegar a la culminación, y no me molestaba en leer el resto. Ahora sé, y no me enorgullece, que si abres una novela romántica aproximadamente a las tres cuartas partes del camino, puedes ir directa al grano.

Alrededor de un año después de que comenzara mi obsesión por las novelas románticas, me encontré a las dos de la mañana de un día entre semana leyendo *Cincuenta sombras de Grey*. Intenté racionalizarlo, diciéndome que se trataba de una versión moderna de *Orgullo y prejuicio*, hasta que llegué a la página sobre «tapones anales» y pensé, con repentina lucidez, que leer sobre juguetes sexuales sadomasoquistas durante las primeras horas de la madrugada no era la manera en la que quería pasar mi tiempo.

La adicción, en sentido amplio, es el consumo continuo y compulsivo de una sustancia o un comportamiento compulsivo —juegos de azar, videojuegos, sexo—, que no cesa a pesar del daño que causa a la propia persona y/o a otros.

Lo que me sucedió es algo trivial en comparación con las vidas de los que sufren una adicción abrumadora, pero habla del creciente problema del consumo excesivo-compulsivo al que todos estamos expuestos, incluso cuando nuestras vidas son satisfactorias. Tengo un esposo amable y cariñoso, unos hijos geniales, un trabajo con sentido, libertad, autonomía y riqueza relativas. Los traumas, la marginación social, la pobreza, el desempleo y otros factores de riesgo de adicción estaban y están ausentes. Sin embargo, me estaba refugiando, cada vez más y de forma compulsiva, en un mundo de fantasía.

EL LADO OSCURO DEL CAPITALISMO

A los veintitrés años, Jacob conoció a la que sería su esposa y se casó con ella. Se mudaron juntos al apartamento de tres habitaciones que ella compartía con sus padres, y él dejó atrás su máquina. Esperaba que fuera para siempre. Él y su esposa se registraron para acceder a un apartamento propio, pero les dijeron que la espera sería de veinticinco años, algo corriente en la década de 1980 en el país de Europa del Este donde vivían.

En lugar de resignarse a vivir con los padres de ella durante décadas, decidieron ganar dinero extra para comprar su propia casa. Empezaron a vender ordenadores que importaban de Taiwán, sumándose a la creciente economía sumergida.

El negocio prosperó, y pronto se hicieron ricos según los estándares locales. Adquirieron una casa y una parcela de terreno. Tuvieron un hijo y una hija.

La trayectoria ascendente de Jacob parecía asegurada cuando le ofrecieron un trabajo como científico en Alemania. Decidieron aprovechar la oportunidad de mudarse al Oeste, donde él progresaría en su carrera y podría ofrecer a sus hijos todas las oportunidades que Europa occidental podía brindarles. La mudanza ofrecía oportunidades, sin duda, pero no todas eran buenas.

—Una vez instalados en Alemania, descubrí la pornografía, los *pornkinos*, los shows en vivo. La ciudad era famosa por la abundancia de ofertas de este tipo, y no pude resistirme. Pero me las arreglé. Salí adelante durante diez años. Trabajé como científico, un trabajo muy duro, pero en 1995 todo cambió.

—¿Qué fue lo que cambió? —pregunté, aunque ya conocía la respuesta.

—Internet. Tenía cuarenta y dos años y estaba bien, pero con Internet mi vida se empezó a desmoronar. Una vez, en 1999, estaba en la misma habitación de hotel en la que ya me había alojado unas cincuenta veces antes. Al día siguiente tenía que pronunciar una gran conferencia, una importante charla. Pero en lugar de prepararla, me quedé despierto toda la noche viendo porno. Me presenté a la conferencia sin dormir, y sin haberla preparado. Fue un discurso muy malo. Casi pierdo mi trabajo.

Bajó la mirada y negó con la cabeza, recordando.

—Después de eso, me impuse un nuevo ritual —prosiguió Jacob—. Cada vez que entraba en una habitación de hotel colocaba notas adhesivas por todas partes, en el espejo del baño, en la televisión, en el mando a distancia, notas que decían: «No lo hagas». No logré resistirme ni siquiera un día.

Pensé en lo mucho que las habitaciones de hotel se parecen a las cajas de laboratorio donde se experimenta con animales: una cama, un televisor y un minibar. Allí lo único que se puede hacer es presionar la palanca de la droga.

Volvió a bajar la vista, y el silencio se prolongó. Le di tiempo.

—Fue entonces cuando pensé por primera vez en acabar con mi vida. Pensaba que el mundo no me echaría de menos, y que tal vez fuese mejor sin mí. Salí al balcón y miré hacia abajo. Cuatro plantas de altura… la suficiente.

Uno de los mayores factores de riesgo para volverse adicto a cualquier droga es el fácil acceso a ella. Si una droga es fácil de conseguir, es más probable que la probemos. Y si la probamos, es más probable que nos volvamos adictos.

La actual epidemia de opioides en Estados Unidos[4] es un ejemplo trágico y convincente de ello. La cuadruplicación de la prescripción de opioides (oxicodona, Vicodin, el fentanilo de Durogesic) entre 1999 y 2012, combinada con su distribución generalizada por todos

---

4. Anna Lembke, *Drug Dealer, MD: How Doctors Were Duped, Patients Got Hooked, and Why It's So Hard to Stop*, 1ª ed, Johns Hopkins University Press, Baltimore, 2016. Hay muchos libros excelentes sobre este tema, como *Pain Killer: An Empire of Deceit and kthe Origin of America's Opioid Epidemic*, de Barry Meier; *Dreamland: The True Tale of America's Opiate Epidemic*, de Sam Quinones; y *Dopesick: Dealers, Doctors and the Drug Company That Addicted America*, de Beth Macy. Cada uno de estos libros, incluido el mío, explora los orígenes de la epidemia de opioides a través de una perspectiva ligeramente diferente.

los rincones del país, condujo a un aumento de las tasas de adicción a los opioides y de las muertes relacionadas con su uso.

Un grupo de trabajo designado por la Asociación de Escuelas y Programas de Salud Pública (ASPPH, por sus siglas en inglés) emitió un informe el 1 de noviembre de 2019 en el que concluía: «La tremenda expansión de la oferta de opioides[5] recetados de alta potencia y de acción prolongada ha conducido al significativo incremento de la dependencia de opioides recetados y a la transición de muchas personas a los opioides ilegales, incluidos el fentanilo y sus análogos, que posteriormente han provocado aumentos exponenciales en las sobredosis». El informe también precisó que el trastorno por uso de opioides es «causado por la exposición repetida» a los mismos.[6]

Asimismo, el decrecimiento del suministro de sustancias adictivas produce una disminución de la exposición y del riesgo de adicción, así como de los daños relacionados con ella. Un experimento a gran escala que puso a prueba esta hipótesis en las primeras décadas del pasado siglo fue la Ley Seca,[7] que prohibía, de forma constitucional y a nivel nacional, la producción, importación, transporte y venta de bebidas alcohólicas en Estados Unidos, y que estuvo vigente de 1920 a 1933.

La prohibición condujo a una importante disminución[8] en el número de estadounidenses que consumían y se volvían adictos al alcohol. Las tasas de embriaguez pública y de enfermedad hepática asociada con el alcohol disminuyeron a la mitad durante ese período, a pesar de la ausencia de nuevos remedios para tratar la adicción.

---

5. ASPPH Task Force on Public Health Initiatives to Address the Opioid Chrisis, *Bringing Science to Bear on Opioids: Report and Recommendations*, noviembre de 2019.

6. ASPPH Task Force on Public Health Initiatives to Address the Opioid Chrisis, *Bringing Science to Bear on Opioids: Report and Recommendations*, noviembre de 2019.

7. Conocida también como Ley Seca. (N. del t.)

8. Wayne Hall, «What Are the Policy Lessons of National Alcohol Prohibition in the United States, 1920-1933?», *Addiction* 105, n.º 7, 2010, págs. 1164-1173, https://doi.org/10.1111/j.1360-0443.2010.02926.x.

Por supuesto, hubo consecuencias no deseadas,[9] como la creación de un gran mercado negro dirigido por bandas criminales. Pero el impacto positivo de la prohibición sobre el consumo de alcohol y la morbilidad relacionada con este es un hecho muy poco reconocido.

Los efectos positivos de la prohibición del consumo de alcohol persistieron durante la década de 1950. Durante los siguientes treinta años, a medida que el alcohol volvió a estar disponible, el consumo fue en constante aumento.

En la década de 1990, el porcentaje de estadounidenses que bebían alcohol aumentó en casi un 50 %, mientras que el consumo de alto riesgo aumentó en un 15 %. Entre 2002 y 2013, la adicción diagnosticable al alcohol aumentó en un 50 %[10] en los adultos mayores de sesenta y cinco años) y en un 84 % en las mujeres, dos grupos demográficos que antes habían resultado relativamente inmunes a este problema.

Sin duda, una mayor disponibilidad no es el único factor de aumento del riesgo de adicción. Este aumenta si se tienen un padre o un abuelo biológicos con adicción, incluso cuando no se convive con el adicto durante la infancia. La enfermedad mental es un factor de riesgo,[11] aunque la relación entre esta y la adicción no está clara: ¿la enfermedad mental conduce al uso de drogas, el uso de drogas

9. Robert MacCoun, «Drugs and the Law: A Psychological Analysis of Drug Prohibition», *Psychological Bulletin* 113, 1 de junio de 1993, págs. 497-512, https://doi.org/10.1037/0033-2909.113.3.497. Existen una considerable controversia y debate sobre el impacto de la prohibición, despenalización y legalización de las drogas psicoactivas. El trabajo de Rob MacCoun combina economía, psicología y filosofía política para profundizar en este tema.

10. Bridget F. Grant, S. Patricia Chou, Tulshi D. Saha, Roger P. Pickering, Bradley T. Kerridge, W. June Ruan, Boji Huang y otros, «Prevalence of 12-Month Alcohol Use, High-Risk Drinking, and DSM-IV Alcohol Use Disorder in the United States, 2001-2002 to 2012-2013: Results from the National Epidemiologic Survey on Alcohol and Related Conditions», *JAMA Psychiatry* 74, n.º 9, 1 de septiembre de 2017, págs. 911-923, https://doi.org/10.1001/jamapsychiatry.2017.2161.

11. Anna Lembke, «Time To Abandon the Self-Medication Hypothesis in Patients with Psychiatric Disorders», *American Journal of Drug and Alcohol Abuse* 38, n.º 6, 2012, págs. 524-529, https://doi.org/10.3109/00952990.2012.694532.

causa o desenmascara la enfermedad mental, o existe algún punto intermedio?

El trauma, la marginación social y la pobreza contribuyen al riesgo de adicción, ya que las drogas se convierten en un medio para hacer frente a la situación y conducen a cambios epigenéticos —cambios heredables en las cadenas de ADN con independencia de los pares de bases heredados— que afectan la expresión génica tanto en un individuo como en su descendencia.

A pesar de estos factores de riesgo, un mayor acceso a sustancias adictivas puede ser el factor de riesgo más importante al que se enfrentan las personas en la actualidad. La oferta ha creado demanda, ya que todos somos víctimas de la vorágine del consumo excesivo-compulsivo.

Nuestra economía de la dopamina, o lo que el historiador David Courtwright ha denominado «capitalismo límbico»,[12] está impulsando este cambio con la ayuda de la tecnología transformacional, que ha aumentado no solo el acceso, sino también el número, la variedad y la potencia de las drogas.

La máquina de liar cigarrillos inventada en 1880,[13] por ejemplo, hizo posible pasar de cuatro cigarrillos enrollados por minuto a la asombrosa cifra de 20.000. En la actualidad, se venden 6,5 billones de cigarrillos al año en todo el mundo, lo que se traduce en aproximadamente 18.000 millones de cigarrillos consumidos al día, responsables de aproximadamente seis millones de muertes en todo el mundo.

En 1805, el alemán Friedrich Sertürner, mientras trabajaba como aprendiz de farmacéutico, descubrió el analgésico llamado morfina,

---

12. David T. Courtwright, *The Age of Addiction: How Bad Habits Became Big Business*, Belknap Press, Cambridge, MA, 2019, https://doi.org/10.4159/9780674239241. Esta es una mirada apasionante y erudita sobre la forma en que el mayor acceso a bienes y comportamientos adictivos a lo largo del tiempo y entre culturas ha contribuido a un mayor consumo.

13. Matthew Kohrman, Gan Quan, Liu Wennan y Robert N. Proctor (editores), *Poisonous Pandas: Chinese Cigarette Manufacturing in Critical Historical Perspectives*, Stanford University Press, Stanford, CA, 2018.

un alcaloide opioide diez veces más potente que su precursor, el opio. En 1853, el médico escocés Alexander Wood inventó la jeringa hipodérmica. Ambos inventos dieron lugar a cientos de informes en revistas médicas de finales del siglo XIX sobre casos iatrogénicos (causados por médicos) de adicción a la morfina.[14]

En un intento por encontrar un analgésico opioide menos adictivo para reemplazar la morfina, los químicos crearon un compuesto nuevo al que llamaron heroína —por *heroisch*, «heroico» en alemán—. La heroína resultó ser de dos a cinco veces más potente que la morfina, y dio paso a la drogadicción de principios del siglo XX.

Hoy en día, opioides potentes de grado farmacéutico como la oxicodona, la hidrocodona y la hidromorfona están disponibles en todas las formas imaginables: píldoras, inyecciones, parches, aerosoles nasales. En 2014, un paciente de mediana edad entró en mi oficina chupando una piruleta de fentanilo de color rojo brillante. El fentanilo, un opioide sintético, es de cincuenta a cien veces más potente que la morfina.

Además de los opioides, muchas otras drogas también son más potentes hoy que antaño. Los cigarrillos electrónicos —elegantes, discretos, inodoros y recargables suministradores de nicotina— producen niveles más altos de nicotina en sangre que los cigarrillos tradicionales durante períodos de consumo más cortos. También están disponibles en una multitud de sabores, diseñados para atraer a los adolescentes.

El cannabis actual es de cinco a diez veces más potente que el de la década de 1960, y está disponible en forma de galletas, pasteles, *brownies*, ositos de gominola, arándanos, tartas, pastillas, aceites, compuestos aromáticos, tinturas, infusiones… la lista es interminable.

---

14. David T. Courtwright, «Addiction to Opium and Morphine», en *Dark Paradise: A History of Opiate Addiction in America*, Harvard University Press, Cambridge, MA, 2009, https://doi.org/10.2307/j.ctvk12rb0.7. Este es otro libro fantástico del historiador David Courtwright, que rastrea los orígenes de la epidemia de opioides a lo largo de la historia, incluso a finales del siglo XIX, cuando los médicos prescribían morfina de forma rutinaria a las amas de casa victorianas, entre otros pacientes.

Los alimentos son manipulados por técnicos en todo el mundo. Después de la Primera Guerra Mundial, la automatización de las líneas de producción de patatas fritas[15] y otras frituras condujo a la creación de las patatas fritas en bolsas. En 2014, los estadounidenses consumieron 51 kg de patatas por persona, de las cuales 15 kg eran patatas frescas y los 36 kg restantes, procesadas. Se agregan considerables cantidades de azúcar, sal y grasa a gran parte de los alimentos que comemos, así como miles de sabores artificiales para satisfacer nuestro apetito moderno por cosas como el helado de torrijas y la bisque tailandesa de tomate y coco.[16]

Con el aumento de la accesibilidad y la potencia, la polimedicación —el uso de múltiples medicamentos de forma más o menos simultánea— se ha convertido en la norma. A mi paciente Max le resultó más fácil trazar una cronología de su consumo de drogas que explicármelo.

Como se puede ver en su dibujo, comenzó a los diecisiete años con el alcohol, los cigarrillos y el cannabis («Mary Juana»). A los dieciocho, inhalaba cocaína. A los diecinueve, se cambió a OxyContin y Xanax.[17] A partir de los veinte usó Percocet,[18] fentanilo, ketamina, LSD, PCP, DXM y MXE, y finalmente se pasó a Opana,[19] un opioide de grado farmacéutico que lo llevó a la heroína, que consumió hasta que vino a verme, a los treinta años. En total, pasó por catorce drogas diferentes en poco más de una década.

---

15. National Potato Council, *Potato Statistical Yearbook 2016*, consultado el 18 de abril de 2020, https://www.nationalpotatocouncil.org/files/7014/6919/7938/NPCyearbook2016_-_FINAL.pdf.

16. Annie Gasparro y Jessie Newman, «The New Science of Taste: 1,000 Banana Flavors», *Wall Street Journal*, 31 de octubre de 2014. Véase también *The Age of Addiction: How Bad Habits Became Big Business* de David T. Courtwright, para un excelente y extenso debate sobre los cambios en la industria alimentaria.

17. El principio activo es el alprazolam. (N. del t.)

18. Una combinación de oxicodona y paracetamol. (N. del t.)

19. El principio activo es la oximorfona. (N. del t.)

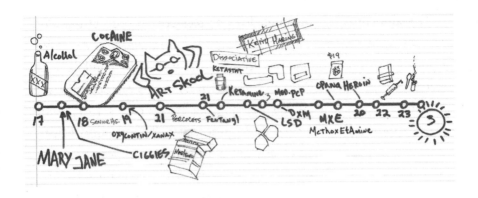

Por otra parte, el mundo de hoy nos ofrece un enorme surtido de drogas digitales que antes no existían, o que si existieron ahora ya están en plataformas digitales que han aumentado de forma exponencial su potencia y disponibilidad. Esta oferta incluye tanto videojuegos como pornografía y juegos de azar en línea, por nombrar algunos.

Además, la tecnología en sí es adictiva, con sus luces intermitentes, su fanfarria musical, sus tazones sin fondo y la promesa, mediante la participación continua, de recompensas cada vez mayores.

La progresión de mi propia adicción —de una novela romántica de vampiros relativamente ligera a lo equivalente a la pornografía para mujeres (aceptada socialmente)— tuvo lugar a partir del advenimiento del lector electrónico.

El propio acto de consumir se ha convertido en una droga. Mi paciente Chi, un inmigrante vietnamita, se enganchó a la búsqueda y compra compulsiva de productos en línea. El colocón comenzaba con la decisión de qué comprar, continuaba mientras esperaba la entrega y culminaba en el momento en que abría el paquete.

Desafortunadamente, el efecto no duraba mucho más allá del tiempo que le llevaba arrancar la cinta de Amazon y ver el contenido. A pesar de que tenía habitaciones llenas de baratijas y acumulaba deudas de decenas de miles de dólares, era incapaz de detenerse. Para mantener el ciclo en marcha, pasó a pedir productos cada vez más baratos —llaveros, tazas, gafas de sol de plástico— y a devolverlos inmediatamente después de recibirlos.

INTERNET Y EL CONTAGIO SOCIAL

Jacob decidió no acabar con su vida ese día en el hotel. La semana siguiente, a su esposa le diagnosticaron cáncer de cerebro. Regresaron a su país de origen, donde Jacob pasó los siguientes tres años cuidándola hasta que murió.

En 2001, a los cuarenta y nueve años, se reencontró con su novia de la secundaria y se casó con ella.

—Antes de casarnos, le expliqué mi problema. Pero tal vez lo hice minimizándolo.

Jacob y su nueva esposa compraron una casa en Seattle. Él debía ir diariamente a Silicon Valley, donde trabajaba como científico. Cuanto más tiempo pasaba allí y lejos de su esposa, más volvía a las antiguas costumbres de consumo de pornografía y masturbación compulsiva.

—Nunca miro pornografía cuando estamos juntos. Pero cuando estoy en Silicon Valley o viajando, y ella no está conmigo, sí lo hago.

Jacob hizo una pausa. Lo que siguió era, claramente, algo que le resultaba muy difícil explicar.

—A veces, cuando manipulaba la electricidad en mi trabajo, sentía algo en las manos. Me produjo curiosidad. Empecé a preguntarme qué sentiría si aplicara una corriente a mi pene. Así que me pongo a investigar en línea, y descubro toda una comunidad de personas que utilizan la estimulación eléctrica. Conecto electrodos y cables a mi equipo estéreo. Pruebo con una corriente alterna, utilizando el voltaje del estéreo. Luego, en lugar de cables, pongo electrodos de algodón embebido en agua salada. Cuanto mayor es el volumen del estéreo, mayor es la corriente. A bajo volumen, no siento nada. A un volumen alto, resulta doloroso. A volumen medio, en cambio, la sensación me permite llegar al orgasmo.

Lo miré con los ojos muy abiertos. No pude evitarlo.

—Pero esto es muy peligroso —reconoció—. Me doy cuenta de que, si se produce un corte de electricidad, podría haber luego una subida de tensión que me haría daño. Ha muerto gente haciendo esto. Entonces, averiguo que puedo comprar por internet un equipo médico, como un... ¿Cómo los llaman a esos aparatos para tratar el dolor?

—¿Una unidad TENS?[20]

—Sí, una unidad TENS, por seiscientos dólares. O puedo construirla yo mismo por veinte. Decido hacerla. Compro el material, hago la máquina. Funciona. Funciona bien. —Tras una pausa, añade—: Pero después vino el verdadero descubrimiento. Puedo programarla. Puedo crear rutinas personalizadas y sincronizar la música con la sensación.

—¿Qué tipo de rutinas?

—Paja, mamada... lo que quiera. Y luego descubro no solo nuevas rutinas, sino que busco en Internet, descargo las rutinas de otras personas y comparto las mías. Algunos diseñan programas para sincronizarlos con vídeos porno, para sentir lo que produciría lo que están viendo... Es como la realidad virtual. El placer, por supuesto, proviene de la sensación, pero también de construir la máquina e imaginar lo que hará, y de buscar formas de mejorarla y compartirla con otros.

Sonrió al recordarlo, aunque tras unos segundos se le oscureció el semblante, sin duda al pensar en lo que vendría después. Me escudriñaba, y me di cuenta de que estaba evaluando si yo podría soportar lo que me diría a continuación. Me preparé, e hice un gesto de asentimiento para que continuara.

—Las cosas se ponen peor. Hay salas de chat donde puedes ver a la gente masturbarse en vivo. Mirar es gratis, pero existe la opción de comprar estrellas. Compro estrellas y se las otorgo a otros por buen rendimiento. Me grabo a mí mismo y lo subo al sitio. Solo mis partes privadas. Ninguna otra parte de mí. Es estimulante, al principio, saber que hay extraños mirándome. Pero también me siento culpable porque podría darles ideas, y podrían acabar convirtiéndose en adictos.

---

20. Siglas en inglés de «unidad eléctrica transcutánea de estimulación nerviosa».

* * *

En 2018 intervine como testigo médico experto en el caso de un hombre que atropelló con su camioneta a dos adolescentes, matándolos a ambos. Conducía bajo los efectos de las drogas. Durante mi participación en el proceso tuve ocasión de conversar con el detective Vince Dutto, investigador principal de delitos en Placer County, California, donde se llevó a cabo el juicio.

Como sentía curiosidad acerca de su trabajo, le pregunté sobre los cambios en los patrones que había observado en los últimos veinte años. Me habló del trágico caso de un niño de seis años que sodomizó a su hermano menor, de cuatro.

—Normalmente, cuando recibimos esta clase de llamadas —dijo— es porque algún adulto con el que el niño tiene contacto está abusando sexualmente de él, y luego el niño lo recrea con otro niño, como por ejemplo su hermano pequeño. Pero realizamos una investigación exhaustiva y no encontramos evidencias de que el hermano mayor estuviera sufriendo abusos. Sus padres estaban divorciados y trabajaban mucho, por lo que los niños se estaban criando solos, pero no había indicios de un abuso sexual.

Lo que finalmente salió a la luz fue que el hermano mayor había estado viendo dibujos animados en Internet, y se había encontrado con algunos *anime* japoneses que mostraban todo tipo de actos sexuales. El niño tenía su propio iPad y nadie vigilaba lo que estaba haciendo. Después de ver un montón de *animes*, decidió probarlo con su hermano pequeño. En más de veinte años de trabajo policial, nunca había visto antes este tipo de cosas.

Internet promueve el consumo excesivo-compulsivo no solo al proporcionar un mayor acceso a drogas nuevas y antiguas, sino también al sugerir comportamientos que de otro modo nunca se nos hubieran ocurrido. Los vídeos no solo «se vuelven virales». Son literalmente contagiosos, de ahí el advenimiento del meme.

Los seres humanos somos animales sociales. Cuando vemos a otros comportarse de cierta manera cuando están en línea, esos comportamientos nos parecen «normales» por el simple hecho de que otras personas se están comportando del mismo modo. Twitter es un nombre apropiado para la plataforma de mensajería de redes sociales preferida tanto por los expertos como por los presidentes. Somos como bandadas de pájaros. Tan pronto como uno de nosotros levanta un ala para volar, toda la bandada levanta el vuelo.

* * *

Jacob se contempló las manos. No podía mirarme a los ojos.

—Entonces conozco a una mujer en esa sala de chat. Le gusta dominar a los hombres. La inicio en las cosas eléctricas, y luego le permito controlar la electricidad de forma remota: frecuencia, volumen, estructura de los pulsos. Ella disfruta llevándome al límite, para luego evitar que me pase. Lo repite una decena de veces, mientras otras personas miran y comentan. Trabamos una buena amistad, esta mujer y yo. Ella nunca quería mostrar su rostro. Pero la vi una vez, por accidente, cuando se le cayó la cámara.

—¿Qué edad tenía ella? —pregunté.

—Estaría en los cuarenta, supongo...

Deseaba preguntarle cómo era, pero sentí que estaba en juego mi propia curiosidad morbosa en lugar de sus necesidades terapéuticas, así que me contuve.

Jacob siguió:

—Mi esposa lo descubre todo, y dice que me dejará. Le prometo que pararé. Le digo a mi amiga del chat que lo voy a dejar. Mi amiga queda muy enojada. Mi esposa, también. Siento que me odio a mí mismo. Durante un tiempo lo dejo todo. Un mes, quizás. Pero luego empiezo de nuevo. Solo yo y mi máquina, sin las salas de chat. Le miento a mi esposa, pero ella finalmente lo descubre. Su terapeuta le dice que se separe de mí. Mi esposa me deja y se muda a nuestra casa en Seattle, y ahora estoy solo.

Sacudiendo la cabeza, añadió:

—Ya no disfruto como antes, lo que consigo es siempre menos de lo que espero. Me digo a mí mismo que no lo haré nunca más, destruyo la máquina y la tiro. Pero a las cuatro de la mañana del día siguiente, la saco de la basura y la vuelvo a montar.

Jacob me miró con ojos suplicantes.

—Quiero parar. Realmente quiero hacerlo. No quiero morir siendo un adicto.

No estoy segura de qué decir. Lo imagino atado por sus genitales a una habitación llena de desconocidos que lo miran por Internet. Siento horror, compasión y la vaga e inquietante sensación de que podría haber sido yo.

* * *

Al igual que Jacob, todos corremos el riesgo de excitarnos hasta la muerte.

El 70 % de las muertes en el mundo son atribuibles a factores de riesgo conductuales y modificables como el tabaquismo, la inactividad física y la dieta. Los principales factores de riesgo de mortalidad a nivel global[21] son la hipertensión arterial (13 %), el tabaquismo (9 %), la hiperglucemia (6 %), la inactividad física (6 %) y la obesidad (5 %). En 2013, se estimaba que 2.100 millones de adultos tenían sobrepeso, en comparación con 857 millones en 1980. Ahora hay en el mundo más personas obesas[22] que personas por debajo del peso normal, excepto en algunas partes de África subsahariana y Asia.

---

21. Shanthi Mendis, Tim Armstrong, Douglas Bettcher, Francesco Branca, Jeremy Lauer, Cecile Mace, Vladimir Poznyak, Leanne Riley, Vera da Costa e Silva y Gretchen Stevens, *Global Status Report on Noncommunicable Diseases 2014,* World Health Organization, 2014, https://apps.who.int/iris/bitstream/handle/10665/148114/9789241564854_eng.pdf.

22. Marie Ng, Tom Fleming, Margaret Robinson, Blake Thomson, Nicholas Graetz, Christopher Margono, Erin C Mullany y otros, «Global, Regional, and National Prevalence of Overweight and Obesity in Children and Adults during 1980-2013», *Lancet* 384, n.º 9945, agosto de 2014, págs. 766-781, https://doi.org/10.1016/S0140-6736(14)60460-8.

Las tasas de adicción están aumentando en todo el mundo. La carga de morbilidad atribuible a la adicción al alcohol y las drogas ilícitas es del 1,5 % a nivel mundial, y más del 5 % en Estados Unidos. Estos datos no incluyen el consumo de tabaco. El fármaco de elección varía según el país. En Estados Unidos predominan las drogas ilegales, y en Rusia y Europa del Este, la adicción al alcohol.

Las muertes globales por adicción han aumentado[23] en todos los grupos de edad entre 1990 y 2017, y más de la mitad de las muertes fueron de personas menores de cincuenta años.

Las personas pobres y que recibieron poca educación, especialmente aquellas que viven en países ricos, son más susceptibles al problema del consumo compulsivo. Tienen fácil acceso a drogas novedosas, de alta recompensa y alta potencia, al tiempo que carecen de acceso a un trabajo satisfactorio, a una vivienda segura, a una educación de calidad, a una atención médica asequible y a la igualdad de raza y clase ante la ley. Esto crea un peligroso nexo con el riesgo de adicción.

Los economistas de la Universidad de Princeton Anne Case y Angus Deaton han demostrado que los estadounidenses blancos, de mediana edad y sin título universitario están muriendo más jóvenes que sus padres, abuelos y bisabuelos. Las tres principales causas de muerte en este grupo son las sobredosis de drogas, la enfermedad hepática relacionada con el alcohol, y los suicidios. Case y Deaton han llamado acertadamente a este fenómeno «muertes por desesperación».[24]

Nuestro consumo excesivo-compulsivo implica un riesgo que puede provocar no solo nuestra desaparición, sino también la destrucción de nuestro planeta. Los recursos naturales del mundo están disminuyendo

23. Hannah Ritchie y Max Roser, «Drug Use», Our World in Data, diciembre de 2019, https://ourworldindata.org/drug-use.

24. Anne Case y Angus Deaton, *Deaths of Despair and the Future of Capitalism*, Princeton University Press, Princeton, Nueva Jersey, 2020, https://doi.org/10.2307/j.ctvpr7rb2.

rápidamente.[25] Los economistas estiman que en 2040 el capital natural mundial —tierra, bosques, pesca, combustibles— será un 21 % menor en los países de altos ingresos, y un 17 % menor en los países más pobres, que en la actualidad. Al mismo tiempo, las emisiones de carbono crecerán un 7 % en los países de altos ingresos, y un 44 % en el resto del mundo.

Nos estamos devorando a nosotros mismos.

---

25. «Capital Pains», *Economist*, 18 de julio de 2020. Para consultar las fuentes originales, ver https://www.unep.org/resources/inclusive-wealth-report-2018, y https://www.sciencedirect. com/science/article/pii/S0306261919305215.

2

Huir del dolor

Conocí a David en 2018. Su aspecto físico no tenía nada de especial: blanco, de complexión media, cabello castaño. Había en él una especie de incertidumbre que lo hacía parecer más joven que los treinta y cinco años que aparecían en su historia clínica. Me encontré pensando: «No durará. Regresará a la clínica una o dos veces, y nunca lo volveré a ver».

Pero he aprendido que mis poderes de pronosticación no son fiables. He tenido pacientes a los que estaba convencida de que podría ayudar y que demostraron ser intratables, y otros que me parecían sin esperanza que resultaron sorprendentemente resistentes. Por lo tanto, cuando ahora veo a nuevos pacientes, trato de calmar esa voz dubitativa y recordar que todos tienen la oportunidad de recuperarse.

—Dime qué te trae por aquí —le dije.

Los problemas de David comenzaron en la universidad, más precisamente el día que recurrió a los servicios de salud mental para estudiantes. Tenía veinte años, y era un estudiante de segundo año de pregrado del norte del estado de Nueva York que buscaba ayuda para sus problemas de ansiedad y su bajo rendimiento escolar.

Su ansiedad se desencadenaba al interactuar con extraños o con cualquier persona que no conociera bien. Se sonrojaba, el pecho y la espalda se le cubrían de sudor, los pensamientos se le volvían confusos. Evitaba las clases en las que tenía que hablar delante de los demás.

Abandonó dos veces un seminario obligatorio de oratoria y comunicación, y finalmente se le permitió cumplir con el requisito asistiendo a una clase equivalente en el colegio comunitario.

—¿De qué tenías miedo? —le pregunté.

—Tenía miedo de fallar. Tenía miedo de quedar expuesto como alguien que no sabía. Tenía miedo de pedir ayuda.

Después de una cita de cuarenta y cinco minutos y una prueba de lápiz y papel que tardó menos de cinco minutos en completar, se le diagnosticó trastorno de déficit de atención (TDA) y trastorno de ansiedad generalizada (TAG). El psicólogo que controló la prueba le recomendó que visitara a un psiquiatra para que le recetara un medicamento contra la ansiedad y, según David, «un estimulante para mi TDA». No se le ofreció psicoterapia, ni ninguna otra terapia no medicamentosa de modificación de la conducta.

David fue a ver a un psiquiatra, que le recetó Paxil —un inhibidor selectivo de la recaptación de serotonina para tratar la depresión y la ansiedad— y Adderall, un estimulante para tratar el TDA.

—Entonces, ¿cómo te fue? Con los medicamentos, quiero decir.

—Al principio, el Paxil[26] ayudó un poco con la ansiedad. Redujo algunos de los peores sudores, pero no resultó una cura eficaz. Terminé cambiando mi especialidad de ingeniería informática por la de ciencias informáticas, pensando que eso ayudaría. Requería menos interacción. Pero como no pude hablar y decir que no sabía lo suficiente, suspendí un examen. Luego fallé también en el siguiente. Entonces dejé de asistir durante un semestre, para no perjudicar mi promedio de calificaciones. Finalmente, abandoné definitivamente la escuela de ingeniería, lo cual fue muy triste porque era lo que amaba y que realmente quería hacer. Me licencié en Historia: las clases eran más reducidas, solo veinte personas, y podía salirme con la mía siendo menos interactivo. Podía llevarme el cuaderno de exámenes a casa y trabajar solo.

---

26. El principio activo es la paroxetina. (N. del t.)

—¿Qué pasó con el Adderall?

—Tenía que tomar diez miligramos todas las mañanas a primera hora, los días de clase. Me ayudaba a concentrarme. Pero mirando atrás, creo que solo tenía malos hábitos de estudio. El Adderall me ayudó a compensar eso, pero también me llevó a posponer las cosas. Si tenía un examen inminente y no había estudiado, tomaba Adderall durante todo el día y la noche para prepararme. Luego llegué a un punto en el que no podía estudiar sin él. Entonces comencé a necesitar más.

Me pregunté si le habría resultado muy difícil comprar más pastillas.

—¿Fue complicado conseguir más?

—En realidad, no —respondió—. Siempre supe cuándo era necesario renovar la receta. Llamaba al psiquiatra unos días antes. No muchos, solo uno o dos, para que no sospechara. En realidad, me quedaría sin pastillas diez días antes, pero si llamaba con unos días de antelación, me renovarían la receta al momento. También aprendí que era mejor hablar con el asistente médico. Sería más probable que me la renovara sin hacer demasiadas preguntas. A veces inventaba excusas. Por ejemplo, decía que había un problema con los pedidos por correo de la farmacia. Pero la mayoría de las veces no tuve necesidad de hacerlo.

—Parece que, en realidad, las pastillas no te estaban ayudando.

David hizo una pausa.

—Al final, todo se redujo a la comodidad. Era más fácil tomar una pastilla que sufrir.

* * *

En 2016, ofrecí una presentación sobre problemas de drogas y alcohol dirigida al profesorado y al personal de la clínica de salud mental para estudiantes de Stanford. Habían transcurrido algunos meses desde la última vez que había estado en esa parte del campus. Llegué temprano y, mientras esperaba a mi contacto en el vestíbulo principal, mi atención se centró en un expositor de folletos.

Había cuatro folletos diferentes, pero los títulos de todos mencionaban la felicidad: *El hábito de la felicidad, Dormir para llegar a la felicidad, La felicidad a tu alcance* y *Siete días para ser más feliz*. En cada folleto había recetas para lograr la felicidad: «Enumere cincuenta cosas que lo hacen feliz», «Mírese en el espejo y anote en su diario todas las cosas que ama de usted mismo», «Produzca una corriente de emociones positivas».

Y quizás la más reveladora: «Optimice el *timing* y la variedad de las estrategias de felicidad. Concéntrese sobre cuándo y con qué frecuencia aplicarlas. Para actos de bondad: autoexperimente para determinar qué es más efectivo para usted, si realizar muchas buenas acciones en un día, o un solo acto de bondad cada día».

Estos folletos ilustran de qué manera la búsqueda de la felicidad personal se ha convertido en un lema moderno, desplazando a otras definiciones de lo que constituye una «buena vida». Incluso los actos de bondad hacia los demás se convierten en parte de una estrategia para la propia felicidad. El altruismo ya no es simplemente un bien en sí mismo, sino que se ha transformado en un instrumento para nuestro propio «bienestar».

Philip Rieff, psicólogo y filósofo de mediados del siglo xx, previó esta tendencia en su libro *The Triumph of the Therapeutic: Uses of Faith After Freud*: «El hombre religioso nació para ser salvado;[27] el hombre psicológico nació para ser satisfecho».

Los mensajes que nos exhortan a buscar la felicidad no se limitan al ámbito de la psicología. La religión moderna también promueve una teología de la autoconciencia, la autoexpresión y la autorrealización como bien supremo.

En su libro *Bad Religion*, el escritor y erudito religioso Ross Douthat describe nuestra teología New Age del «Dios interior»[28]

---

27. Philip Rieff, *The Triumph of the Therapeutic: Uses of Faith after Freud*, Harper & Row, Nueva York, 1966.

28. Ross Douthat, *Bad Religion: How We Became a Nation of Heretics*, Free Press, Nueva York, 2013.

como «una fe que es a la vez cosmopolita y reconfortante, que promete todos los placeres del exotismo [...] sin nada de dolor [...] un panteísmo místico, en el que Dios es una experiencia más que una persona... Es sorprendente la poca exhortación moral presente en las páginas de la literatura del "Dios interior". Hay frecuentes llamamientos a la "compasión" y la "bondad", pero escasa orientación para las personas que se enfrentan a dilemas reales. Y la orientación que se ofrece a menudo equivale a decir "si le hace sentir bien, hágalo"».

A mi paciente Kevin, de diecinueve años, lo trajeron a mi consulta sus padres en 2018. Los motivos de preocupación eran los siguientes: no quería ir al instituto, no podía conservar un empleo y no seguía ninguna de las reglas del hogar.

Sus padres eran tan imperfectos como el resto de nosotros, pero se esforzaban por ayudarlo. No había evidencia de abuso o negligencia. El problema parecía ser su incapacidad de imponerle restricciones. Les preocupaba que imponerle exigencias lo «estresara» o «traumatizara».

Percibir a los niños como psicológicamente frágiles es una idea moderna por antonomasia. Antiguamente, a los niños se los consideraba adultos en miniatura, completamente formados desde el nacimiento. Durante la mayor parte de la historia de la civilización occidental, los niños habían sido considerados malvados por naturaleza.

El trabajo de los padres y cuidadores consistía en imponerles una disciplina extrema a fin de socializarlos para vivir en el mundo. Era perfectamente aceptable utilizar castigos corporales y tácticas de miedo para hacer que un niño se comportara. Ya no es así.

Hoy en día, veo a muchos padres a los que les aterroriza hacer o decir algo que pudiera provocar a su hijo una cicatriz emocional, que podría derivar en su vida adulta en sufrimiento emocional e incluso en una enfermedad mental.

Esta idea se puede remontar a Freud, cuya innovadora contribución psicoanalítica consistió en afirmar que las experiencias de la primera infancia, incluso aquellas largamente olvidadas o inconscientes, pueden causar un daño psicológico duradero. Desafortunadamente, la idea de Freud de que un trauma de la primera infancia puede influir en la psicopatología adulta se ha convertido en la convicción de que todas y cada una de las experiencias difíciles nos preparan para el diván de la psicoterapia.

Nuestros esfuerzos por aislar a los niños de las experiencias psicológicas adversas no solo se ponen en práctica en el hogar, sino también en la escuela. Durante la escuela primaria, es habitual que los niños reciban un equivalente al premio Alumno Estrella de la Semana, no por un logro en particular, sino por orden alfabético. A todos los niños se les enseña a estar alerta ante los acosadores para evitar que se conviertan en espectadores en lugar de defensores. En el ámbito universitario, profesores y estudiantes hablan en términos de factores desencadenantes y espacios seguros.

El aporte de la psicología del desarrollo y la empatía a la crianza y la educación es una evolución positiva. Debemos reconocer el valor de cada persona con independencia de sus logros; erradicar la brutalidad física y emocional en el patio de la escuela y en cualquier otro lugar, y crear espacios seguros para pensar, aprender y dialogar.

Pero me preocupa que estemos protegiendo y patologizando en demasía la niñez, intentando criar a nuestros hijos en el equivalente a una celda acolchada en la que no pueden hacerse daño, pero tampoco prepararse para vivir en el mundo.

Al proteger a nuestros hijos de la adversidad, ¿les hemos inculcado un miedo mortal a ella? Al reforzar su autoestima con falsos elogios y librándolos de las consecuencias de sus actos en el mundo real, ¿los hemos hecho menos tolerantes, más arrogantes e ignorantes de sus propios defectos de carácter? Al ceder a todos sus deseos, ¿hemos fomentado una nueva era de hedonismo?

En una de nuestras sesiones, Kevin compartió conmigo su filosofía de vida. Debo admitir que me dejó horrorizada.

—Hago lo que quiero, cuando quiero. Si quiero quedarme en la cama, me quedo en la cama. Si quiero jugar a los videojuegos, pues lo hago. Si quiero meterme una raya de coca, le envío un mensaje de texto a mi camello, él me la trae y yo me meto una raya. Si quiero tener sexo, me conecto a la red, busco a alguien, nos encontramos y tengo sexo.

—¿Y cómo te está yendo, Kevin?

—No muy bien. —Por un instante pareció avergonzado.

Durante las últimas tres décadas, he visto a un número creciente de pacientes como David y Kevin, que parecen gozar de todas las ventajas en la vida: familias que los apoyan, educación de calidad, estabilidad financiera, buena salud, y que sin embargo desarrollan una ansiedad debilitante, sufren depresión y dolores físicos. No solo no están aprovechando su potencial: apenas pueden levantarse de la cama por la mañana.

La práctica de la medicina también se ha visto transformada por nuestra obsesión por un mundo sin dolor.

Antes de la década de 1900, los médicos creían que cierto grado de dolor era saludable.[29] Los principales cirujanos del siglo XIX se mostraron reacios a adoptar la anestesia general durante la cirugía, porque creían que el dolor estimulaba la respuesta inmunitaria y cardiovascular y aceleraba la curación. Aunque no me constan evidencias que demuestren que el dolor acelere realmente la reparación de los tejidos, se acumulan las evidencias de que la administración de opioides durante la cirugía la ralentiza.[30]

El famoso médico del siglo XVII Thomas Sydenham dijo lo siguiente acerca del dolor: «Yo considero cada […] esfuerzo totalmente calculado para dominar ese dolor e inflamación peligroso en extremo […]. Ciertamente, un grado moderado de dolor e inflamación en las

29. Marcia L. Meldrum, «A Capsule History of Pain Management», *JAMA* 290, n.º 18, 2003, págs. 2470-2475, https://doi.org/10.1001/jama.290.18.2470.

30. Victoria K. Shanmugam, Kara S. Couch, Sean McNish y Richard L. Amdur, «Relations between Opioid Treatment and Rate of Healing in Chronic Wounds», *Wound Repair and Regeneration* 25, n.º 1, 2017, págs. 120-130, https://doi.org/10.1111/wrr.12496.

extremidades son los instrumentos que utiliza la naturaleza para los propósitos más sabios».[31]

Hoy, por el contrario, se espera de los médicos que eliminen todo dolor, para no fracasar en su papel de sanadores compasivos. El dolor en cualquier forma se considera peligroso, no solo porque duele, sino también porque se cree que condiciona al cerebro para el dolor futuro al dejar una herida neurológica que nunca sana.

El cambio de paradigma en torno al dolor se ha traducido en una prescripción masiva de píldoras para sentirse bien.[32] Hoy en día, en Estados Unidos, más de uno de cada cuatro adultos, y más de uno de cada veinte niños toma una droga psiquiátrica a diario.[33]

El uso de antidepresivos como Paxil, Prozac y Celexa está aumentando en países de todo el mundo,[34] y Estados Unidos encabeza la lista. Más de uno de cada diez estadounidenses (110 personas por cada 1.000) toma un antidepresivo. A Estados Unidos le siguen Islandia (106 / 1.000), Australia (89 / 1.000), Canadá (86 / 1.000), Dinamarca (85 / 1.000), Suecia (79 / 1.000) y Portugal (78 / 1.000). Entre veinticinco países, Corea ocupa el último lugar (13 / 1.000).

El uso de antidepresivos aumentó un 46 % en Alemania en solo cuatro años, y un 20 % en España y Portugal durante el mismo período. Aunque los datos de otros países asiáticos, incluida China, no están disponibles, podemos inferir el uso creciente de antidepresivos

---

31. Thomas Sydenham, «A Treatise of the Gout and Dropsy», en *The Works of Thomas Sydenham, MD, on Acute and Chronic Diseases*, Londres, 1783, página 254, https://books. google.com/books?id=iSxsAAAAMAAJ&printsec=portada&source=gbs_ge_summary_r&cad=0#v=onepage&q&f=false.

32. Substance Abuse and Mental Health Services, «Behavioral Health, United States, 2012», publicación del HHS n.º (SMA) 13-4797, 2013, https://www.samhsa.gov/data/sites/default/files/2012-BHUS.pdf.

33. Bruce S. Jonas, Qiuping Gu y Juan R. Albertorio-Diaz, «Psychotropic Medication Use among Adolescents: United States 2005-2010», *NCHS Data Brief*, n.º 135, diciembre de 2013, págs. 1-8.

34. OECD, «OECD Health Statistics», julio de 2020, https://www.oecd.org/els/health-systems/health-data.htm. Laura A. Pratt, Debra J. Brody, Qiuping Gu, «Antidepressant Use in Persons Age 12 and Over: United States, 2005-2008», *NCHS Data Brief* n.º 76, octubre de 2011, https://www.cdc.gov/nchs/products/databriefs/db76.htm.

al observar las tendencias de ventas. En China, las ventas de antidepresivos alcanzaron los 2.610 millones de dólares en 2011, un 19,5 % más que el año anterior.

Las prescripciones de estimulantes (Adderall, Ritalin) en Estados Unidos se duplicaron entre 2006 y 2016,[35] incluso en niños menores de cinco años. En 2011, a dos tercios de los niños estadounidenses diagnosticados con TDA se les recetó un estimulante.

Las recetas de sedantes como las benzodiazepinas (Xanax, Klonopin, Valium), también adictivas, van en aumento,[36] quizás para compensar todos esos estimulantes que estamos tomando. En Estados Unidos, entre 1996 y 2013, la cantidad de adultos que adquirieron benzodiazepinas recetadas aumentó en un 67 %, de 8,1 millones a 13,5 millones de personas.

En 2012, también en Estados Unidos, se recetaron suficientes opioides como para que todos los habitantes tuvieran un frasco de píldoras, y las sobredosis de opioides mataron a más personas que las armas o los accidentes de tránsito.

¿Es de extrañar, entonces, que David diera por sentado que debería insensibilizarse tomando pastillas?

Más allá de los ejemplos extremos de huida del dolor, hemos perdido la capacidad de tolerar incluso formas menores de malestar. Buscamos constantemente entretenimientos para desviar nuestra atención del momento presente.

Como dijo Aldous Huxley en *Nueva visita a un mundo feliz*: «El desarrollo de una vasta industria de la comunicación de masas, cuya principal preocupación no pasa por lo verdadero ni lo falso sino por lo

---

35. Brian J. Piper, Christy L. Ogden, Olapeju M. Simoyan, Daniel Y. Chung, James F. Caggiano, Stephanie D. Nichols y Kenneth L. McCall, «Trends in Use of Prescription Stimulants in the United States and Territories, 2006 to 2016», *PLOS ONE* 13, n.º 11, 2018, https://doi.org/10.1371/journal.pone.0206100.

36. Marcus A. Bachhuber, Sean Hennessy, Chinazo O. Cunningham y Joanna L. Starrels, «Increasing Benzodiazepine Prescriptions and Overdose Mortality in the United States, 1996 -2013», *American Journal of Public Health*, 106, n.º 4, 2016, págs. 686-688, https://doi.org/10.2105/AJPH.2016.303061.

irreal, lo totalmente irrelevante o poco menos [...] no tuvo en cuenta el apetito casi infinito del hombre por las distracciones».[37]

En la misma línea, Neil Postman, autor del clásico de la década de 1980 *Divertirse hasta morir*, escribió: «Los estadounidenses ya no se hablan, se entretienen. No intercambian ideas, intercambian imágenes. No discuten sobre propuestas; discuten sobre la buena apariencia, las celebridades y los anuncios».[38]

Mi paciente Sophie, una estudiante surcoreana de la Universidad de Stanford, acudió a mí en busca de ayuda para la depresión y la ansiedad. Entre las muchas cosas de las que hablamos, me dijo que pasaba la mayor parte de sus horas de vigilia conectada a YouTube o Instagram a través de algún tipo de dispositivo, o escuchando pódcasts y listas de reproducción.

En una sesión, le sugerí que intentara ir a clase sin escuchar nada por el camino, permitiendo que sus propios pensamientos salieran a la superficie.

Sophie me miró, incrédula y asustada.

—¿Por qué habría de hacer eso? —preguntó, y se quedó con la boca abierta.

—Bueno —aventuré—, es una forma de familiarizarte contigo misma. De dejar que tu experiencia se manifieste, sin intentar controlarla o huir de ella. La continua distracción con los dispositivos puede estar contribuyendo a tu depresión y ansiedad. Evitarse a uno mismo todo el tiempo es bastante agotador. Me pregunto si experimentarte a ti misma de una manera diferente podría permitirte acceder a nuevos pensamientos y sentimientos, y ayudarte a sentirte más conectada contigo misma, con los demás y con el mundo.

Tras pensarlo unos instantes, comentó:

—Pero es tan *aburrido*.

---

37. Aldous Huxley, *Nueva visita a un mundo feliz*, Edhasa, Barcelona, 1980.

38. Neil Postman, *Divertirse hasta morir: El discurso público en la era del show business*, Ediciones de la Tempestad, Barcelona, 2012.

—Sí, eso es cierto —admití—. El aburrimiento no es solo fastidioso. También puede resultar aterrador. Nos obliga a enfrentarnos cara a cara con temas importantes, con cuestiones de significado y propósito. Pero el aburrimiento también es una oportunidad para el descubrimiento y la invención. Crea el espacio necesario para que se formen nuevos pensamientos. Sin ellos, seguimos reaccionando sin cesar a los estímulos que nos rodean, en lugar de experimentar nuestras vivencias desde dentro.

La semana siguiente, Sophie intentó ir a clase sin estar conectada.

—Fue difícil al principio —explicó—. Pero luego me acostumbré, e incluso me gustó. Empecé a fijarme en los árboles.

¿CARENCIA DE AUTOCUIDADO O ENFERMEDAD MENTAL?

Vuelvo a David, quien, en sus propias palabras, estaba «tomando Adderall todo el día». Tras graduarse en la universidad en 2005, regresó con sus padres. Pensó en ingresar en la facultad de Derecho, incluso se presentó a los exámenes de admisión y le fue bien, pero cuando llegó el momento de matricularse ya no tuvo ganas.

—Me pasaba la mayor parte del tiempo sentado en el sofá, enfadado y resentido. Conmigo mismo, con el mundo.

—¿Por qué estabas enfadado?

—Porque me decía que había desperdiciado mi educación universitaria. No había estudiado lo que realmente quería estudiar. Mi novia había vuelto a estudiar... le iba estupendamente, pronto tendría un máster. Mientras tanto, yo me revolcaba en casa sin hacer nada.

Tras graduarse, su novia consiguió un trabajo en Palo Alto. David la siguió hasta allí, y en 2008 se casaron. Él consiguió un trabajo en una empresa tecnológica, donde se relacionó con ingenieros jóvenes e inteligentes, que fueron generosos con su tiempo.

Volvió a la programación y aprendió todo lo que habría querido estudiar en la universidad, donde había tenido demasiado miedo de hacerlo en un aula llena de estudiantes. Lo ascendieron a desarrollador de software; trabajaba quince horas al día, y corría casi cincuenta kilómetros a la semana en su tiempo libre.

—Pero para que todo eso sucediera —dijo— estaba tomando más Adderall, no solo por la mañana, sino durante todo el día. Me despertaba por la mañana y tomaba Adderall. Volvía a casa, cenaba, y tomaba más Adderall. Las pastillas se convirtieron en mi nueva normalidad. También estaba ingiriendo grandes cantidades de cafeína. Se hacía muy tarde y necesitaba irme a dormir, y en cambio me estaba diciendo «Vale, ¿y qué hago ahora?». Así que volví a visitar a la psiquiatra y la convencí para que me recetara Ambien. Fingí que no sabía qué era Ambien, pero mi madre y un par de tíos lo habían tomado durante mucho tiempo. También la convencí para que me recetara una dosis limitada de Ativan, para calmarme la ansiedad antes de las presentaciones. De 2008 a 2018, tomé cada día hasta treinta miligramos de Adderall, cincuenta miligramos de Ambien y de tres a seis miligramos de Ativan. «Tengo ansiedad y TDAH —pensaba—, y necesito esto para funcionar».

David atribuía la fatiga y la falta de atención a una enfermedad mental, más que a la falta de sueño y la estimulación excesiva, una lógica que utilizó para justificar el uso continuo de medicamentos. He observado una paradoja similar en muchos de mis pacientes a través de los años: el uso de medicamentos, recetados o no, para compensar lo que en realidad es una carencia básica de autocuidado, que mientras tanto es atribuida a una enfermedad mental que requiere aún más drogas. De ahí que los venenos se conviertan en «vitaminas».

—Estabas tomando tus «vitaminas A»: Adderall, Ambien y Ativan —bromeé.

—Supongo que se podría decir eso —dijo David con una sonrisa.

—¿Tu esposa, o alguna otra persona, sabía lo que te estaba pasando?

—No. Nadie lo sabía. Mi esposa no tenía ni idea. A veces bebía alcohol cuando me quedaba sin Ambien, o me enfadaba y le gritaba cuando tomaba demasiado Adderall. Pero aparte de eso, lo oculté bastante bien.

—Entonces, ¿qué pasó?

—Me cansé de todo eso. Me cansé de tomar estimulantes y tranquilizantes día y noche. Empecé a pensar en acabar con mi vida. Pensé que sería lo mejor, y que las otras personas también estarían mejor sin mí. Pero mi esposa estaba embarazada, y supe que tenía que cambiar. Le dije que necesitaba ayuda. Le pedí que me llevara al hospital.

—¿Cómo reaccionó ella?

—Me llevó a la sala de urgencias, y cuando salió todo a la luz se quedó muy conmocionada.

—¿Qué fue lo que la conmocionó?

—Las pastillas. Todas esas pastillas que estaba tomando. Mi enorme alijo. Y lo mucho que yo le había estado ocultando.

David fue hospitalizado en el pabellón psiquiátrico, y se le diagnosticó adicción a estimulantes y sedantes. Permaneció en el hospital hasta que pudo dejar de consumir Adderall, Ambien y Ativan, y de albergar ideas suicidas. El proceso llevó dos semanas, al cabo de las cuales lo dieron de alta y pudo volver a casa, donde lo esperaba su mujer embarazada.

* * *

Todos huimos del dolor. Algunos tomamos pastillas. Otros se instalan en el sofá para ver Netflix durante horas. Algunas leemos novelas románticas. Haremos casi cualquier cosa con tal de distraernos y desviar nuestra atención de nosotros mismos. Y, sin embargo, todo este intento de aislarnos del dolor solo parece empeorarlo.

Según el Índice Global de Felicidad,[39] que clasifica a 156 países según lo felices que se perciben a sí mismos sus ciudadanos, las personas

---

39. John F. Helliwell, Haifang Huang y Shun Wang, «Chapter 2—Changing World Happiness», *World Happiness Report 2019*, 20 de marzo de 2019, págs. 10-46.

que viven en Estados Unidos declararon ser menos felices en 2018 que en 2008. Otros países con niveles similares de riqueza, bienestar social y esperanza de vida experimentaron disminuciones similares en las puntuaciones de felicidad que reportaron, entre ellos Bélgica, Canadá, Dinamarca, Francia, Japón, Nueva Zelanda e Italia.

Los investigadores entrevistaron a casi ciento cincuenta mil personas en 26 países para determinar la prevalencia del trastorno de ansiedad generalizada, definido como una preocupación excesiva e incontrolable, que afecta su vida de forma negativa. Descubrieron que los países más ricos tenían tasas de ansiedad más altas que los países pobres.[40] Los investigadores concluyeron que «el trastorno es significativamente más frecuente y perjudicial en los países de ingresos altos, que en los países de ingresos bajos o medios».

El número de nuevos casos de depresión en todo el mundo aumentó en un 50 % entre 1990 y 2017.[41] Los mayores aumentos de nuevos casos se observaron en las regiones con el índice sociodemográfico (de ingresos) más alto, especialmente en América del Norte.

El dolor físico también va en aumento.[42] A lo largo de mi carrera, he visto a más pacientes, incluidos jóvenes por lo demás sanos, que presentaban dolores en todo el cuerpo a pesar de la ausencia de una enfermedad o lesión tisular identificables. Han aumentado el número y los tipos de síndromes de dolor físico sin explicación, entre ellos el síndrome de dolor regional complejo, la fibromialgia, la cistitis

40. Ayelet Meron Ruscio, Lauren S. Hallion, Carmen CW Lim, Sergio Aguilar-Gaxiola, Ali Al-Hamzawi, Jordi Alonso, Laura Helena Andrade y otros, «Cross Sectional Comparison of the Epidemiology of DSM-5 Generalized Anxiety Disorder across the Globe», *JAMA Psychiatry* 74, n.º 5, 2017, págs. 465-475, https://doi.org/10.1001/jamapsychiatry.2017.0056.

41. Qingqing Liu, Hairong He, Jin Yang, Xiaojie Feng, Fanfan Zhao y Jun Lyu, «Changes in the Global Burden of Depression from 1990 to 2017: Findings from the Global Burden of Disease Study», *Psychiatric Research* 126, junio de 2019, págs. 134-140, https://doi.org/10.1016/j.jpsychires.2019.08.002.

42. David G. Blanchflower y Andrew J. Oswald, «Unhappiness and Pain in Modern America: a Review Essay, and Further Evidence, on Carol Graham's Happiness for All?», documento de trabajo del IZA Institute of Labor Economics, noviembre de 2017.

intersticial, el síndrome de dolor miofascial y el síndrome de dolor pélvico.

Cuando los investigadores formularon la siguiente pregunta a personas de treinta países: «Durante las últimas cuatro semanas, ¿con qué frecuencia ha tenido dolores o molestias corporales? ¿Nunca, rara vez, algunas veces, a menudo o muy a menudo?», encontraron que los estadounidenses reportaban más dolor que los de cualquier otro país.

De los estadounidenses, el 34 % dijo que sentía dolor «a menudo» o «muy a menudo», en comparación con el 19 % de las personas que viven en China, el 18 % de las que viven en Japón, el 13 % de las que viven en Suiza y el 11 % de las que viven en Sudáfrica.

La pregunta es: ¿Por qué, en una época de riqueza, libertad, progreso tecnológico y avances médicos sin precedentes, parecemos más infelices y padecemos más dolores que nunca?[43]

Es posible que la razón por la que somos tan infelices sea que estamos trabajando muy duro para evitar ser infelices.

---

43. Robert William Fogel, *The Fourth Great Awakening and the Future of Egalitarianism*, University of Chicago Press, Chicago, 2000.

3

El equilibrio placer-dolor

Los avances neurocientíficos de los últimos cincuenta a cien años, incluidos los avances en bioquímica, las nuevas técnicas de imagen y la aparición de la biología computacional, arrojan luz sobre los procesos fundamentales de recompensa. Al comprender mejor los mecanismos que rigen el dolor y el placer, podemos obtener una nueva perspectiva sobre por qué, y cómo, el exceso de placer conduce al dolor.

DOPAMINA

Las principales células funcionales del cerebro son las neuronas. Se comunican entre sí en las sinapsis, por medio de señales eléctricas y neurotransmisores.

Los neurotransmisores son como pelotas de béisbol. El lanzador es la neurona presináptica, y el receptor es la neurona postsináptica. El espacio entre el lanzador y el receptor es el espacio o hendidura sináptica. Cuando la pelota es lanzada entre el lanzador y el receptor, los neurotransmisores acortan la distancia entre las neuronas. Son mensajeros químicos que regulan las señales eléctricas en el cerebro.

Existen muchos neurotransmisores importantes, pero centrémonos en la dopamina.

NEUROTRANSMISOR

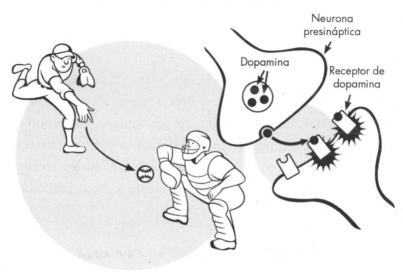

La dopamina fue identificada por primera vez como neurotransmisor en el cerebro humano en 1957, por dos científicos que trabajaban de forma independiente: Arvid Carlsson y su equipo en Lund, Suecia, y Kathleen Montagu, en su laboratorio en las afueras de Londres.[44] Carlsson ganó el Premio Nobel de Fisiología y Medicina.

La dopamina no es el único neurotransmisor involucrado en el sistema de recompensa, pero la mayoría de los neurocientíficos está de acuerdo en que se halla entre los más importantes. La dopamina puede desempeñar un papel más relevante en la motivación para obtener una recompensa o gratificación, que en el placer de la recompensa en sí mismo.

Desear, más que *disfrutar*.[45] Los ratones que han sido modificados genéticamente para ser incapaces de producir dopamina no buscarán

---

44. Kathleen A. Montagu, «Catechol Compounds in Rat Tissues and in Brains of Different Animals», *Nature* 180, 1957, págs. 244-245, https://doi.org/10.1038/180244a0.

45. Bryon Adinoff, «Neurobiologic Processes in Drug Reward and Addiction», *Harvard Review of Psychiatry* 12, n.º 6, 2004, págs. 305-320, https://doi.org/10.1080/10673220490910844.

comida y morirán de hambre,[46] incluso aunque se les ponga la comida a pocos centímetros de la boca. Sin embargo, si la comida es colocada directamente dentro de la boca, la masticarán, la tragarán y parecerán disfrutarla.

Independientemente del debate acerca de las diferencias entre la motivación y el placer, la dopamina se utiliza para medir el potencial adictivo de cualquier comportamiento o droga. Cuanta más cantidad de dopamina libera una droga en la vía de recompensa del cerebro (un circuito cerebral que une el área tegmental ventral, el núcleo accumbens y la corteza prefrontal), y cuanto más rápido lo hace, más adictiva resulta la droga.

VÍAS DE RECOMPENSA DE LA DOPAMINA EN EL CEREBRO

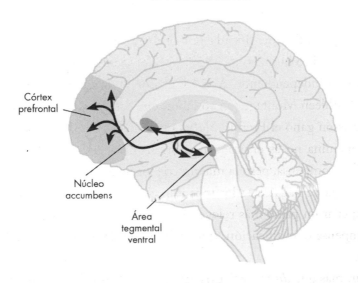

Córtex
prefrontal

Núcleo
accumbens

Área
tegmental
ventral

Por cierto, cuando se dice de una sustancia que es «dopaminérgica» no significa que contenga, literalmente, dopamina. En realidad, se

46. Qun Yong Zhou y Richard D. Palmiter, «Dopamine-Deficient Mice Are Severely Hypoactive, Adipsic, and Aphagic», *Cell* 83, n.º 7, 1995, págs. 1197-1209, https://doi.org/10.1016/0092-8674(95)90145-0

trata de una sustancia que desencadena la liberación de dopamina en el sistema de recompensa de nuestro cerebro.

En una rata dentro de una caja, el chocolate[47] aumenta la producción basal de dopamina en el cerebro en un 55%, el sexo en un 100%,[48] la nicotina en un 150%[49] y la cocaína en un 225%. La anfetamina —ingrediente activo de las drogas callejeras *speed, ice* y *shabu*, así como de medicamentos como el Adderall, utilizados para tratar el trastorno por déficit de atención— aumenta la liberación de dopamina en un 1.000%. Según estos datos, se estima que fumar una pipa de metanfetamina equivale a diez orgasmos.

RECOMPENSAS Y LIBERACIÓN DE DOPAMINA

Chocolate 55%
Sexo 100%
Nicotina 150%
Cocaína 225%
Anfetamina 1.000%

EL PLACER Y EL DOLOR ESTÁN AUTORREGULADOS

Además del descubrimiento de la dopamina, los neurocientíficos han determinado que el placer y el dolor se procesan en regiones

47. Valentina Bassareo y Gaetano Di Chiara, «Modulation of Feeding-Induced Activation of Mesolimbic Dopamine Transmission by Appetitive Stimuli and Its Relation to Motivational State», *European Journal of Neuroscience* 11, n.º 12, 1999, págs. 4389-4397, https://doi.org/10.1046/j.1460-9568.1999.00843.x.

48. Dennis F.Fiorino, Ariane Coury y Anthony G. Phillips, «Dynamic Changes in Nucleus Accumbens Dopamine Efflux during the Coolidge Effect in Male Rats», *Journal of Neuroscience* 17, n.º 12, 1997, págs. 4849-4855, https://doi.org/10.1523/JNEUROSCI.17-12-04849.1997.

49. Gaetano Di Chiara y Assunta Imperato, «Drugs Abused by Humans Preferentially Increase Synaptic Dopamine Concentrations in the Mesolimbic System of Freely Moving Rats», Proceedings of the National Academy of Sciences of the United States of America 85, n.º14, 1988, págs. 5274-7528, https://doi.org/10.1073/pnas.85.14.5274.

cerebrales superpuestas,[50] y funcionan a través de un mecanismo de «proceso oponente». Otra forma de decirlo es que el placer y el dolor funcionan como una balanza.

Imagina que nuestros cerebros están provistos de una balanza con un punto de apoyo central. Cuando no hay nada en la balanza, está a nivel del suelo. Cuando experimentamos placer, se produce una liberación de dopamina en nuestra vía de recompensa, y la balanza se inclina hacia el lado del placer. Cuanto más se inclina y cuanto más rápido lo hace, más placer sentimos.

Placer   Dolor

Pero aquí está lo importante acerca de la balanza: quiere mantenerse nivelada, es decir, en equilibrio. No se quiere inclinar mucho tiempo hacia un lado o hacia el otro. Por lo tanto, cada vez que el equilibrio se inclina hacia el placer, unos poderosos mecanismos de autorregulación entran en acción para volver a nivelarlo. Estos mecanismos de autorregulación no requieren un pensamiento consciente o un acto de voluntad. Simplemente ocurren, como un reflejo.

Tiendo a imaginar este sistema de autorregulación como pequeños *gremlins* que saltan sobre el lado del dolor de la balanza para contrarrestar la presión en el lado del placer. Los *gremlins* representan

50. Siri Leknes e Irene Tracey, «A Common Neurobiology for Pain and Plesure», *Nature Reviews Neuroscience* 9, n.º 4, 2008, págs 314-320, https://doi.org/10.1038/nrn2333.

el trabajo de la homeostasis: la tendencia de cualquier sistema vivo a mantener el equilibrio fisiológico.

Una vez que el equilibrio está nivelado, el proceso continúa, inclinando la balanza en una medida igual y opuesta hacia el lado del dolor.

En la década de 1970, los psicólogos Richard Solomon y John Corbit llamaron a esta relación recíproca entre placer y dolor la «teoría del proceso oponente»: «Cualquier desviación prolongada o repetida de la neutralidad hedónica o afectiva [...] tiene un coste».⁵¹ Ese coste es una «reacción posterior», que tiene un valor opuesto al del estímulo. O como dice el viejo refrán, «todo lo que sube tiene que bajar».

---

51. Richard L. Solomon y John D. Corbit, "An Opponent-Process Theory of Motivation", *American Economic Review* 68, n.º 6, 1978, págs. 12-24.

Se ha comprobado que muchos procesos fisiológicos en el cuerpo están regidos por sistemas de autorregulación similares. Por ejemplo, Johann Wolfgang von Goethe, Ewald Hering y otros demostraron cómo la percepción del color está gobernada por un sistema de proceso oponente. Mirar de cerca un color durante un período prolongado produce espontáneamente una imagen de su color «opuesto» en el ojo del espectador. Mira fijamente una imagen verde sobre un fondo blanco durante un período de tiempo, y luego mira hacia una página en blanco. Verás cómo tu cerebro crea una imagen secundaria roja. La percepción del verde da paso a la percepción del rojo. Cuando el verde está encendido, el rojo no puede estarlo, y viceversa.

TOLERANCIA (NEUROADAPTACIÓN)

Todos hemos experimentado el ansia de repetir después del placer. Ya sea que se nos antoje coger una segunda patata frita, o hacer clic en un icono para empezar otra ronda de videojuegos, es natural querer recrear esas sensaciones agradables o intentar que no se desvanezcan. La solución simple es seguir comiendo, jugando, mirando o leyendo. Pero hay un problema.

Con la exposición repetida al mismo o similar estímulo de placer, la presión inicial sobre el lado del placer se vuelve más débil y más breve, y la respuesta posterior en el lado del dolor se vuelve más fuerte y más prolongada, un proceso que los científicos llaman neuroadaptación. Es decir, con la repetición nuestros *gremlins* se hacen más grandes, rápidos y numerosos, y necesitamos más cantidad de nuestra droga preferida para obtener el mismo efecto.

Necesitar más cantidad de una sustancia para sentir placer, o experimentar menos placer con una dosis determinada, se llama tolerancia. La tolerancia es un factor importante en el desarrollo de la adicción.

Placer   Dolor

Para mí, leer la saga *Crepúsculo* por segunda vez fue placentero, pero no tanto como la primera. Cuando la leí por cuarta vez (sí, leí la saga completa cuatro veces), mi placer fue significativamente menor. La relectura nunca estuvo a la altura de la primera ronda. Además, cada vez que la leía, me quedaba con una sensación más profunda de insatisfacción al final, y un deseo más fuerte de recuperar la intensidad de la sensación que me produjo leerla la primera vez. Cuando me volví «tolerante» a *Crepúsculo*, me vi obligada a buscar formas nuevas y más potentes de la misma droga para tratar de recuperar esa primera sensación.

Con el uso prolongado e intensivo de drogas, el equilibrio placer-dolor finalmente se inclina hacia el lado del dolor. Nuestro punto de ajuste hedónico (de placer) cambia a medida que disminuye nuestra capacidad para experimentar placer y aumenta nuestra vulnerabilidad al dolor. Podríamos imaginar a los *gremlins* acampados en el lado del dolor de la balanza, con sus colchones inflables y sus barbacoas portátiles a cuestas.

Placer   Dolor

Me volví muy consciente de este efecto de las sustancias adictivas dopaminérgicas en la vía de recompensa del cerebro a principios de la década de 2000, cuando vi acudir a la clínica una mayor cantidad de pacientes que estaban siendo tratados con medicamentos opioides en dosis altas y a largo plazo (piensa en OxyContin, Vicodin, morfina, fentanilo) para el dolor crónico. A pesar de los opioides consumidos de forma prolongada y en dosis elevadas, el dolor de los pacientes solo había empeorado con el tiempo. ¿Por qué? Porque la exposición a los opioides había provocado que su cerebro restableciera su equilibrio entre placer y dolor, inclinándose hacia el lado del dolor. El dolor original se había vuelto más intenso, y padecían nuevos dolores en partes de su cuerpo que antes estaban libres de dolor.

Este fenómeno, ampliamente observado y verificado en estudios realizados con animales, se ha denominado «hiperalgesia inducida por opioides».[52] «Algesia», que proviene de la palabra griega *álgesis*, significa sensibilidad al dolor. Es más, cuando estos pacientes redujeron los opioides de forma gradual, muchos de ellos experimentaron una disminución del dolor.[53]

La neurocientífica Nora Volkow y sus colegas han demostrado que el consumo excesivo y prolongado de sustancias dopaminérgicas conduce finalmente a un estado de déficit de dopamina.

Volkow examinó la transmisión de la dopamina en los cerebros de personas sanas de un grupo de control, comparandola con la transmisión en personas adictas a una variedad de drogas, dos semanas después de dejar de consumirlas. Las imágenes cerebrales fueron sorprendentes. En las imágenes de los controles sanos, un área del

52. Yinghui Low, Collin F. Clarke y Billy K. Huh, «Opioid-Induced Hyperalgesia: A Review of Epidemiology, Mechanisms and Management», *Singapore Medical Journal* 53, n.º 5, 2012, págs. 357-360.

53. Joseph W. Frank, Travis I. Lovejoy, William C. Becker, Benjamin J. Morasco, Christopher J. Koenig, Lilian Hoffecker, Hannah R. Dischinger, et al., «Patient Outcomes in Dose Reduction or Discontinuation of Long-Term Opioid Therapy: A Systematic Review», *Annals of Internal Medicine* 167, n.º 3, 2017, págs. 181-191, https://doi.org/10.7326/M17-0598.

cerebro con forma de alubia, asociada con la recompensa y la motivación, se veía iluminada en rojo brillante, lo que indicaba altos niveles de actividad del neurotransmisor de dopamina. En las imágenes de personas con adicción que habían dejado de consumir dos semanas antes, la misma región del cerebro con forma de alubia presentaba poco o nada de color rojo, lo que indicaba poca o ninguna transmisión de dopamina.

Como concluyeron la doctora Volkow y sus colegas: «Las disminuciones en los receptores D2 de dopamina en los consumidores de drogas, junto con las disminuciones en la liberación de dopamina, resultarían en una disminución de la sensibilidad de los circuitos de recompensa a la estimulación por recompensas naturales».[54] Una vez que esto sucede, ya no hay nada que haga sentirse bien.

Por decirlo de otra manera, los jugadores del Equipo Dopamina recogen sus pelotas y sus guantes y se van a casa.

EFECTOS DE LA ADICCIÓN SOBRE LOS RECEPTORES DE DOPAMINA

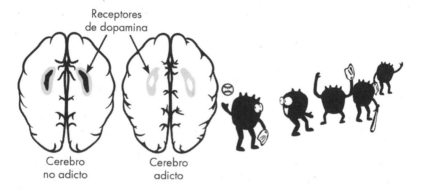

Receptores de dopamina

Cerebro no adicto

Cerebro adicto

En los aproximadamente dos años en los que consumí novelas románticas de forma compulsiva, llegué a un punto en el que no podía

54. Nora D. Volkow, Joanna S. Fowler y Gene-Jack Wang, «Role of Dopamine in Drug Reinforcement and Addiction in Humans: Results from Imaging Studies», *Behavioural Pharmacology* 13, n.º 5, 2002, págs. 355-66, https://doi.org/10.1097/00008877-200209000-00008.

encontrar un libro que me hiciera disfrutar. Era como si mi centro del placer de la lectura de novelas se hubiera quemado y ningún libro pudiera revivirlo.

La paradoja es que el hedonismo, la búsqueda del placer por sí mismo, conduce a la anhedonia, que es la incapacidad de experimentar placer de cualquier tipo. La lectura siempre había sido mi principal fuente de placer y evasión, por lo que fue un shock y una pena cuando dejó de funcionar. Incluso entonces me fue difícil abandonarla.

Mis pacientes con adicción describen cómo llegan a un punto en el que su droga deja de funcionar para ellos. Ya no consiguen colocarse en absoluto. Sin embargo, si no toman su droga se sienten muy desgraciados. Los síntomas universales de abstinencia de cualquier sustancia adictiva son la ansiedad, la irritabilidad, el insomnio y la disforia.

Un equilibrio placer-dolor inclinado hacia el lado del dolor es lo que lleva a las personas a recaer, incluso después de períodos prolongados de abstinencia. Cuando la balanza se inclina hacia el lado del dolor, anhelamos nuestra droga para sentirnos normales (para nivelar el equilibrio).

El neurocientífico George Koob llama a este fenómeno «recaída impulsada por la disforia»,[55] en la que el retorno al consumo no está impulsado por la búsqueda del placer, sino por el deseo de aliviar el sufrimiento físico y psicológico causado por la abstinencia prolongada.

Y aquí están las buenas noticias. Si esperamos lo suficiente, nuestro cerebro —por lo general— se readapta a la ausencia de la droga, y restablecemos nuestra homeostasis de base. Una vez que nuestro equilibrio está nivelado, nuevamente podemos disfrutar de recompensas sencillas y cotidianas. Salir a caminar. Ver salir el sol. Divertirnos en una comida con amigos.

---

55. George F. Koob, «Hedonic Homeostatic Dysregulation as a Driver of Drug-Seeking Behavior», *Drug Discovery Today: Disease Models* 5, n.º 4, 2008, págs. 207-215, https://doi.org/10.1016/j.ddmod.2009.04.002.

Placer · · · Dolor

PERSONAS, LUGARES Y COSAS

El equilibrio placer-dolor se ve afectado no solo por la reexposición a la droga en sí, sino también por la exposición a estímulos asociados con el consumo de drogas. En Alcohólicos Anónimos (AA), la expresión para describir este fenómeno es «personas, lugares y cosas». En el mundo de la neurociencia se lo denomina «aprendizaje por asociación», también conocido como condicionamiento clásico o pavloviano.

Iván Pávlov, que ganó el Premio Nobel de Fisiología y Medicina en 1904, demostró que los perros salivan por reflejo cuando se les presenta un trozo de carne. Cuando la presentación de la carne va siempre acompañada del sonido de un timbre, los perros salivan al oír el timbre, incluso si no se les ofrece la carne de inmediato. La interpretación es que los perros han aprendido a asociar el trozo de carne —una recompensa natural— con el timbre, convertido en un estímulo condicionado. ¿Qué está pasando en el cerebro?

Al insertar una sonda de detección en el cerebro de una rata, los neurocientíficos pudieron demostrar que la dopamina se libera en el cerebro en respuesta al estímulo condicionado (por ejemplo, un timbre, un metrónomo o una luz) mucho antes de que se obtenga la recompensa (por ejemplo, una inyección de cocaína). El pico de dopamina previo a la recompensa, en respuesta a un estímulo condicionado, explica el placer anticipatorio que experimentamos cuando sabemos que se avecinan cosas buenas.

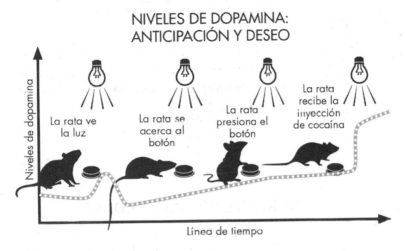

NIVELES DE DOPAMINA: ANTICIPACIÓN Y DESEO

Niveles de dopamina

La rata ve la luz

La rata se acerca al botón

La rata presiona el botón

La rata recibe la inyección de cocaína

Línea de tiempo

Inmediatamente después de producirse el estímulo condicionado, la descarga de dopamina en el cerebro no solo disminuye hasta los niveles de referencia (el cerebro tiene un nivel tónico de descarga de dopamina incluso en ausencia de recompensas), sino por debajo de estos niveles. Este estado transitorio de minideficiencia de dopamina es lo que nos empuja a buscar nuestra gratificación. Los niveles de dopamina por debajo de la línea de base impulsan el deseo, que se traduce en una búsqueda activa para obtener la droga.

Mi colega Rob Malenka, un distinguido neurocientífico, me dijo una vez que «la medida de cuán adicto es un animal de laboratorio se reduce a cuán duro está dispuesto a trabajar para obtener su droga: presionando una palanca, navegando por un laberinto o trepando por un tobogán». He comprobado que lo mismo ocurre con los humanos. Sin olvidar, además, que todo el ciclo de anticipación y deseo puede tener lugar fuera de la conciencia.

Una vez que obtenemos la recompensa que anticipamos, la descarga de dopamina en el cerebro aumenta muy por encima de la línea de base tónica. Pero si la recompensa que anticipamos no se materializa, los niveles de dopamina caen muy por debajo de esa línea de base. Es decir, si obtenemos la recompensa esperada, experimentamos un pico aún mayor. Si, en cambio, no la obtenemos, experimentamos una caída aún mayor.

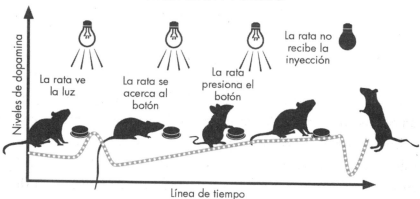

Todos hemos vivido la decepción por una expectativa no cumplida. Una recompensa esperada que no se materializa es siempre peor que una recompensa no anticipada.

¿Cómo se traduce el deseo inducido por estímulos en nuestro equilibrio entre placer y dolor? El estímulo hace que el equilibrio se incline hacia el lado del placer (un minipico de dopamina) en anticipación de una recompensa futura, e inmediatamente después se inclina hacia el lado del dolor (un minidéficit de dopamina). El déficit de dopamina se traduce en deseo incontenible e impulsa el comportamiento de búsqueda de drogas.

Durante la última década se han logrado avances significativos en la comprensión de la causa biológica del juego de azar patológico, lo que ha llevado a la reclasificación de los trastornos del juego como trastornos del control de impulsos en el *Manual diagnóstico y estadístico de los trastornos mentales* (5.ª edición).

Los estudios indican que la liberación de dopamina como resultado del juego está vinculada tanto con la imprevisibilidad de recibir la recompensa, como con la recompensa (a menudo monetaria) en sí misma. La motivación para apostar reside más en la incapacidad de predecir si nos tocará la recompensa, que en la ganancia financiera en sí.

En un estudio de 2010, Jakob Linnet y sus colegas midieron la liberación de dopamina en personas adictas al juego y en otras sanas de un grupo de control, mientras ganaban y perdían dinero. No hubo diferencias claras entre los dos grupos cuando ganaron dinero; sin embargo, en comparación con el grupo de control, los jugadores patológicos mostraron un marcado aumento en los niveles de dopamina cuando perdieron dinero. La cantidad de dopamina liberada en la vía de recompensa estaba en su punto más alto cuando las probabilidades de perder o ganar eran casi idénticas (50 %), lo que representa la máxima incertidumbre.

Los trastornos relacionados con los juegos de azar destacan la sutil distinción entre la anticipación de la recompensa (liberación de dopamina antes de la recompensa) y la respuesta de recompensa (liberación de dopamina después o durante la recompensa). Mis pacientes con ludopatía me han dicho que, mientras juegan,[56] una parte de ellos quiere perder. Cuanto más pierden, más fuerte es la necesidad de seguir apostando y más fuerte es el subidón cuando ganan, un fenómeno descrito como «persecución de las pérdidas».

Sospecho que algo similar está sucediendo con las aplicaciones de redes sociales, en las que la respuesta de los demás es tan caprichosa e impredecible que la incertidumbre de obtener un «me gusta» o algo equivalente es tan excitante como el «me gusta» en sí.

* * *

El cerebro codifica los recuerdos a largo plazo de las recompensas y de sus estímulos asociados, cambiando la forma y el tamaño de las

56. Jakob Linnet, Ericka Peterson, Doris J. Doudet, Albert Gjedde y Arne Møller, «Dopamine Release in Ventral Striatum of Pathological Gamblers Losing Money», *Acta Psychiatrica Scandinavica* 122, n.º 4, 2010, págs. 326-33, https://doi.org/10.1111/j.1600-0447.2010.01591.x.

neuronas productoras de dopamina. Por ejemplo, las dendritas, que son las ramificaciones de la neurona, se vuelven más largas y numerosas en respuesta a las recompensas con alto contenido de dopamina. Este proceso se llama «plasticidad dependiente de la experiencia».[57] Estos cambios cerebrales pueden durar toda la vida, y persistir mucho después de que la droga ya no esté disponible.

Los investigadores exploraron los efectos de la exposición a la cocaína en ratas, inyectándoles la misma cantidad de cocaína en días sucesivos durante una semana y midiendo cuánto corrían en respuesta a cada inyección. Una rata inyectada con cocaína correrá dentro de la jaula, en lugar de quedarse en la periferia como lo hacen las ratas normales. La intensidad de la carrera se puede medir mediante el uso de haces de luz que se proyectan a través de la jaula. Cuantas más veces la rata atraviesa los haces de luz, más está corriendo.

Los investigadores descubrieron que con cada día sucesivo de exposición a la cocaína, las ratas pasaban de un trote animado el primer día a un frenesí de carrera el último, mostrando una sensibilización acumulada a los efectos de la cocaína.

Una vez que los investigadores dejaron de administrar cocaína, las ratas dejaron de correr. Un año después —prácticamente toda una vida para una rata—, los científicos volvieron a inyectar cocaína a las ratas, y estas corrieron de inmediato, tal como lo habían hecho el último día del experimento original.

Cuando los científicos examinaron los cerebros de las ratas, vieron en las vías de recompensa cambios inducidos por la cocaína, indicativos de una persistente sensibilización a la cocaína. Estos hallazgos muestran que una droga como la cocaína puede alterar el cerebro para siempre. Se han demostrado resultados similares con

---

57. Terry E. Robinson y Bryan Kolb, «Structural Plasticity Associated with Exposure to Drugs of Abuse», *Neuropharmacology* 47, Supl. 1, 2004, págs. 33-46, https://doi.org/10.1016/j.neuropharm.2004.06.025.

otras sustancias adictivas, desde el alcohol hasta los opioides y el cannabis.

En mi trabajo clínico, veo a personas que han luchado contra una adicción severa y que vuelven a consumir de forma compulsiva con una sola exposición, incluso tras años de abstinencia. Esto puede ocurrir debido a la sensibilización persistente a la droga, a los ecos distantes de su consumo en una época anterior.

* * *

El aprendizaje también aumenta la descarga de dopamina en el cerebro. Ratas hembras alojadas durante tres meses en un ambiente diverso, novedoso y estimulante, muestran una proliferación de sinapsis ricas en dopamina en la vía de recompensa del cerebro, en comparación con ratas alojadas en jaulas de laboratorio estándar. Los cambios cerebrales que se producen en respuesta a un entorno estimulante y novedoso son similares a los que se observan con las drogas dopaminérgicas, es decir, adictivas.

Pero si a esas mismas ratas se les administra una droga altamente adictiva como la metanfetamina *antes* de ser introducidas en un ambiente nuevo y estimulante, no muestran los cambios sinápticos descritos en la anterior exposición al nuevo entorno. Estos hallazgos sugieren que la metanfetamina limita la capacidad de aprendizaje de las ratas.[58]

Pero aquí hay algunas buenas noticias. Mi colega Edie Sullivan, experta mundial en los efectos del alcohol en el cerebro, ha estudiado el proceso de recuperación de la adicción y ha descubierto que, si bien algunos cambios cerebrales debidos a la adicción son irreversibles, es

---

58. Bryan Kolb, Grazyna Gorny, Yilin Li, Anne-Noël Samaha y Terry E. Robinson, «Amphetamine or Cocaine Limits the Ability of Later Experience to Promover Structural Plasticity in the Neocortex and Nucleus Accumbens», Proceedings of the National Academy of Sciences of the United States of America 100, n.º 18, 2003, págs. 10.523-28, https://doi.org/10.1073/pnas.1834271100.

posible esquivar estas áreas dañadas por medio de la creación de nuevas redes neuronales. Esto significa que, aunque los cambios cerebrales son permanentes, podemos encontrar nuevas vías sinápticas para generar comportamientos saludables.[59]

Mientras tanto, el futuro ofrece avances prometedores en las formas de revertir los daños causados por la adicción. Vincent Pascoli y sus colegas inyectaron cocaína a ratas que mostraron los cambios de comportamiento previstos (la carrera frenética); luego recurrieron a la optogenética[60] —una técnica biológica que se sirve del uso de luz para controlar las neuronas— para revertir los cambios sinápticos causados en el cerebro por la cocaína. Quizás algún día la optogenética sea aplicable al cerebro humano.

EL EQUILIBRIO ES SOLO UNA METÁFORA

En la vida real, el placer y el dolor son más complejos que el funcionamiento de una balanza.

Lo que es placentero para una persona puede no serlo para otra. Cada persona tiene su «droga de preferencia».

El placer y el dolor pueden producirse simultáneamente. Por ejemplo, podemos experimentar tanto placer como dolor al comer alimentos picantes.

Por otra parte, no todos empezamos con un equilibrio nivelado: en las personas que padecen depresión, ansiedad y dolor crónico, el

59. Sandra Chanraud, Anne-Lise Pitel, Eva M. Muller-Oehring, Adolf Pfefferbaum y Edith V. Sullivan, «Remapping the Brain to Compensate for Impairment in Recovering Alcoholics», *Cerebral Cortex* 23, 2013, págs. 97-104, doi: 10.1093/cercor/bhr38; Changhai Cui, Antonio Noronha, Kenneth R. Warren, George F. Koob, Rajita Sinha, Mahesh Thakkar, John Matochik, et al., «Brain Pathways to Recovery from Alcohol Dependence», *Alcohol* 49, n.º 5, 2015, págs. 435-452, https://doi.org/10.1016/j.alcohol.2015.04.006.

60. Vincent Pascoli, Marc Turiault y Christian Lüscher, «Reversal of CocaineEvoked Synaptic Potentiation Resets Drug-Induced Adaptive Behaviour», *Nature* 481, 2012, págs. 71-75, https://doi.org/10.1038/nature10709.

equilibrio ya está inclinado hacia el lado del dolor, lo que puede explicar por qué las personas con trastornos psiquiátricos son más vulnerables a la adicción.

Además, nuestra percepción sensorial del dolor (y del placer) está fuertemente influenciada por el significado que le atribuimos.

Henry Knowles Beecher (1904-1976) ejerció como médico militar durante la Segunda Guerra Mundial en el norte de África, Italia y Francia. Examinó a 225 soldados con graves heridas causadas por la guerra, y redactó un informe.

Beecher fue estricto con los criterios de inclusión de su estudio, encuestando solo a aquellos hombres que «tenían uno de los cinco tipos de heridas graves elegidas como representativas: lesión extensa del tejido blando periférico; fractura compuesta de un hueso largo; cabeza, pecho o abdomen penetrados [...] que tenían la mente clara y [...] no estaban en estado de shock en el momento del interrogatorio».

Beecher hizo un descubrimiento notable. Tres cuartas partes de estos soldados con heridas graves declararon que habían sentido poco o ningún dolor inmediatamente después de sus heridas, a pesar de haber sufrido lesiones potencialmente mortales.

Concluyó que, en esos casos, el dolor físico se vio atenuado por el alivio emocional de escapar «de un entorno extremadamente peligroso, lleno de fatiga, malestar, ansiedad, miedo y peligro real de muerte». Su dolor les había brindado «un pasaje hacia la seguridad del hospital».[61]

Por el contrario, un informe del *British Medical Journal* publicado en 1995 describe el caso de un trabajador de la construcción de veintinueve años que entró en la sala de urgencias con un clavo de quince centímetros que le había atravesado el pie y que sobresalía de la parte superior de su bota,[62] tras haber penetrado a través del cuero, la carne

---

61. Henry Beecher, «Pain in Men Wounded in Battle», *Anesthesia & Analgesia*, 1947, https://doi.org/10.1213/00000539-194701000-00005.

62. J. P. Fisher, D. T. Hassan y N. O'Connor, «Case Report on Pain», *British Medical Journal* 310, n.º 6971, 1995, pág. 70, https://www.ncbi.nlm.nih.gov/pmc/articles/PMC2548478/pdf/bmj00574-0074.pdf.

y los huesos. «El menor movimiento del clavo le causaba dolor [y] lo sedaron con fentanilo y midazolam», dos potentes opioides y sedantes.

Pero cuando se le retiró el clavo desde abajo y se le quitó la bota, se hizo evidente que «el clavo había pasado entre los dedos de los pies: el pie no había sufrido daño alguno».

* * *

La ciencia nos enseña que todo placer tiene un precio, y que el dolor que le sigue es más duradero y más intenso que el placer que lo originó.

Con la exposición prolongada y repetida a estímulos placenteros, nuestra capacidad para tolerar el dolor disminuye y nuestro umbral para experimentar placer aumenta.

Debido a la impronta de la memoria instantánea y permanente, somos incapaces de olvidar las lecciones de placer y de dolor, por mucho que queramos hacerlo. Son como tatuajes en el hipocampo, que duran toda la vida.

La maquinaria neurológica y filogenéticamente ancestral que procesa el placer y el dolor se ha mantenido en gran parte intacta a lo largo de la evolución y en todas las especies. Está perfectamente adaptada para un mundo de escasez. Sin placer, no comeríamos, beberíamos ni nos reproduciríamos. Sin dolor, no nos protegeríamos de las lesiones y de la muerte. Al elevar nuestro punto de ajuste neuronal con placeres repetidos, nos convertimos en eternos luchadores, nunca satisfechos con lo que tenemos, siempre buscando más.

Aquí radica el problema. Los seres humanos, los supremos buscadores, hemos respondido con demasiado éxito al desafío de perseguir el placer y evitar el dolor. Como resultado, hemos transformado el mundo, convirtiendo un lugar de escasez en un lugar de abrumadora abundancia.

Sin embargo, nuestros cerebros no han evolucionado para vivir en este mundo de abundancia. Como dijo el doctor Tom Finucane, que estudia la diabetes en el contexto de una alimentación sedentaria crónica, «somos como cactus en una selva tropical».[63] Como cactus adaptados a un clima árido, nos estamos ahogando en dopamina.

Como consecuencia de ello, ahora necesitamos más recompensas para sentir placer, y nos bastan menos lesiones para sentir dolor. Esta recalibración se está produciendo no solo a nivel individual sino también a nivel de países. Lo que nos lleva a preguntarnos: ¿Cómo sobrevivimos y prosperamos en este nuevo ecosistema? ¿Cómo criamos a nuestros hijos? ¿Qué nuevas formas de pensar y actuar se nos exigirán como habitantes del siglo XXI?

Quién mejor para enseñarnos cómo evitar el consumo excesivo-compulsivo que los más vulnerables, los que luchan contra una adicción. Rechazadas durante milenios en todas las culturas como réprobas, parásitas, parias y propagadoras de inmoralidad, las personas con adicción han desarrollado una sabiduría que se adapta perfectamente a la época en la que vivimos.

Lo que sigue son lecciones de recuperación para un mundo cansado de recompensas.

---

63. El doctor Tom Finucane es profesor de Medicina en Johns Hopkins de Baltimore, cuyo trabajo encontré cuando estaba dando una conferencia allí como profesor visitante. Fue durante una cena con algunos de sus alumnos cuando escuché por primera vez esta frase, y supe que tenía que encontrar la manera de incluirla en este libro.

PARTE II

La autorrestricción

4

Ayuno de dopamina

—Estoy aquí porque mis padres me han obligado —declaró Delilah, con ese tono malhumorado que caracteriza a las adolescentes estadounidenses.

—Está bien —le dije—. ¿Por qué quieren tus padres que me veas?

—Creen que estoy fumando demasiada marihuana, pero mi problema es la ansiedad. Fumo porque estoy ansiosa, y, si pudiera hacer algo al respecto, entonces no necesitaría la marihuana.

Me embargó por un momento una profunda tristeza. No porque no supiera qué recomendarle, sino porque temía que no siguiera mi consejo.

—Está bien, entonces comencemos por ahí —propuse—. Háblame de tu ansiedad.

Delilah cruzó las piernas, largas y elegantes.

—Comenzó en la secundaria —dijo— y ha empeorado con los años. La ansiedad es lo primero que siento cuando me despierto por la mañana. Mi vapeador es lo único que me saca de la cama.

—¿Tu vapeador?

—Sí, ahora fumo con él. Solía usar otros métodos y tipos, como porros y pipas de agua, *Cannabis sativa* durante el día *Cannabis indica* antes de acostarme. Pero ahora me gustan los concentrados... Cristal, cera, aceite, polvo, *qwiso*. Sobre todo uso el vaporizador, pero a veces también un Volcano... Los comestibles no me gustan, pero los tomo de vez en cuando, o en caso de urgencia, cuando no puedo fumar.

LA «D» DE DOPAMINE REPRESENTA LOS DATOS

Al animarla a decirme más sobre su vapeador la estaba invitando a profundizar en los detalles esenciales de su uso diario. Mi conversación con Delilah siguió las pautas de un programa que he desarrollado a lo largo de los años y que utilizo para hablar con los pacientes sobre el problema del consumo excesivo-compulsivo.

El acrónimo DOPAMINE (por sus siglas en inglés) ayuda a recordar los pasos de este programa, que se aplica no solo a las drogas convencionales como el alcohol y la nicotina, sino también a cualquier sustancia o comportamiento dopaminérgico que ingerimos o repetimos en exceso, o con el que simplemente desearíamos tener una relación un poco menos tortuosa. Aunque originalmente lo he desarrollado para mi práctica profesional, también lo he aplicado a mí misma y a mis propios hábitos de consumo disfuncionales.

* * *

La «D» de DOPAMINE representa los datos. Empiezo por recopilar los detalles relativos al consumo. En el caso de Delilah, se trató de explorar qué estaba usando, cuánto y con qué frecuencia.

Cuando se trata de cannabis, la vertiginosa lista de productos y métodos de entrega que describió Delilah son la moneda corriente de mis pacientes hoy en día. Muchos de ellos tienen el equivalente a un doctorado en marihuana cuando vienen a verme. A diferencia de la década de 1960, cuando el uso recreativo —solo durante los fines de semana— era la norma, en la actualidad mis pacientes comienzan a fumar en el momento en que se despiertan y continúan haciéndolo durante todo el día, hasta que vuelven a acostarse. Esto es preocupante a muchos niveles, uno de los cuales es que el uso diario es una característica de la adicción.

En mi propio caso, comencé a sospechar que estaba bordeando la zona de peligro cuando la lectura de novelas románticas comenzó a absorber cada vez más horas diarias, y durante más días seguidos.

LA «O» DE DOPAMINE REPRESENTA LOS OBJETIVOS

—¿Qué te aporta fumar? —le pregunté a Delilah—. ¿De qué manera te ayuda?

—Es lo único que me da resultado contra la ansiedad —respondió—. Sin ella, no sería funcional... Quiero decir que sería incluso más disfuncional de lo que soy ahora.

* * *

Al pedirle a Delilah que me contara cómo la ayudaba el cannabis, estaba dando por sentado que tenía algún tipo de efecto positivo, pues de lo contrario no lo estaría consumiendo.

La «O» de DOPAMINE representa los *objetivos* del uso. Todo comportamiento, incluso el aparentemente irracional, tiene sus raíces en alguna lógica personal. Las personas usan sustancias y adoptan comportamientos dopaminérgicos por todo tipo de razones: divertirse; encajar en el grupo; aliviar el aburrimiento, controlar el miedo, la ira, la ansiedad, el insomnio, la depresión, la falta de atención, el dolor, la fobia social... la lista continúa.

Yo utilicé la novela romántica para escapar de lo que para mí fue una transición dolorosa: de ser padres de niños pequeños pasamos a ser padres de adolescentes, un trabajo para el que me sentía mucho menos preparada. También estaba intentando mitigar mi pesar por no poder tener otro hijo, algo que yo deseaba y mi esposo no, un desacuerdo que estaba creando en nuestro matrimonio y en nuestra vida sexual una tensión que antes no existía.

LA «P» DE DOPAMINE REPRESENTA LOS PROBLEMAS

—¿Alguna desventaja de no poder fumar? ¿Alguna consecuencia indeseada? —inquirí.

—Lo único malo de fumar —respondió Delilah— es que mis padres no me dejan tranquila. Si me dejaran en paz, no habría problemas.

Hice una pausa para observar el brillo del sol en su cabello. Era la imagen de la salud, a pesar de que estaba consumiendo más de un gramo de cannabis al día. La juventud, pensé, compensa muchas cosas.

* * *

La «P» de DOPAMINE representa los *problemas* relacionados con el uso.

Las drogas dopaminérgicas siempre provocan problemas. Problemas de salud. Problemas de pareja. Problemas morales. Si no lo hacen de inmediato, lo harán en el futuro. El hecho de que Delilah no pudiera ver las desventajas del consumo, excepto el creciente conflicto entre ella y sus padres, es típico de los adolescentes, y no solo de ellos. Esta desconexión se produce por varias razones.

En primer lugar, la mayoría de nosotros somos incapaces de ver el alcance total de las consecuencias de nuestro uso de drogas mientras todavía las estamos consumiendo. Las sustancias y los comportamientos adictivos nublan nuestra capacidad para evaluar con precisión la causa y el efecto.

Como me comentó una vez el neurocientífico Daniel Friedman, que estudia las estrategias de búsqueda de alimento de las hormigas cosechadoras rojas: «El mundo es rico en sensaciones y pobre en causas». Es decir, sabemos que comer un dónut es agradable, pero somos menos conscientes de que comer un dónut todos los días durante un mes agrega dos kilos o más a nuestro peso.

En segundo lugar, los jóvenes, incluyendo a los consumidores habituales, son más inmunes a las consecuencias negativas de la adicción. Como me comentó un profesor de secundaria: «Algunos de mis mejores alumnos fuman marihuana todos los días».

Sin embargo, a medida que envejecemos, las consecuencias negativas del uso crónico se multiplican. La mayoría de los pacientes que acuden a mi consulta voluntariamente son de mediana edad. Buscan ayuda porque han llegado a un punto de inflexión en el que las desventajas del consumo superan las ventajas. Como dicen en Alcohólicos Anónimos: «Estoy enfermo y cansado de estar enfermo y cansado». Mis pacientes adolescentes, por el contrario, no están ni enfermos ni cansados.

Aun así, lograr que los adolescentes reconozcan alguna de las consecuencias negativas del consumo de drogas mientras aún las están usando, incluso si tan solo se trata del hecho de que a otras personas no les gusta, puede ser un punto de apoyo para lograr que dejen de hacerlo. Dejar de consumir, incluso aunque solo sea durante un período de tiempo, es esencial para que vean la verdadera relación de causa y efecto.

LA «A» DE DOPAMINE REPRESENTA LA ABSTINENCIA

—Tengo una idea de lo que podría ayudarte —le dije a Delilah—, pero será necesario que hagas algo realmente difícil.

—¿Qué debería hacer?

—Me gustaría que hicieras un experimento.

—¿Un experimento? —preguntó inclinando la cabeza hacia un lado.

—Me gustaría que dejaras de consumir cannabis durante un mes.

Su rostro permaneció impasible.

—Déjame explicarte. En primer lugar, es poco probable que los tratamientos para la ansiedad funcionen mientras fumas tanto cannabis. En segundo lugar, y lo que es más importante, es muy posible que, si dejas de fumar durante todo un mes, tu ansiedad mejore por sí sola. Por supuesto, al principio te sentirás peor debido a la abstinencia. Pero si puedes pasar las dos primeras semanas sin fumar, es muy probable que en las dos siguientes empieces a sentirte mejor.

Delilah permaneció callada, así que continué. Le expliqué que cualquier droga que estimule nuestra vía de recompensa como lo hace el cannabis tiene el potencial de cambiar la ansiedad de base de nuestro cerebro.

Podemos tener la sensación de que el cannabis calma la ansiedad, cuando es posible que, en realidad, esté aliviando la abstinencia desde la última dosis. El cannabis se convierte en la causa de nuestra ansiedad, más que en la cura. La única forma de saberlo con certeza es dejar de consumir durante un mes.

—¿Puedo parar durante una semana? —preguntó Delilah—. He hecho eso antes.

—Una semana estaría bien, pero, en mi experiencia, un mes suele ser la cantidad mínima de tiempo que se necesita para restablecer la vía de recompensa del cerebro. Si no te sientes mejor después de cuatro semanas de abstinencia, también será un dato útil. Significaría que no es el cannabis el que está causando esto, y deberíamos pensar en qué otra cosa está pasando. ¿Entonces, qué piensas? ¿Crees que podrías, y que estarías dispuesta a dejar el cannabis durante un mes?

—Mmm... No creo que esté preparada para intentar dejar de fumar ahora, pero tal vez lo esté más tarde. Seguro que no voy a fumar de este modo para siempre.

—¿Quieres seguir fumando marihuana, como lo haces ahora, dentro de diez años?

—No. De ninguna manera. Definitivamente no —respondió, negando vigorosamente con la cabeza.

—¿Qué tal te verías haciéndolo en los próximos cinco años?

—No, tampoco cinco años.

—¿Qué tal durante un año, a partir de ahora?

Pausa. Risita.

—Supongo que me ha pillado, doctora. Si no quiero estar consumiendo de esta manera dentro de un año, bien podría intentar dejarlo ahora. —Me miró y sonrió—. Está bien, hagámoslo.

Al pedirle a Delilah que considerara su comportamiento actual a la luz de su yo futuro, esperaba que dejar de fumar se convirtiera en una nueva urgencia. Parecía haber funcionado.

* * *

La «A» de DOPAMINE representa la *abstinencia*.

La abstinencia es necesaria para restaurar la homeostasis y, con ella, nuestra capacidad de obtener placer de recompensas menos potentes, así como para ver la verdadera relación causa-efecto entre nuestro consumo de sustancias y la forma en que nos sentimos. Para decirlo en términos del equilibrio placer-dolor, el «ayuno de dopamina» da tiempo suficiente para que los *gremlins* salten de la balanza y el equilibrio se restablezca.

La pregunta es: ¿Cuánto tiempo deben abstenerse las personas para que su cerebro experimente los beneficios de dejar de consumir?

Recordemos el estudio por imágenes cerebrales realizado por la neurocientífica Nora Volkow, que muestra que la transmisión de dopamina continúa por debajo de lo normal dos semanas después de dejar de consumir drogas.[64] Su estudio coincide con mi experiencia

---

64. Nora D. Volkow, Joanna S. Fowler, Gene-Jack Wang y James M. Swanson, «Dopamine in Drug Abuse and Addiction: Results from Imaging Studies and Treatment Implications», *Molecular Psychiatry* 9, n.º 6, junio de 2004, págs. 557-569, https://doi.org/10.1038/sj.mp.4001507.

clínica de que dos semanas de abstinencia no son suficientes. A las dos semanas, los pacientes suelen seguir experimentando abstinencia. Todavía se hallan en un *estado de déficit de dopamina.*

Por otro lado, cuatro semanas suelen ser suficientes. Marc Schuckit y sus colegas estudiaron a un grupo de hombres que bebían alcohol a diario y en grandes cantidades, y que también cumplían con los criterios de una depresión clínica, o lo que se llama *trastorno depresivo mayor.*

Schuckit, profesor de Psicología Experimental en la Universidad Estatal de San Diego, es más conocido por haber demostrado que los hijos biológicos de alcohólicos tienen un mayor riesgo genético de desarrollar un trastorno por consumo de alcohol en comparación con las personas que no tienen esta carga genética. Marc es un profesor talentoso; tuve el placer de aprender de él durante una serie de conferencias sobre adicción que pronunció a principios de la década de 2000.

En el estudio de Schuckit, los hombres deprimidos estuvieron hospitalizados durante cuatro semanas, durante las cuales, además de dejar de consumir alcohol, no recibieron ningún tratamiento para la depresión. Después de un mes sin beber, el 80 % ya no cumplía con los criterios de depresión clínica.[65]

Este hallazgo implica que, para la mayoría, la depresión clínica había sido el resultado del consumo excesivo de alcohol y no de un trastorno depresivo concurrente. Por supuesto, existen otras explicaciones para estos resultados: el efecto terapéutico del entorno hospitalario, la remisión espontánea, o la naturaleza episódica de la depresión, que puede aparecer y desaparecer independientemente de factores externos. Pero los hallazgos son sólidos y notables, dado que los tratamientos estándar para la depresión,[66] ya sean medicamentos o psicoterapia, tienen una tasa de respuesta del 50 %.

---

65. Sandra A. Brown y Marc A. Schuckit, «Changes in Depression among Abstinent Alcoholics», *Journal on Studies of Alcohol* 49, n.º 5, 1988, págs. 412-417, https://pubmed.ncbi.nlm.nih.gov/3216643/.

66. Kenneth B. Wells, Roland Sturm, Cathy D. Sherbourne y Lisa S. Meredith, *Caring for Depression,* Harvard University Press, Cambridge, MA, 1996.

Ciertamente, he visto pacientes que necesitan menos de cuatro semanas para restablecer su vía de recompensa, y otros que necesitan mucho más tiempo. Aquellos que han estado usando medicamentos más potentes en mayores cantidades durante más tiempo, normalmente necesitarán más tiempo. Las personas más jóvenes se recalibran más rápido que las mayores, ya que sus cerebros son más plásticos. Además, los efectos de la abstinencia física varían de una droga a otra. Pueden ser leves para algunas conductas adictivas como los videojuegos, pero potencialmente mortales para otras, como el alcohol y las benzodiazepinas.

Lo que nos lleva a una advertencia importante: nunca sugiero un ayuno de dopamina a las personas que podrían estar en riesgo de sufrir una abstinencia potencialmente mortal si dejasen la droga de repente, como en el caso del alcoholismo severo, el consumo de benzodiazepina (Xanax,[67] Valium[68] o Klonopin[69]), o la dependencia de opioides. Para esos pacientes, es necesaria una reducción gradual con supervisión médica.

A veces, los pacientes preguntan si pueden cambiar una droga por otra: cannabis por nicotina, videojuegos por pornografía. Rara vez es una estrategia eficaz a largo plazo.

Cualquier recompensa que sea lo suficientemente potente como para superar a los *gremlins* e inclinar la balanza hacia el placer puede ser adictiva, por lo que cambiar una droga por otra es lo mismo que cambiar una adicción por otra (adicción cruzada). Cualquier recompensa que no sea lo suficientemente potente no se sentirá como una recompensa; cuando consumimos drogas dopaminérgicas perdemos la capacidad de disfrutar de los placeres comunes.

---

67. El principio activo es el alprazolam. (N. del t.)

68. El principio activo es el diazepam. (N. del t.)

69. El principio activo es el clonazepam. (N. del t.)

Placer   Dolor

Una minoría de pacientes (alrededor del 20 %) no se siente mejor después del ayuno de dopamina. Este dato también es importante, porque me dice que el fármaco que tomaban no fue el principal causante de los síntomas psiquiátricos, y que es probable que el paciente tenga un trastorno psiquiátrico concurrente, que requerirá su propio tratamiento.

Incluso cuando el ayuno de dopamina resulta beneficioso, si, además, existe un trastorno psiquiátrico, este debe tratarse al mismo tiempo. Tratar la adicción sin abordar también otros trastornos psiquiátricos conduce generalmente a malos resultados para ambos.

No obstante, para apreciar la relación entre el uso de sustancias y los síntomas psiquiátricos, necesito observar al paciente durante un período suficiente de tiempo sin recompensas dopaminérgicas.

LA «M» DE DOPAMINE REPRESENTA EL *MINDFULNESS* O ATENCIÓN PLENA

—Quiero que estés preparada —le dije a Delilah— para sentirte peor antes de sentirte mejor. Con esto quiero decir que, cuando dejas de consumir cannabis por primera vez, tu ansiedad empeora. Pero recuerda que esta no es la ansiedad con la que tendrás que vivir cuando dejes del todo de consumir cannabis. Esta es la ansiedad provocada por la abstinencia. Cuanto más tiempo puedas pasar sin consumir, más rápido llegarás al momento en que te sentirás mejor. Por lo general, los pacientes informan de un punto de inflexión alrededor de las dos semanas.

—Vale. ¿Qué se supone que debo hacer mientras tanto? ¿Tienes alguna pastilla que puedas darme?

—No hay nada que pueda darte para aliviar el malestar que no sea también adictivo. Como no queremos que cambies una adicción por otra, lo que te pido es que toleres el dolor.

Tragué saliva, y continué:

—Sí, lo sé. Es duro. Pero también es una oportunidad. Una oportunidad para que te observes a ti misma, dejando a un lado tus pensamientos, emociones y sensaciones, incluyendo el dolor. A esta práctica a veces se la llama *mindfulness*.

* * *

La «M» de DOPAMINE representa el *mindfulness*.[70]

Se trata de un término que ahora se usa con tanta frecuencia que ha perdido parte de su significado. Evolucionando a partir de la tradición espiritual de la meditación, ha sido adoptado y adaptado por Occidente como una práctica de bienestar en muchas áreas diferentes. Ha penetrado con tanta fuerza en la conciencia occidental, que ahora se enseña de forma rutinaria en las escuelas primarias estadounidenses. Pero ¿qué es realmente el *mindfulness*, la atención plena?

El *mindfulness* es, simplemente, la capacidad de observar lo que hace nuestro cerebro mientras lo hace, sin juzgar. Esto es más complicado de lo que parece. El órgano que usamos para observar el cerebro es el cerebro mismo. Extraño, ¿verdad?

Cuando contemplo la Vía Láctea en el cielo nocturno, siempre me sorprende el misterio de que podamos formar parte de algo que parece

---

70. *Mindfulness* es un extranjerismo ampliamente utilizado. Se podría traducir como «atención plena» o «conciencia plena». (N. del t.)

tan lejano y separado de nosotros. Practicar la atención plena es algo así como observar la Vía Láctea: exige que veamos nuestros pensamientos y emociones como algo separado de nosotros y, al mismo tiempo, como parte de nosotros.

Además, el cerebro puede hacer cosas bastante extrañas, algunas de las cuales resultan embarazosas, de ahí la necesidad de no juzgar. Abstenernos de juzgar es importante para la práctica de la atención plena, porque tan pronto como comenzamos a condenar lo que está haciendo nuestro cerebro («¡Uf! ¿Por qué estaré pensando en eso? Soy una inadaptada. Un bicho raro»), dejamos de ser capaces de observar. Permanecer en la posición de observadores es esencial para conocer nuestro cerebro y conocernos a nosotros mismos de una manera nueva.

Recuerdo estar de pie en la cocina en 2001, con mi bebé recién nacido en los brazos, cuando se cruzó en mi mente una imagen intrusiva en la que golpeaba su cabeza contra la nevera o la encimera de la cocina, y la veía explotar como un melón maduro. La imagen fue fugaz pero vívida, y, si no hubiera sido una practicante habitual de la atención plena, habría hecho todo lo posible por ignorarla.

Al principio, estaba horrorizada. Como psiquiatra, había tratado a madres que, a causa de su enfermedad mental, pensaban que tenían que matar a sus hijos para salvar el mundo. Una de ellas efectivamente lo hizo, algo que sigo recordando con tristeza y pesar hasta el día de hoy. Cuando se me presentó la imagen en la que agredía a mi propio hijo, me pregunté si me estaba uniendo a sus filas.

Pero recordando la práctica de observar sin juzgar, dejé que la imagen y el sentimiento me llevaran adonde quisieran. Descubrí que *no quería* aplastarle la cabeza a mi bebé; en realidad, tenía un miedo terrible de hacerlo. El miedo se había manifestado en forma de esa imagen.

En lugar de condenarme a mí misma, pude sentir compasión por mí misma. Estaba lidiando con las enormes responsabilidades que tenía como nueva madre y lo que significaba cuidar de una criatura tan indefensa, totalmente dependiente de mi protección.

Los ejercicios de atención plena o *mindfulness* son especialmente importantes en los primeros días de la abstinencia. Muchos de nosotros usamos sustancias y adoptamos comportamientos dopaminérgicos para distraernos de nuestros propios pensamientos. Cuando dejamos de recurrir a nuestra dopamina como vía de escape por primera vez, esos pensamientos, emociones y sensaciones dolorosas se apoderan de nosotros.

El truco consiste en dejar de huir de las emociones dolorosas y, en cambio, permitirnos tolerarlas. Cuando lo logramos, nuestra experiencia adquiere una textura nueva e inesperadamente rica. El dolor todavía está ahí, pero de alguna manera transformado; parece abarcar un vasto paisaje de sufrimiento, común a otras personas en lugar de ser algo exclusivamente individual.

Cuando abandoné mi hábito de lectura compulsiva, durante las primeras semanas me sentí invadida por un terror existencial. Recostada en el sofá por la noche —un momento en el que anteriormente habría cogido un libro o recurrido a algún otro método de distracción—, me quedaba con las manos cruzadas sobre el estómago, tratando de relajarme pero llena de pavor. Me asombraba que un cambio tan aparentemente pequeño en mi rutina diaria pudiera colmarme de ansiedad.

Luego, a medida que pasaban los días y continuaba con la práctica, experimenté una relajación gradual de mis límites mentales, y una apertura de mi conciencia. Empecé a ver que no necesitaba huir continuamente de mi momento presente. Que podría vivir en él y tolerarlo, y quizás incluso algo más.

LA «I» DE DOPAMINE REPRESENTA *INSIGHT:* UNA NUEVA PERCEPCIÓN

Delilah accedió a hacer abstinencia durante un mes. Cuando regresó, su piel estaba resplandeciente, ya no tenía los hombros encorvados y su comportamiento hosco había sido reemplazado por una sonrisa radiante. Entró a grandes zancadas en mi consultorio y cogió una silla.

—¡Bueno, lo he hecho! Y no va a creer esto, doctora, pero mi ansiedad se ha ido. ¡Ha desaparecido!

—Cuéntame cómo ha sido.

—Los primeros días fueron malos. Me sentía mal. El segundo día, vomité. ¡Qué locura! Nunca vomito. Tenía esa horrible sensación de náusea. Fue entonces cuando me di cuenta de que lo estaba dejando, y eso me motivó a seguir adelante con la abstinencia.

—¿Por qué te resultó motivador?

—Porque fue la primera prueba que tuve de que era realmente una persona adicta.

—¿Qué pasó después? ¿Cómo te sientes ahora?

—Una pasada. Mucho mejor. Guau. Menos ansiosa. Definitivamente. La palabra ansiedad ni siquiera me viene a la cabeza, y solía pensar en ella todo el día. Estoy lúcida. No tengo que preocuparme de que mis padres lo huelan y se enojen. Ya no estoy ansiosa en clase. La paranoia y la desconfianza… se han ido. Antes dedicaba tanto tiempo y esfuerzo mental en organizar mi próximo subidón y correr a dármelo… Es un gran alivio no tener que volver a hacerlo. Estoy ahorrando dinero. He descubierto eventos que disfruto más estando sobria… como las reuniones familiares. Doctora, le digo la verdad, yo no veía la marihuana como un problema. Realmente, no lo veía. Pero ahora que he dejado de fumar, me doy cuenta de hasta qué punto me estaba causando ansiedad en lugar de curarla. Llevaba cinco años fumando sin descanso, y no veía lo que me estaba haciendo. Honestamente, estoy asombrada.

* * *

La «I» de DOPAMINE representa *insight*: comprensión, discernimiento. Una nueva percepción.

He visto una y otra vez en mi labor clínica, y en mi propia vida, cómo el simple ejercicio de abstenernos de nuestra droga de preferencia durante al menos cuatro semanas nos ofrece una visión clara de nuestros comportamientos[71]. Un *insight* que simplemente no es posible mientras todavía seguimos consumiendo.

LA «N» DE DOPAMINE REPRESENTA *NEXT:* LOS PRÓXIMOS PASOS

Cuando mi visita a Delilah llegó a su fin, le pregunté sobre las metas para el próximo mes.

—¿Entonces, qué piensas? —le dije—. ¿Quieres seguir absteniéndote durante el próximo mes, o prefieres volver a fumar?

—Estar sobria —afirmó—. Quiero ser la mejor versión de mí misma.

Saboreé el momento.

—Sin embargo —añadió—, todavía me gusta mucho la marihuana y extraño la sensación creativa que me da, y la evasión. No quiero dejar de consumir. Me gustaría volver a hacerlo, pero no como antes.

* * *

La «N» de DOPAMINE representa *next*,[72] los próximos pasos.

Este es el momento en que les pregunto a mis pacientes qué quieren hacer después de su mes de abstinencia. La gran mayoría de los que logran dejar la droga durante un mes y experimentan los beneficios de la abstinencia quieren volver a tomarla, pero de una manera diferente a como la estaban tomando antes. Lo principal es que quieren drogarse menos.

---

71. Uno de los significados de *insight* es «visión del interior de algo». (N. del t.)

72. Próximo, siguiente. (N. del t.)

Una controversia vigente en el campo de la medicina de las adicciones es si las personas que han estado consumiendo de forma adictiva pueden volver a hacerlo de forma moderada y sin riesgos. Durante décadas, la sabiduría de Alcohólicos Anónimos ha dictado que la abstinencia es la única opción para las personas con adicción.

No obstante, las nuevas evidencias sugieren que algunas personas que en el pasado cumplían los criterios de adicción —en especial aquellas con formas de adicción menos severas— pueden volver a consumir la droga en cuestión de manera controlada.[73] En mi experiencia clínica, esto ha sido así.

LA «E» FINAL DE DOPAMINE REPRESENTA EXPERIMENTAR

La última letra de DOPAMINE significa experimentar. En esta etapa, el paciente regresa al mundo armado con un nuevo punto de ajuste de dopamina —un nuevo equilibrio placer-dolor— y un plan sobre cómo mantenerlo. Tanto si el objetivo es la abstinencia continua o la moderación, como en el caso de Delilah, el paciente y yo elaboramos una estrategia para lograrlo. Por medio de un proceso gradual de prueba y error, descubrimos qué funciona y qué no.

Sería negligente por mi parte no señalar que la moderación como objetivo —especialmente si se trata de personas con adicción severa—, puede ser contraproducente y favorecer una escalada precipitada en el uso de la droga tras un período de abstinencia. A veces se lo denomina «efecto de violación de la abstinencia».[74]

---

73. Mark B. Sobell y Linda C. Sobell, «Controlled Drinking after 25 Years: How Important Was the Great Debate?», *Addiction* 90, n.º 9, 1995, págs. 1149-1153. Linda C. Sobell, John A. Cunningham y Mark B. Sobell, «Recovery from Alcohol Problems with and without Treatment: Prevalence in Two Population Surveys», *American Journal of Public Health* 86, n.º 7, 1996, págs. 966-972.

74. Roelof Eikelboom y Randelle Hewitt, «Intermittent Access to a Sucrose Solution for Rats Causes Long-Term Increases in Consumption», *Physiology and Behavior* 165, 2016, págs. 77-85, https://doi.org/10.1016/j.physbeh.2016.07.002.

Las ratas con propensión genética a volverse adictas, después de un período de dos a cuatro semanas de abstinencia de alcohol se emborracharán tan pronto como tengan acceso a él nuevamente;[75] seguirán consumiendo mucho a partir de entonces, como si nunca se hubieran abstenido. Se ha observado un fenómeno similar en ratas expuestas y enganchadas a alimentos ricos en calorías. El efecto se atenúa en ratas y ratones menos predispuestos genéticamente al consumo compulsivo.

Lo que no está claro en los estudios con animales es si este fenómeno del atracón después de la abstinencia es exclusivo de las drogas que son calóricas, como la comida y el alcohol, y no se observa en el caso de las drogas no calóricas como la cocaína, o si el verdadero impulsor es la predisposición genética de las propias ratas.

Incluso en los casos en los que logran hacer un uso moderado, muchos de mis pacientes manifiestan que es demasiado agotador continuar haciéndolo y, en última instancia, optan por la abstinencia a largo plazo.

Pero ¿qué pasa con los pacientes adictos a la comida? ¿O a los *smartphones*? ¿A esas «drogas» que no se pueden dejar por completo?

La cuestión de cómo moderarse se está volviendo cada vez más importante en la vida moderna, debido a la gran ubicuidad de los productos adictivos, que nos hace a todos más vulnerables al consumo excesivo-compulsivo incluso aunque no cumplamos con los criterios clínicos de adicción.

Además, a medida que las drogas digitales como los *smartphones* se han ido integrando en tantos aspectos de nuestras vidas, descubrir cómo moderar su consumo, para nosotros y nuestros hijos, se ha convertido en una cuestión urgente. Con ese fin, presento ahora una taxonomía de estrategias de autorrestricción.

---

75. Valentina Vengeliene, Ainhoa Bilbao y Rainer Spanagel, «The Alcohol Deprivation Effect Model for Studying Relapse Behavior: A Comparison between Rats and Mice», *Alcohol* 48, n.º 3, 2014, págs. 313-320, https://doi.org/10.1016/j.alcohol.2014.03.002.

Pero, antes de hablar de estas estrategias, repasemos los pasos del ayuno de dopamina, cuyo objetivo final es restaurar el nivel de equilibrio (homeostasis) y renovar nuestra capacidad para experimentar placer de muchas formas diferentes.

D = Datos
O = Objetivos
P = Problemas
A = Abstinencia
M = *Mindfulness:* atención plena
I = *Insight:* nueva percepción
N = *Next:* próximos pasos
E = Experimentar

5

Espacio, tiempo y significado

En el otoño de 2017, después de un año de abstinencia de comportamientos sexuales compulsivos, Jacob tuvo una recaída. Tenía sesenta y cinco años.

El detonante fue un viaje a Europa del Este para ver a su familia, complicado porque su esposa actual y los hijos de su primer matrimonio no se llevaban bien: el problema del dinero y de quién recibe más y quién menos. La vieja historia.

Quince días después de su viaje de tres semanas, sus hijos estaban enojados porque no les había dado el dinero que le habían pedido. Su esposa estaba enfadada por el solo hecho de que se hubiera planteado darles dinero. Jacob temía que alguien quedara decepcionado, y acabó corriendo el riesgo de decepcionarlos a todos.

Me envió un correo electrónico desde el extranjero para hacerme saber que estaba luchando con estos problemas. Aún no había recaído, pero estaba cerca. Hablamos de ello por teléfono, y le dije que viniera a verme tan pronto como llegara a casa. Vino a mi consulta una semana después de su regreso, pero para entonces ya era demasiado tarde.

—Lo que me despierta el deseo es el televisor en la habitación del hotel —me dijo—. Quiero ver el US Open. Me quedo ahí, cambiando de canales, sintiéndome deprimido, pensando en mi familia y mi esposa, en cómo todos están enfadados conmigo. Veo en la pantalla a una mujer desnuda. Hasta que me puse a ver la televisión, lo llevaba bastante bien. No estaba ansioso. Lo malo es que cuando enciendo la televisión, empiezo a pensar en volver a mis viejos hábitos y no puedo detener mis pensamientos.

—¿Y luego qué pasó?

—El martes, estoy de regreso en casa. No voy a trabajar. Me quedo viendo YouTube. Veo un vídeo de pintura corporal... personas que se pintan los cuerpos desnudos unas a otras. Una especie de arte, supongo. El miércoles, ya no puedo resistir más. Salgo y compro las piezas para volver a construir mi máquina.

—¿Tu máquina de estimulación eléctrica?

—Sí —dijo con tristeza, mirándome de soslayo—. El problema es que cuando empiezas, puedes estar en éxtasis durante mucho tiempo. Es como estar en trance. Y es un gran alivio. No pienso en nada más. Paso veinte horas así, sin parar. Todo el miércoles, incluyendo la noche. El jueves por la mañana tiro las piezas de la máquina a la basura y vuelvo al trabajo. El viernes por la mañana, las saco de la basura, las reparo, y uso la máquina todo el día. El viernes por la noche llamo a mi padrino en Sexólicos Anónimos, y el sábado voy a una reunión de la asociación. El domingo, saco las piezas de la basura y monto la máquina de nuevo. Y el lunes, otra vez. Quiero detenerme, pero no puedo. ¿Qué tengo que hacer?

—Empaquete la máquina y las piezas sueltas —le dije—, y tírelo todo a la basura. Luego, lleve la basura al vertedero o a algún otro lugar donde le sea imposible recuperarla. —Él asintió—. Entonces, cuando lo asalte la idea, el impulso o el deseo de consumir, arrodíllese y rece. Solo rece. Pídale a Dios que le ayude, pero hágalo de rodillas. Eso es importante.

Hice coincidir lo mundano y lo metafísico. Nada era demasiado bajo o demasiado elevado como para ser descartado. Decirle que rezara era romper reglas no escritas, por supuesto. Los médicos no hablan de Dios. Pero creo en la fe, y mi instinto me dijo que esto resonaría en la mente de Jacob, educado como católico romano.

Decirle que se arrodillara era una forma de incluir algo físico, lo que fuera necesario para romper con la compulsión que lo atenazaba. O tal vez percibí una necesidad más profunda que lo llevaba a someterse a sus impulsos.

—Después de rezar —continué—, levántese y llame a su padrino.

—Él volvió a asentir—. Ah, y perdónese a sí mismo, Jacob. Usted no es una mala persona. Tiene problemas, como el resto de nosotros.

* * *

Autorrestricción (*self-binding*) es el término que describe el acto de Jacob de deshacerse de su máquina.[76] De forma intencional y voluntaria, creamos barreras entre nosotros y nuestra droga a fin de mitigar el consumo excesivo-compulsivo. La autorrestricción no es esencialmente una cuestión de voluntad, aunque la acción personal desempeña cierto papel. Por el contrario, esta limitación autoimpuesta implica un claro reconocimiento de las limitaciones de la voluntad.

La clave para crear una autorrestricción efectiva es, en primer lugar, admitir la pérdida de voluntariedad que sufrimos cuando estamos bajo el hechizo de una compulsión poderosa, y ponernos barreras mientras aún poseemos la capacidad de elección voluntaria.

[76.] Encontré por primera vez el término autorrestricción en este artículo de Sally Satel y Scott O. Lilienfeld, «Addiction and the Brain-Disease Falacy», *Frontiers in Psychiatry* 4, marzo de 2014, págs. 1-11, https://doi.org/10.3389/fpsyt.2013.00141. Había sido una fan del trabajo de Satel durante algún tiempo; aquí, ella estaba utilizando el término *self-binding* (autorrestricción) para enfatizar «el vasto papel de la actuación personal en la perpetuación del ciclo de uso y recaída». Pero no estoy de acuerdo con la premisa básica de ese artículo, que sostiene que nuestra capacidad de imponernos restricciones a nosotros mismos refuta el modelo de enfermedad de la adicción. Para mí, nuestra necesidad de ponernos restricciones habla del poderoso tirón de la adicción y de los cambios cerebrales que la acompañan, de forma consistente con el modelo de enfermedad. El economista Thomas Schelling también aborda el concepto de autorrestricción, pero lo llama «autogestión» y «autocontrol»: «Self-Command in Practice, in Policy, and in a Theory of Rational Choice», *American Economic Review* 74, n.º 2, 1984, págs. 1-11, https://econpapers.repec.org/article/aeaaecrev/ v_3a74_3ay_3a1984_3ai_3a2_3ap_3a1-11.htm. https://doi.org/10.1177/104346396008001003

Si esperamos hasta el momento en que sentimos la compulsión de consumir, el impulso reflejo de buscar el placer y/o evitar el dolor, es casi imposible de resistir. En las garras del deseo, no hay forma de decidir.

Pero al crear barreras tangibles entre nosotros y nuestra droga de elección presionamos el botón de pausa entre el deseo y la acción.

Además, la introducción de estrategias de autorrestricción se ha convertido en una necesidad moderna. Las reglas y sanciones externas —como los impuestos sobre los cigarrillos, las limitaciones de edad para consumir alcohol y las leyes que prohíben la posesión de cocaína—, aunque necesarias, nunca serán suficientes en un mundo en el que el acceso a una variedad cada vez mayor de productos dopaminérgicos es prácticamente infinito.

Mis pacientes me refirieron sus formas de autorrestricción durante años, y en algún momento comencé a anotarlas. Reutilizo las estrategias que aprendí de los pacientes para asesorar a otros pacientes, como hice con Jacob cuando le dije que tirase su máquina a un contenedor de basura lejano para que no pudiera recuperarla más tarde.

Les pregunto a mis pacientes qué tipos de barreras pueden colocar en su entorno para que les resulte más difícil acceder a su droga. He usado la autorrestricción en mi propia vida, para controlar mis problemas de consumo excesivo-compulsivo.

Estas estrategias se pueden organizar en tres categorías: estrategias físicas (espacio), cronológicas (tiempo) y por categoría (significado).

Como verán a continuación, las estrategias de autorrestricción no son a prueba de fallos, especialmente en los casos de adicciones graves. También se puede caer presa del autoengaño, la mala fe o las imperfecciones de la ciencia.

Pero las autorrestricciones son necesarias, y un buen punto de partida.

AUTORRESTRICCIÓN FÍSICA

Entre los muchos peligros que aguardaban al Ulises de Homero en su viaje de regreso a casa tras la guerra de Troya, el primero eran las sirenas, esas criaturas mitad mujer y mitad ave cuyo canto seductor atraía a los marineros a la muerte haciéndolos estrellarse contra los acantilados rocosos de las islas cercanas.

La única forma de que un marinero pudiera pasar ileso cerca de las sirenas era no escuchar su canto. Ulises ordenó a sus marineros que se taparan los oídos con cera de abeja, y que lo ataran a él al mástil de la nave, y apretaran aún más las ligaduras si suplicaba que lo desataran o intentaba soltarse.

Tal como ilustra este famoso poema épico griego, una forma de autorrestricción consiste en crear barreras físicas o poner distancia entre nosotros y la droga. Estos son algunos ejemplos de estrategias relatados por mis pacientes: «Desenchufé el televisor y lo guardé en el armario»; «Desterré mi consola de juegos al garaje»; «No uso tarjetas de crédito. Solo efectivo»; «Llamo a los hoteles con antelación para pedirles que retiren el minibar»; «Llamo a los hoteles para pedirles que retiren el minibar y la televisión»; «Guardé mi iPad en la caja de seguridad del banco».

Mi paciente Óscar, un hombre de unos setenta años, corpulento, con una mente académica, una voz retumbante y una fuerte inclinación hacia el monólogo —tanta que provocó un desbarajuste en la terapia de grupo y tuvo que abandonar—, tenía el hábito de beber en exceso mientras trabajaba en su estudio, trasteaba en su garaje o cuidaba el jardín.

Por ensayo y error, aprendió que para evitar este hábito tenía que eliminar el alcohol de su entorno. Cualquier bebida alcohólica que entrara en su casa debía guardarse en un archivador del que solo su esposa tenía la llave. Gracias a este método, Óscar logró abstenerse del alcohol durante años.

Pero, como ya he dicho, las estrategias de autorrestricción no son una garantía. A veces, la barrera en sí misma se convierte en una invitación, en un desafío. Resolver el acertijo de cómo conseguir nuestro fármaco preferido se transforma en parte de su atractivo.

Un día, la esposa de Óscar, antes de salir de la ciudad, guardó una botella de vino caro en un archivador y se llevó las llaves. La primera noche que pasó sin su mujer, Óscar se puso a pensar en la botella de vino, que sabía dónde estaba. El pensamiento se introdujo en su conciencia, como si fuera una presencia física. No era algo doloroso, solo molesto. «Si solo echo un vistazo y me aseguro de que todo esté bajo llave, dejaré de pensar en ello», se dijo.

Fue al estudio de su esposa e intentó abrir el cajón del archivador. Para su sorpresa, este se entreabrió unos centímetros y pudo ver la botella de pie entre las carpetas. La abertura no era la suficiente para sacarla, pero sí para ver el corcho, tentadoramente fuera de su alcance.

Se quedó contemplando la botella en el archivador durante un minuto entero. Una parte de él quería cerrarlo. Otra parte de él no podía dejar de mirar la botella. Entonces, algo en su cerebro hizo clic y tomó una decisión —o tal vez dejó de intentar no tomarla—. Se puso en marcha.

Se dirigió con rapidez al garaje, en busca de su caja de herramientas. Se puso a trabajar, utilizando una amplia gama de herramientas para intentar forzar la cerradura y abrir el cajón. Trabajó con la máxima concentración y determinación, pero no pudo abrir el cajón. Ninguna herramienta logró desmontar la cerradura.

Y entonces se le ocurrió la solución, como si un nudo se hubiera desatado de repente bajo sus dedos. «Por supuesto. ¿Por qué no se me ha ocurrido antes? Es muy obvio».

Se sentó. Ya no había necesidad de apresurarse. Su objetivo estaba a su alcance. Guardó en silencio sus herramientas, salvo una, un sacacorchos. Descorchó la botella, dejó el corcho sobre la mesa y fue a la cocina a buscar el único elemento que le faltaba: una pajita larga de plástico.

El archivador de Oscar falló como barrera; sin embargo, un nuevo dispositivo como el contenedor de cocina kSafe podría haber funcionado. Aproximadamente del tamaño de una caja de pan y hecho de plástico transparente e impenetrable, el kSafe lo guarda todo, desde galletas hasta iPhones y medicamentos opioides. Un giro del dial bloquea el contenedor con un temporizador. Una vez que este se ha configurado, no se puede abrir la cerradura ni acceder al interior del contenedor de plástico transparente hasta que haya transcurrido el tiempo marcado.

* * *

La autorrestricción física ahora está disponible en su farmacia local. En lugar de guardar nuestros medicamentos en un archivador, tenemos la opción de colocar «candados» a nivel celular.

La naltrexona es un medicamento utilizado para tratar la adicción al alcohol y a los opioides; también se usa para una variedad de otras adicciones, desde la ludopatía hasta la de la comida o las compras compulsivas. La naltrexona bloquea el receptor de opioides, lo que a su vez disminuye los efectos reforzantes de varios tipos de conductas gratificantes.

Algunos pacientes que la han utilizado afirman haber experimentado una desaparición completa o casi total del deseo de tomar alcohol. Para los pacientes que han luchado durante décadas con este problema, la capacidad de no beber en absoluto o de hacerlo con moderación —como la «gente normal»— es una revelación.

Debido a que la naltrexona bloquea nuestro sistema opioide endógeno, la gente se ha preguntado, y con razón, si podría provocar una depresión. No hay evidencia sólida de que sea así, pero ocasionalmente algunos de mis pacientes me han informado sobre una disminución de la capacidad de sentir placer.

Un paciente me dijo: «La naltrexona me ayuda a no beber alcohol, pero no disfruto tanto del beicon como antes, ni de las duchas calientes, y ya no siento el subidón que me producía correr». Le sugerí que tomara naltrexona media hora antes de una situación que podría hacerle recaer en la bebida,[77] como por ejemplo un aperitivo en compañía. Esta forma de tomar naltrexona según la necesidad del momento le permitió beber con moderación, y también volver a disfrutar del beicon.

En el verano de 2014, uno de mis estudiantes y yo viajamos a China para entrevistar a personas que buscaban tratamiento para la adicción a la heroína en el New Hospital de Beijing,[78] un hospital de tratamiento voluntario de adicciones no patrocinado por el gobierno chino.

Hablamos con un hombre de treinta y ocho años, que describió cómo antes de acudir al hospital para recibir tratamiento había sido sometido a la «cirugía de la adicción». La intervención consistió en la inserción de un implante de naltrexona de acción prolongada, con el fin de bloquear los efectos de la heroína.

—En 2007 —explicó— fui a la provincia de Wuhan para que me operaran. Mis padres me obligaron a ir, y pagaron la operación. No sé con certeza qué hicieron los cirujanos, solo puedo decirles que no funcionó. Después de la operación me seguí inyectando heroína. Ya no me hacía efecto, pero lo hice de todos modos porque chutarme era para mí un hábito. Durante los siguientes seis meses me chuté todos los días sin sentir nada. No pensé en parar, porque todavía tenía dinero para comprar heroína. Después de seis meses, la sensación volvió. Así que aquí estoy, esperando que tengan algo nuevo y mejor para darme.

Esta anécdota ilustra el hecho de que la farmacoterapia por sí sola, sin *insight*, comprensión ni voluntad de modificar el comportamiento, tiene pocas probabilidades de éxito.

---

77. J. D. Sinclair, «Evidence about the Use of Naltrexone and for Different Ways of Using It in the Treatment of Alcoholism», *Alcohol and Alcoholism* 36, n.º 1, 2001, págs. 2-10, https://doi.org/10.1093/alcalc/36.1.2.

78. Anna Lembke y Niushen Zhang, «A Qualitative Study of Treatment-Seeking Heroin Users in Contemporary China», *Addiction Science & Clinical Practice* 10, n.º 23, 2015, https://doi.org/10.1186/s13722-015-0044-3.

Otro fármaco que se usa para tratar la adicción al alcohol es el disulfiram. El disulfiram interrumpe el metabolismo del alcohol, lo que lleva a la acumulación de acetaldehído, que a su vez provoca una reacción de intenso enrojecimiento, náuseas, vómitos, presión arterial elevada y una sensación general de malestar.

La ingesta diaria de disulfiram es un elemento de disuasión eficaz para quienes intentan abstenerse de consumir alcohol, especialmente para las personas que se despiertan por la mañana decididas a no beber y que al llegar a la noche han perdido la determinación. La fuerza de voluntad no es un recurso infinito; se parece más a un músculo, que se puede cansar cuanto más se lo ejercita.

Como me dijo un paciente: «Con el disulfiram solo necesito decidir no beber una vez al día. No tengo que seguir decidiendo a cada momento».

Ciertas personas, en especial algunas originarias de Asia del Este, presentan una mutación genética que hace que ingerir alcohol les provoque una reacción similar al disulfiram.[79] Históricamente, estas personas han mostrado tasas más bajas de adicción al alcohol.

Cabe destacar que, en las últimas décadas, el incremento del consumo de alcohol en los países de Asia del Este ha llevado a tasas más altas de adicción, incluso entre el grupo de personas protegidas por la mutación genética. Los científicos están observando que las personas de este grupo que beben de todos modos tienen un mayor riesgo de padecer cánceres relacionados con el alcohol.

Al igual que las demás modalidades de autorrestricción, el disulfiram no es infalible. Mi paciente Arnold había sido un gran bebedor durante décadas, un problema que no hizo más que empeorar después de que sufriera un grave derrame cerebral y perdiese parte de las funciones del

---

79. Jeffrey S. Chang, Jenn Ren Hsiao y Che Hong Chen, «ALDH2 Polymorphism and Alcohol- Related Cancers in Asians: A Public Health Perspective», *Journal of Biomedical Science* 24, n.º 19, 2017, págs. 1-10, https://www.doi.org/10.1186/s12929-017-0327-y.

lóbulo frontal. Su cardiólogo le advirtió que tendría que dejar de beber, o moriría. Había mucho en juego.

Le receté disulfiram, y le expliqué a Arnold que el fármaco lo haría sentirse mal si bebía mientras lo tomaba. Para asegurarse de que Arnold lo tomara, su esposa se lo administró todas las mañanas, revisándole la boca a continuación para asegurarse de que se lo había tragado.

Un día, mientras su esposa estaba fuera, Arnold se encaminó a la licorería, compró una botella de whisky de tres cuartos de litro y se la bebió. Cuando su esposa regresó y lo encontró borracho, lo que más la desconcertó fue la idea de que el disulfiram no hubiera hecho efecto. Arnold estaba borracho, pero no se había puesto enfermo.

Un día después, confesó que durante los tres días anteriores no se había tragado la píldora. La había ocultado encajándola en el hueco de un diente que se le había caído.

* * *

Otras estrategias modernas de autorrestricción física implican cambios anatómicos en nuestros cuerpos; por ejemplo, cirugías para bajar de peso, como la colocación de una banda gástrica, una gastrectomía en manga o un *bypass* gástrico.

En efecto, estas cirugías crean un estómago más pequeño y/o, por medio de un *bypass*, evitan el tránsito de lo ingerido por la parte del intestino que absorbe calorías. La banda gástrica es una especie de anillo que se coloca alrededor del estómago, haciéndolo más pequeño sin extraer ninguna parte del mismo o del intestino delgado. La gastrectomía en manga, en cambio, consiste en extirpar quirúrgicamente parte del estómago para reducir su tamaño. La cirugía de *bypass* gástrico redirige el intestino delgado alrededor del estómago y el duodeno, donde se absorben los nutrientes.

Mi paciente Emily se sometió a una cirugía de *bypass* gástrico en 2014 y, por lo tanto, pudo pasar de 113 kg a 52 kg en el transcurso de un año. Ninguna otra intervención —y las había probado todas— le había permitido perder peso. Emily no es la única.

Las cirugías para bajar de peso son una intervención de eficacia comprobada para combatir la obesidad, especialmente cuando otros remedios han fallado. Pero las cirugías no están exentas de consecuencias indeseadas.

Una de cada cuatro personas operadas con un *bypass* gástrico desarrolla un nuevo problema: la adicción a las bebidas alcohólicas.[80] Es lo que le ocurrió a Emily a raíz de su cirugía. Las razones son muchas.

La mayoría de las personas obesas tienen una adicción a la comida subyacente, que no se aborda de forma adecuada solo con la cirugía. Pocas personas que se someten a estas cirugías reciben, además, tratamientos conductuales y psicológicos que les ayuden a cambiar sus hábitos alimentarios. En consecuencia, muchas vuelven a comer de manera poco saludable, provocando una expansión de sus estómagos empequeñecidos y sufriendo complicaciones médicas y la necesidad de repetir las cirugías. Cuando la comida ya no es una opción, muchos la cambian por otra sustancia adictiva, como el alcohol.

Además, la propia cirugía altera la forma en que se metaboliza el alcohol, lo cual causa un aumento de la tasa de absorción. La ausencia de un estómago de tamaño normal hace que el alcohol sea absorbido por el torrente sanguíneo de forma casi instantánea, saltándose el primer paso del proceso metabólico, que ocurre en el estómago. Como resultado, los pacientes se intoxican más rápido y permanecen intoxicados durante más tiempo con menos alcohol, de forma similar a lo que ocurriría si se recibiera una inyección de alcohol por vía intravenosa.

Podemos y debemos celebrar que una intervención médica pueda mejorar la salud de tantas personas. Pero el hecho de que debamos

---

80. Magdalena Plecka Östlund, Olof Backman, Richard Marsk, Dag Stockeld, Jesper Lagergren, Finn Rasmussen y Erik Näslund, «Increased Admission for Alcohol Dependence after Gastric Bypass Surgery Compared with Restrictive Bariatric Surgery», *JAMA Surgery* 148, n.º 4, 2013, págs. 374-377, https://doi.org/10.1001/jamasurg.2013.700.

recurrir a la extirpación y remodelación de órganos internos para moderar nuestra ingesta de alimentos marca un punto de inflexión en la historia del consumo humano.

* * *

Desde los contenedores de seguridad, que limitan el acceso a las sustancias adictivas y los medicamentos que bloquean nuestros receptores de opioides, hasta las cirugías que encogen nuestro estómago, las estrategias de autorrestricción física están hoy en todas partes, lo que evidencia nuestra creciente necesidad de poner freno a la liberación de dopamina.

En mi caso, tener los libros a un clic de distancia me había vuelto propensa a sumergirme en la fantasía durante más tiempo del que quería, o del que me convenía. Me deshice de mi Kindle y de su fácil acceso a un flujo constante de novelas eróticas digitales. De esa forma, pude moderar mi tendencia a consumir ficción adictiva. El simple hecho de tener que ir a la biblioteca o a una librería creó una barrera eficaz entre mi droga preferida y yo.

AUTORRESTRICCIÓN CRONOLÓGICA

Otra forma de autocontrol es imponerse límites de tiempo y líneas de meta.

Al restringir el consumo a determinadas horas, días, semanas, meses o años, reducimos nuestra ventana de consumo, y en consecuencia limitamos nuestro uso. Por ejemplo, podríamos decirnos a nosotros mismos que consumiremos solo los días festivos, solo los fines de semana, nunca antes del jueves, nunca antes de las cinco de la tarde, etcétera.

Otra alternativa, en lugar del tiempo en sí, es comprometernos en función de hitos o logros. Esperaremos hasta nuestro cumpleaños, tan pronto como completemos un encargo, después de graduarnos, o una vez que obtengamos una promoción en el trabajo. Cuando llegue el día del cumpleaños, o cuando hayamos cruzado una línea de meta establecida por nosotros mismos, la droga será nuestra recompensa.

Los neurocientíficos S. H. Ahmed y George Koob han demostrado que las ratas a las que se les proporciona acceso ilimitado a la cocaína durante seis horas al día van aumentando gradualmente la cantidad de veces que presionan la palanca, hasta el agotamiento físico o incluso la muerte. También se ha observado un aumento de la autoadministración de metanfetamina,[81] nicotina,[82] heroína[83] y alcohol,[84] cuando se les permite el acceso durante un tiempo prolongado (seis horas).

En cambio, las ratas que tienen acceso a la cocaína durante una sola hora al día consumen cantidades constantes de cocaína durante muchos días consecutivos.[85] Es decir, no presionan la palanca más seguido para obtener más droga durante cada día consecutivo.

---

81. Jason L. Rogers, Silvia De Santis y Ronald E. See, «Extended Methamphetamine Self-Administration Enhances Reinstatement of Drug Seeking and Impairs Novel Object Recognition in Rats», *Psychopharmacology* 199, n.º 4, 2008, págs. 615-624, https://www.doi.org/10.1007/s00213-008-1187-7.

82. Laura E. O'Dell, Scott A. Chen, Ron T. Smith, Sheila E. Specio, Robert L. Balster, Neil E. Paterson, Athina Markou y otros, «Extended Access to Nicotine Self Administration Leads to Dependence: Circadian Measures, Withdrawl Measures, and Extiction Behavior in Rats», *Journal of Pharmacology and Experimental Therapeutics* 320, n.º 1, 2007, págs. 180-193, https://doi.org/10.1124/jpet.106.105270.

83. Scott A. Chen, Laura E. O'Dell, Michael E. Hoefer, Thomas N. Greenwell, Eric P. Zorrilla y George F. Koob, «Unlimited Access to Heroin Self-Administration: Independent Motivational Markers of Opiate Dependence», *Neuropsychopharmacology* 31, n.º 12, 2006, págs. 2692-2707, https://doi.org/10.1038/sj.npp.1301008.

84. Marcia Spoelder, Peter Hesseling, Annemarie M. Baars, José G. Lozeman-van't Klooster, Marthe D. Rotte, Louk JMJ Vanderschuren y Heidi MB Lesscher, «Individual Variation in Alcohol Intake Predicts Reinforcement, Motivation, and Compulsive Alcohol Use in Rats», *Alcoholism: Clinical and Experimental Research* 39, n.º 12, 2015, págs. 2427-2437, https://doi.org/10.1111/acer.12891.

85. Serge H. Ahmed y George F. Koob, «Transition from Moderate to Excessive Drug Intake: Change in Hedonic Set Point», *Science* 282, n.º 5387, 1998, págs. 298-300, https://doi.org/10.1126/science.282.5387.298.

Este estudio sugiere que, al restringir el consumo de drogas a un período de tiempo limitado, podemos moderar nuestro uso y evitar el consumo compulsivo y creciente que produce el acceso ilimitado.

* * *

El solo hecho de rastrear cuánto tiempo pasamos consumiendo —por ejemplo, tomando nota del tiempo que dedicamos a nuestro *smartphone*—, es una forma de tomar conciencia y reducir el consumo. Cuando hacemos un uso consciente de los datos objetivos —como el tiempo que estamos empleando— nos volvemos menos capaces de negarlos y, por lo tanto, estamos en una mejor posición para tomar medidas.

Sin embargo, esto puede volverse muy complicado con rapidez. El tiempo tiene una forma peculiar de escapársenos cuando vamos tras la dopamina.

Un paciente me dijo que, cuando usaba metanfetamina, se había convencido a sí mismo de que el tiempo no contaba. Sentía como si pudiera restablecer la continuidad del tiempo más tarde, sin que nadie se diera cuenta del tiempo faltante. Lo imaginé flotando en el cielo nocturno, grande como una constelación, cosiendo una rasgadura en el universo.

Los productos dopaminérgicos afectan nuestra capacidad para postergar la gratificación, un fenómeno llamado *descuento temporal*.

Este descuento temporal se refiere al hecho de que el valor de una recompensa disminuye en función del tiempo que tenemos que esperar para obtenerla. La mayoría de nosotros preferiría recibir veinte dólares hoy que dentro de un año.

Nuestra tendencia a sobrevalorar las recompensas a corto plazo por encima de las de largo plazo puede verse influenciada por muchos factores. Dos de ellos son el consumo de drogas y las conductas adictivas.

La economista conductual Anne Line Bretteville-Jensen y sus colegas investigaron el fenómeno del descuento temporal en los usuarios activos de heroína y anfetaminas, comparándolos con exadictos y con individuos control emparejados (mismo género y edad, similar nivel de educación, etcétera). Los investigadores pidieron a los participantes que imaginaran que tenían un billete de lotería ganador[86] por valor de 100.000 coronas noruegas, aproximadamente 14.600 dólares estadounidenses.

Luego preguntaron a los participantes si preferirían tener menos dinero en ese momento (menos de 100.000 coronas) o la cantidad total dentro de una semana. De los usuarios activos de drogas, el 20 % dijo que quería el dinero en este momento y que estaría dispuesto a aceptar menos para conseguirlo de inmediato. Solo el 4 % de los exadictos y el 2 % de los individuos del grupo control emparejado habrían aceptado esa pérdida.

Los fumadores de cigarrillos tienen más probabilidades que los controles emparejados de recibir una recompensa monetaria menor si es inmediata —es decir, la valoran menos si tienen que esperar más tiempo—. Cuanto más fuman y más nicotina consumen, más dispuestos están a aceptar un descuento en lugar de una recompensa futura completa.[87] Estos hallazgos son válidos tanto para el dinero hipotético como para el dinero real.

El investigador de adicciones Warren K. Bickel y sus colegas pidieron a personas adictas a los opioides y a un grupo control que completaran una historia que comenzaba de esta manera. «Después de despertar, Bill comenzó a pensar en su futuro. En general, deseaba que...».

Los participantes adictos a los opioides se refirieron a un futuro que duraría, como promedio, nueve días. Los controles sanos se refirieron a un futuro que tenía una duración media de 4,7 años. Esta

86. Anne L. Bretteville-Jensen, «Addiction and Discounting», *Journal of Health Economics* 18, n.º 4, 1999, págs. 393-407, https://doi.org/10.1016/S01676296(98)000575.

87. Warren K. Bickel, Benjamin P. Kowal y Kirstin M. Gatchalian, «Understanding Addiction as a Pathology of Temporal Horizon», *Behavior Analyst Today* 7, n.º 1, 2006, págs. 32-47, https://doi.org/10.1037/h0100148.

sorprendente diferencia ilustra cómo se reducen los «horizontes temporales» cuando estamos bajo el dominio de una droga adictiva.[88]

Por otra parte, cuando les pregunto a mis pacientes cuál sería el momento decisivo para que intentaran recuperarse, su respuesta implica una visión a largo plazo. Un paciente que había estado inhalando heroína durante el año anterior me dijo: «De repente, me di cuenta de que había estado tomando heroína durante un año y pensé para mis adentros: "Si no dejo de hacerlo ahora, es posible que lo esté haciendo durante el resto de mi vida"».

Reflexionar sobre la trayectoria de toda su vida en lugar de pensar solo en el momento presente le permitió a este joven hacer un inventario más preciso de sus comportamientos cotidianos. Lo mismo sucedió con Delilah, que solo estuvo dispuesta a abstenerse de consumir cannabis durante cuatro semanas después de imaginarse a sí misma fumando al cabo de diez años.

En el ecosistema dopaminérgico de hoy, todos hemos sido condicionados para la gratificación inmediata. Queremos comprar algo, y al día siguiente llega a nuestra puerta. Queremos saber algo, y en un segundo aparece la respuesta en nuestra pantalla. ¿Estamos perdiendo la capacidad de deducir cosas, de tolerar la frustración cuando no encontramos una respuesta de inmediato, o cuando tenemos que esperar para obtener las cosas que deseamos?

El neurocientífico Samuel McClure y sus colegas examinaron qué partes del cerebro están involucradas en la elección de recompensas inmediatas o tardías.[89] Descubrieron que cuando los participantes del estudio elegían recompensas inmediatas, las partes del cerebro que procesaban las emociones y las recompensas se iluminaban. En cambio,

---

88. Nancy M. Petry, Warren K. Bickel y Martha Arnett, «Shortened Time Horizons and Insensitivity to Future Consequences in Heroin Addicts», *Addiction* 93, n.º 5, 1998, págs. 729-738, https://doi.org/10.1046/j.1360-0443.1998.9357298.x.

89. Samuel M. McClure, David I. Laibson, George Loewenstein y Jonathan D. Cohen, «Separate Neural Systems Value Immediate and Delayed Monetary Rewards», *Science* 306, n.º. 5695, 2004, págs. 503-507, https://doi.org/10.1126/science.1100907.

cuando los participantes retrasaban su recompensa, se activaba la corteza prefrontal, la parte del cerebro involucrada en la planificación y el pensamiento abstracto.

La conclusión es que nos hemos vuelto vulnerables a una atrofia cortical prefrontal, ya que nuestra vía de recompensa se ha convertido en el motor dominante de nuestras vidas.

El consumo de sustancias dopaminérgicas no es la única variable que influye en la elección de la recompensa inmediata, del descuento temporal.

Por ejemplo, las personas que crecen en un entorno de escasos recursos y con un índice de mortalidad más elevado, tienen más probabilidades de dar más valor a las recompensas inmediatas en comparación con otras del mismo género y edad que crecen en entornos con muchos recursos. Los jóvenes brasileños que viven en favelas (barrios marginales) prefieren las recompensas inmediatas,[90] aunque de menor valor, más que los estudiantes universitarios de la misma edad.

¿Es de extrañar que la pobreza sea un factor de riesgo de adicción, especialmente en un mundo de fácil acceso a la droga barata?

* * *

Otra variable que contribuye al problema del consumo excesivo-compulsivo es la creciente cantidad de tiempo libre que tenemos hoy, y con él el consiguiente aburrimiento.[91]

Como consecuencia de la mecanización de la agricultura, la manufactura, las tareas domésticas y muchos otros trabajos que antes

---

90. Dandara Ramos, Tânia Victor, Maria L. Seidl-de-Moura y Martin Daly, «Future Discounting by Slum-Dwelling Youth versus University Students in Rio de Janeiro», *Journal of Research on Adolescence* 23, n.º 1, 2013, págs. 95-102, https://doi.org/10.1111/ j.15327795.2012.00796.x.

91. Robert William Fogel, *The Fourth Great Awakening and the Future of Egalitarianism*, University of Chicago Press, Chicago, 2000. Estos datos sobre el ocio y el trabajo en Estados Unidos provienen del libro de Fogel, un análisis asombroso de la transformación económica, social y espiritual en Estados Unidos en los últimos cuatrocientos años.

consumían mucho tiempo y mano de obra, las horas diarias que las personas dedican a trabajar se han reducido, dejando más tiempo para el ocio.

Un día típico para el trabajador promedio en Estados Unidos justo antes de la guerra de Secesión (1861-1865), ya fuese en la agricultura o la industria, consistía en trabajar de diez a doce horas, seis días y medio a la semana, cincuenta y una semanas al año, con no más de dos horas diarias dedicadas a actividades de ocio. Algunos trabajadores, a menudo mujeres inmigrantes, trabajaban trece horas al día, seis días a la semana. Otros trabajaban en condiciones de esclavitud.

La cantidad de tiempo libre en Estados Unidos aumentó en 5,1 horas por semana entre 1965 y 2003, lo cual significa 270 horas de ocio adicionales por año. Las proyecciones para el año 2040 indican que la cantidad de horas de ocio en un día típico será de 7,2 horas, con solo 3,8 horas de trabajo diario. Los números de otros países de ingresos altos son similares.[92]

El tiempo libre en Estados Unidos difiere según la educación y el nivel socioeconómico,[93] pero no de la forma en que se podría pensar.

En 1965, tanto las personas con un menor nivel de educación como las más educadas disfrutaban aproximadamente de la misma cantidad de tiempo libre. Hoy en día, los adultos que carecen de estudios secundarios tienen un 42 % más de tiempo libre que aquellos con una licenciatura o un título superior; y las mayores diferencias en el tiempo de ocio se producen durante las horas laborables de la semana. Esto se debe, en gran parte, al subempleo entre quienes no tienen un título universitario.

---

92. OECD, «Special Focus: Measuring Leisure in OECD Countries», en *Society at a Glance 2009: OECD Social Indicators*, OECD Publishing, París, 2009, http://dx.doi.org/10.1787/soc_glance-2008-en.

93. David R. Francis, «Why High Earners Work Longer Hours», National Bureau of Economic Research digest, septiembre de 2020, http://www.nber.org/digest/jul06/w11895.html.

El consumo de productos que elevan la dopamina no es solo una forma de llenar las horas en las que no se trabaja: también se ha convertido en una razón por la que las personas no forman parte del mercado laboral.

El economista Mark Aguiar y sus colegas escribieron, en un artículo titulado con acierto «Los lujos del ocio y la oferta de trabajo de los hombres jóvenes», lo siguiente: «Durante los últimos quince años, los hombres más jóvenes —de veintiún a treinta años— presentaron una mayor disminución en la cantidad de horas de trabajo, en relación con los hombres o mujeres de más edad. Desde 2004, los datos sobre el uso del tiempo indican que los hombres más jóvenes han pasado a emplear sus horas de ocio en videojuegos y otras actividades recreativas digitales».[94]

El escritor Eric J. Iannelli aludió brevemente a su propia historia de adicción:

Hace años, en lo que ahora parece ser otra vida, un amigo me dijo: «Toda tu existencia se puede reducir a un ciclo de tres etapas. Uno: darse un colocón. Dos: quedar jodido. Tres: controlar daños». No hacía mucho tiempo que nos conocíamos, unos dos meses como máximo, y sin embargo él ya me había visto beber hasta desfallecer —solo una de las manifestaciones más obvias del vórtice imparable de mi adicción— las suficientes veces como para haber conseguido mi número. Con una sonrisa irónica —y sospecho que solo medio en broma—, pasó a plantear la hipótesis de manera más general: los adictos son aburridos o frustrados solucionadores de problemas,[95] que instintivamente se meten en situaciones al estilo de Houdini de

---

94. Mark Aguiar, Mark Bils, Kerwin K. Charles y Erik Hurst, «Leisure Luxuries and the Labor Supply of Young Men», documento de trabajo del National Bureau of Economic Research, junio de 2017, https://doi.org/10.3386/w23552.

95. Eric J. Iannelli, «Species of Madness», *Times Literary Supplement*, 22 de septiembre de 2017.

las que desenredarse cuando no encuentran ningún otro desafío mejor. La droga se convierte en recompensa cuando tienen éxito, y en premio consolador cuando fracasan.

* * *

Cuando conocí a Muhammad, era un río de palabras. Su lengua apenas podía seguir el ritmo de su cerebro, que rebosaba de ideas.

—Creo que podría tener un pequeño problema de adicción —dijo. Me gustó de inmediato. En un inglés impecable con un ligero acento de Oriente Medio, me contó su historia.

Llegó a Estados Unidos desde Oriente Medio en 2007 para estudiar matemáticas e ingeniería. En su país de origen, consumir drogas de cualquier tipo significaba correr el riesgo de sufrir un duro castigo.

Cuando llegó al país, el poder consumir drogas de forma recreativa sin miedo fue una liberación. Al principio, restringió el uso de drogas y alcohol a los fines de semana. Un año más tarde fumaba cannabis a diario, y veía las consecuencias negativas en sus calificaciones académicas y en sus relaciones de amistad.

Se dijo a sí mismo: «No volveré a fumar hasta completar mi licenciatura, que me acepten en un programa de posgrado y me otorguen financiación para un doctorado».

Fiel a su promesa, no volvió a fumar hasta que completó un programa de posgrado en Ingeniería Mecánica en Stanford y obtuvo una beca para un doctorado. Cuando volvió a fumar, se comprometió a hacerlo solo a los fines de semana.

Un año después de su doctorado fumaba todos los días, y al final de su segundo año, estableció nuevas reglas para sí mismo: «Porros de diez miligramos mientras trabajaba, porros de treinta miligramos cuando no trabajaba, y porros de trescientos miligramos solo en ocasiones especiales… todo para acabar realmente jodido».

Muhammad suspendió su examen de calificación, el momento culminante de sus estudios de doctorado. Se presentó por segunda vez y volvió a fallar. Estaba a punto de ser expulsado del programa, pero logró convencer a sus profesores de que le dieran una última oportunidad.

En la primavera de 2015, Muhammad se comprometió a abstenerse hasta aprobar su examen de calificación, por mucho tiempo que tardara en hacerlo. Durante el año siguiente, se abstuvo de consumir cannabis y trabajó más duro que nunca. Su informe final tenía más de 100 páginas.

—Fue uno de los años más positivos y productivos de mi vida —afirmó.

Ese año aprobó sus exámenes de calificación y, a la noche siguiente, un amigo le trajo cannabis para celebrarlo. Al principio, Muhammad se negó. Pero su amigo fue persuasivo: «No hay forma de que alguien tan inteligente como tú pueda volverse adicto».

«Solo por esta vez —se dijo Muhammad—, y luego nada, hasta la graduación».

El lunes siguiente, «nada hasta la graduación» se había convertido en «nada de marihuana los días en que tengo clases», que luego se convirtió en «nada de marihuana los días en que tengo clases difíciles», que se convirtió en «nada de marihuana los días en que tengo exámenes», y luego en «nada de marihuana antes de las nueve de la mañana».

Muhammad era inteligente. Entonces, ¿por qué no se daba cuenta de que cada vez que fumaba no lograba ceñirse a los límites de tiempo que se había autoimpuesto?

La respuesta es que una vez que comenzó a consumir cannabis dejó de estar regido por la razón, y pasó a estar dominado por el equilibrio placer-dolor. Un solo porro era suficiente para crear un estado de deseo que no dejaba espacio a la lógica. Bajo la influencia de la droga, ya no podía evaluar de forma objetiva las recompensas inmediatas de fumar frente a los beneficios a largo plazo de dejar de hacerlo. El descuento temporal dominaba su mundo.

En el caso de Muhammad, la autorrestricción cronológica llegó hasta cierto punto, y es poco probable que el consumo moderado de cannabis estuviera a su alcance. Debía buscar otro camino, y finalmente lo hizo.

AUTORRESTRICCIÓN POR CATEGORÍA

Jacob vino a verme d una semana después de su recaída. No había usado la máquina durante toda la semana. La había tirado a un contenedor de basura que sabía que se llevarían ese mismo día. También había guardado su ordenador portátil y su tableta fuera de su alcance. Había ido a la iglesia por primera vez en años y rezado por su familia.

—No pensar en mí mismo y en mis problemas fue un cambio positivo. También dejé de avergonzarme a mí mismo. La mía es una historia triste, pero puedo hacer algo al respecto. Sin embargo, no me siento bien —dijo, tras una pausa—. Vengo un lunes, y el viernes me encuentro pensando en suicidarme. Pero sé que no lo haré.

—Es el bajón por no consumir —le dije—. Deje que sus sentimientos lo invadan, como una ola. Tenga paciencia. Con el tiempo, se sentirá mejor.

En las semanas y meses que siguieron, Jacob pudo mantener la abstinencia al limitar no solo el acceso a la pornografía, las salas de chat y las unidades TENS, sino también «la lujuria en cualquier forma».

Dejó de mirar la televisión, películas, YouTube, competiciones de voleibol femenino, prácticamente cualquier cosa que le ofreciera una imagen sexualmente provocativa. Evitó cierto tipo de noticias, como por ejemplo los artículos sobre Stormy Daniels, la *stripper* que supuestamente tuvo un romance con Donald Trump. Se ponía los pantalones cortos antes de afeitarse frente al espejo por las mañanas. Ver su propia desnudez era suficiente como detonante.

—Jugué con mi propio cuerpo durante mucho tiempo —admitió—. Ya no puedo seguir haciéndolo. Debo evitar cualquier cosa que pueda estimular mi mente adicta.

* * *

La autorrestricción por categoría limita el consumo clasificando los estimulantes de la dopamina en diferentes categorías: los subtipos que nos permitimos consumir y los que no.

Este método nos ayuda a evitar no solo nuestra droga preferida, sino también los desencadenantes que conducen al deseo de consumirla. Esta estrategia es especialmente útil para lo que no podemos eliminar por completo, pero que estamos tratando de consumir de una manera más saludable, como la comida, el sexo y los *smartphones*.

Mi paciente Mitch era adicto a las apuestas deportivas. Cuando cumplió los cuarenta, había perdido ya un millón de dólares. Recurrir a Jugadores Anónimos fue un paso importante en su recuperación. Gracias a su participación en esa asociación aprendió que las apuestas deportivas no era lo único que debía evitar. También tuvo que abstenerse de ver deportes en la televisión, leer la página de deportes en el periódico, navegar por sitios de Internet relacionados con los deportes y escuchar la radio deportiva. Llamó a todos los casinos de su zona y se puso él mismo en el registro de «no admitidos». Al evitar sustancias y comportamientos más allá de las apuestas, Mitch pudo utilizar la vinculación por categoría para mitigar el riesgo de recaída.

Hay algo trágico y conmovedor en tener que prohibirte algo.

Para Jacob, evitar la visión del cuerpo desnudo, del suyo y el de los demás, fue una parte importante de su recuperación. Ocultar el cuerpo como una forma de minimizar el riesgo de tener relaciones sexuales prohibidas ha formado parte durante mucho tiempo de numerosas tradiciones culturales, y en algunos casos sigue siendo así hasta el día de hoy. El Corán dicta acerca de la modestia femenina: «Y dile a las mujeres creyentes que bajen la mirada,[96] que oculten sus

---

96. *Qur'an (Corán)*: Verso 24:31, consultado el 2 de julio de 2020, http://corpus.quran.com/translation.jsp?chapter=24&verse=31.

partes íntimas y no enseñen sus adornos [...] y que envuelvan su pecho con [una parte del] velo de su cabeza y no exhiban sus adornos».

La Iglesia de Jesucristo de los Santos de los Últimos Días ha emitido comunicados oficiales sobre la modestia en la vestimenta de sus miembros, que incluyen desalentar el uso de «pantalones y faldas cortos, camisas que no cubran el estómago y prendas que dejen los hombros al descubierto o sean escotadas en el frente o el dorso».[97]

* * *

La autorrestricción por categoría falla cuando, inadvertidamente, incluimos un disparador en nuestra lista de actividades aceptables. Podemos corregir esta clase de errores con un proceso de cribado mental basado en la experiencia. Pero ¿qué pasa cuando es la categoría en sí misma la que cambia?

La manida tradición estadounidense de hacer dieta —vegetariana, vegana, crudivegana, sin gluten, Atkins, de la Zona, cetogénica, paleolítica o a base de pomelo— es un ejemplo de autorrestricción por categoría.

Seguimos estas dietas por diversas razones: médicas, éticas o religiosas. Pero sea cual fuere la razón, el efecto resultante es disminuir el acceso a grandes categorías de alimentos, lo que a su vez limita el consumo.

Pero las dietas como una forma de autorrestricción se ven amenazadas cuando la categoría cambia con el tiempo, como resultado de las fuerzas del mercado.

Más del 15 % de los hogares estadounidenses utiliza productos sin gluten. Algunas personas evitan el gluten porque sufren la enfermedad

---

97. Iglesia de Jesucristo de los Santos de los Últimos Días, «Dress and Appearance», consultado el 2 de julio de 2020, https://www.churchofjesuschrist.org/study/manual/forthestrenght-ofyouth/dress-and-appearance?lang=eng.

celíaca, un trastorno autoinmune en el que la ingestión de gluten daña el intestino delgado. Pero un número cada vez mayor de personas consumen productos sin gluten porque les ayuda a limitar el consumo de carbohidratos altos en calorías y bajos en nutrientes. Esta tendencia ha traído aparejado un problema.

Entre 2008 y 2010, se introdujeron alrededor de tres mil nuevos tentempiés sin gluten;[98] en la actualidad, los productos de panadería son la categoría de productos envasados de mayor venta en el mercado «sin gluten». En 2020, el valor de los productos sin gluten en Estados Unidos se estimó en 10.300.000 dólares.

Una dieta sin gluten, que anteriormente había sido efectiva para limitar el consumo de alimentos procesados de alto contenido calórico, como pasteles, galletas dulces y saladas, cereales, pastas y pizzas, ahora ha dejado de serlo. Para aquellos que seguían una dieta libre de gluten para evitar el gluten, la abundancia de oferta podría ser una buena noticia. Pero para aquellos que se estaban beneficiando de la categoría «sin gluten» para limitar el consumo de pan, pasteles y galletas, la estrategia ha dejado de ser efectiva.

La evolución de los productos sin gluten ilustra cómo los intentos de controlar el consumo son rápidamente contrarrestados por las fuerzas del mercado moderno. Es solo un ejemplo más de los desafíos inherentes a nuestra «economía de la dopamina».

Existen muchos otros ejemplos de drogas que anteriormente eran tabú y que se han transformado en productos socialmente aceptables, a menudo bajo la apariencia de medicamentos. Los cigarrillos se han convertido en vaporizadores y bolsitas de nicotina. La heroína se ha convertido en OxyContin. El cannabis se ha convertido en «marihuana medicinal». Tan pronto como nos comprometemos con la abstinencia, nuestra vieja droga reaparece como un nuevo producto

---

98. M. Shahbandeh, «Gluten-Free Food Market Value in the United States from 2014 to 2025», Statista, 20 de noviembre de 2019, consultado el 2 de julio de 2020, https://www.statista.com/statistics/884086/us-gluten-free-food-market-value/.

bien empaquetado y asequible que dice: «¡Oye! Esto está bien. Ahora ya soy bueno para ti».

* * *

Endiosar lo demonizado es otra forma de autorrestricción por categoría.

Desde tiempos prehistóricos, los seres humanos han elevado las drogas que alteran la mente a categorías sagradas para ser utilizadas en ceremonias religiosas y ritos de iniciación, o como medicinas. En ese contexto, solo pueden administrar estas sustancias los sacerdotes, chamanes u otros elegidos capacitados para ello, o que hayan sido investidos con una autoridad especial.

Durante más de siete milenios años, los alucinógenos, también conocidos como psicodélicos (hongos mágicos, ayahuasca, peyote), han tenido usos sacramentales en diversas culturas. Sin embargo, cuando los alucinógenos se tornaron populares y ampliamente disponibles como drogas recreativas como parte del movimiento contracultural de la década de 1960, los daños se multiplicaron, lo que llevó a que se ilegalizara el LSD en la mayor parte del mundo.

En la actualidad existe una campaña para volver a utilizar legalmente los alucinógenos y otras drogas psicodélicas, pero solo en el contexto pseudosagrado de la psicoterapia psicodélica. Psiquiatras y psicólogos especialmente preparados están administrando alucinógenos y otros agentes psicotrópicos potentes (psilocibina, ketamina, éxtasis) como remedios para la salud mental. La administración de dosis limitadas —de una a tres— de psicodélicos, intercaladas con múltiples sesiones de psicoterapia durante muchas semanas se ha convertido en el equivalente moderno del chamanismo.

La esperanza es que, al limitar el acceso a estas drogas y al convertir a los psiquiatras en supervisores, las propiedades místicas de estos productos químicos —una sensación de unidad, un estado de ánimo positivo, trascendencia, devoción—, se puedan aprovechar sin que lleven a un uso indebido, excesivo y adictivo.

* * *

Algunas personas no necesitan a un chamán o a un psiquiatra para infundir un carácter sagrado a su droga de elección. En el famoso experimento de los malvaviscos de Stanford, por lo menos un niño manejó lo sagrado por su cuenta.[99]

El experimento de los malvaviscos consistió en una serie de pruebas dirigidas por el psicólogo Walter Mischel en la Universidad de Stanford, a finales de la década de 1960, para estudiar la gratificación o recompensa retrasada.

Se ofreció a niños de entre tres y seis años elegir entre una pequeña recompensa que se les proporcionaba de inmediato (un malvavisco) y dos pequeñas recompensas (dos malvaviscos) si el niño podía esperar aproximadamente quince minutos sin comerse el primer malvavisco.

Durante ese tiempo, el investigador salía de la habitación y luego regresaba. El malvavisco se colocaba en una bandeja, sobre una mesa, en una habitación en la que no había distracciones: ni juguetes, ni otros niños. El propósito del estudio fue determinar cuándo se desarrolla la gratificación retrasada en los niños. Estudios posteriores examinaron qué tipos de factores de la vida real están asociados con la capacidad —o la falta de ella— de retrasar la gratificación.

Los investigadores descubrieron que, de alrededor de cien niños, un tercio logró esperar para obtener el segundo malvavisco. La edad es un factor determinante: cuanto mayor es el niño, más capaz es de postergar la gratificación. En los estudios de seguimiento, los niños que pudieron esperar el segundo malvavisco tendían a tener mejores puntuaciones en el SAT[100] y un mejor nivel educativo, y en general se

---

99. Yuichi Shoda, Walter Mischel y Philip K. Peake, «Predicting Adolescent Cognitive and Self-Regulatory Competencies from Preschool Delay of Gratification: Identifying Diagnostic Conditions», *Developmental Psychology* 26, n.º 6, 1990, págs. 978-986, https://doi.org/10.1037/0012-1649.26.6.978.

100. Examen de admisión utilizado en Estados Unidos para evaluar la preparación de los estudiantes para el trabajo universitario. (N. del t.)

convirtieron en adolescentes mejor adaptados tanto en el aspecto cognitivo como en el social.

Un detalle menos conocido del experimento es lo que hicieron los niños durante esos quince minutos de lucha por no comerse el primer malvavisco. Los investigadores pudieron observar las señales físicas del esfuerzo de autocontrol en los niños: «se cubren los ojos con las manos o se dan la vuelta para no ver la bandeja... comienzan a patear el escritorio, a tirar de sus coletas, o a acariciar el malvavisco como si fuera un pequeño animal de peluche».[101]

Cubrirse los ojos y apartarse evoca la autorrestricción física. Tirar de las trenzas sugiere el empleo del dolor físico como distracción, un tema en el que profundizaré más adelante. ¿Pero qué significa acariciar el malvavisco? Ese niño, en lugar de alejarse del objeto deseado, lo convirtió en una mascota, demasiado preciosa para ser comida, o al menos para ser comida de forma impulsiva.

Mi paciente Jasmine vino a verme en busca de ayuda por su consumo excesivo de alcohol —hasta diez cervezas al día—. Como parte del tratamiento, le aconsejé que eliminara todo el alcohol de su casa como forma de autorrestricción. Podría decirse que siguió mi consejo, pero con un giro.

Sacó todo el alcohol de su casa excepto una cerveza, que dejó en el refrigerador. La llamó su «cerveza totémica», a la que consideraba el símbolo de su decisión de no beber, una representación de su voluntad y autonomía. Se dijo a sí misma que solo necesitaba concentrarse en no beber esa cerveza, en lugar de la tarea más desalentadora de no beber ninguna cerveza de los millones existentes en el mundo.

Este truco metacognitivo, que transformó un objeto de tentación en un símbolo de moderación, ayudó a Jasmine a abstenerse.

---

101. Roy F. Baumeister, «Where Has Your Willpower Gone?» *New Scientist* 213, n.º 2849, 2012, págs. 30-31, https://doi.org/10.1016/S0262-4079(12)60232-2.

* * *

Medio año después de su segundo intento de recuperación, me encontré con Jacob en la sala de espera. Habían pasado varios meses desde la última vez que nos habíamos visto.

Tan pronto como lo vi, supe que estaba bien. Por la forma en que le sentaba la ropa, la manera en que parecía abrazar su cuerpo. Pero no era solo su vestimenta. Su piel también tenía buen aspecto, como ocurre cuando una persona se siente conectada consigo misma y con el mundo.

No es algo que esté escrito en ningún libro de psiquiatría. Es algo que he notado después de décadas de ver pacientes: cuando las personas mejoran, se refleja en su aspecto y su actitud. Jacob tenía ese aspecto ese día.

—Mi esposa ha vuelto a mi vida —me dijo una vez que estuvimos en mi consultorio—. Seguimos viviendo separados, pero voy a Seattle a verla y pasamos un par de días maravillosos. Vamos a pasar la Navidad juntos.

—Me alegro, Jacob.

—Estoy libre de mi obsesión. No me veo obligado a comportarme de una determinada manera. He vuelto a ser libre de tomar decisiones sobre lo que haré. Han pasado casi seis meses desde mi recaída. Si sigo haciendo lo que estoy haciendo, creo que estaré bien. Mejor que bien.

Me miró y sonrió. Le devolví la sonrisa.

* * *

Los extraordinarios esfuerzos que llevó a cabo Jacob para evitar cualquier cosa que pudiera incitar el deseo sexual resultan francamente medievales para nuestra sensibilidad moderna, a solo un paso de un cilicio.

Lejos de sentirse limitado por su nueva forma de vida, se sintió liberado. Liberado de las garras del comportamiento excesivo-compulsivo, pudo interactuar nuevamente con otras personas y con el mundo con alegría, curiosidad y espontaneidad. Había recuperado una cierta dignidad.

Como escribió Immanuel Kant en *Fundamentación de la metafísica de las costumbres*: «Cuando nos damos cuenta de que somos capaces de esta legislación interna, el hombre (natural) se siente obligado a reverenciar al hombre moral en su propia persona».[102]

Atarnos a nosotros mismos es una forma de ser libres.

---

102. Immanuel Kant, *Groundwork of the Metaphysic of Morals* (1785), Cambridge Texts in the History of Philosophy, Cambridge University Press, Cambridge, MA, 1998.

6

¿Un equilibrio roto?

—Espero —dijo Chris, sentado en mi oficina, mientras acomodaba su mochila y empujaba hacia atrás el cabello que le había caído sobre los ojos— que me recetes la buprenorfina que he estado tomando. Ha sido de gran ayuda. En realidad, eso es quedarse corto. No estoy seguro de que siguiera vivo sin ella, y necesito que alguien me la pueda recetar.

La buprenorfina es un opioide semisintético derivado de la tebaína, un alcaloide de la adormidera. Al igual que otros opioides, la buprenorfina se une al receptor μ-opioide, proporcionando un alivio inmediato del dolor y de la necesidad imperiosa de opioides. En términos más sencillos, funciona al devolver el equilibrio placer-dolor a una posición nivelada, permitiendo a alguien como Chris dejar de luchar contra el deseo y volver a vivir su vida. Hay evidencias sólidas de que la buprenorfina disminuye el uso ilegal de opioides, reduce el riesgo de sobredosis y mejora la calidad de vida.[103]

Pero no hay que pasar por alto el hecho de que la buprenorfina es un opioide que se puede usar de forma indebida, que puede ser desviado para otros fines y ser vendido en la calle. A las personas que no tienen una dependencia de opioides más fuertes, la buprenorfina les

---

103. John Strang, Thomas Babor, Jonathan Caulkins, Benedikt Fischer, David Foxcroft y Keith Humphreys, «Drug Policy and the Public Good: Evidence for Effective Intervention», *Lancet* 379, 2012, págs. 71-83.

puede producir un subidón eufórico. Cuando suspenden o disminuyen la dosis, los que toman buprenorfina experimentan abstinencia de opioides y ansia por consumir. De hecho, algunos pacientes me han dicho que la abstinencia de buprenorfina es mucho peor que la producida por la heroína o el OxyContin.

—¿Por qué no me cuentas tu historia? —pedí a Chris—. Y luego te diré lo que pienso.

Chris llegó a Stanford en 2003. Su padrastro lo había llevado desde Arkansas en un viejo Chevy Suburban prestado. La camioneta, llena de pertenencias de Chris, contrastaba con los nuevos y relucientes BMW y Lexus que atestaban la entrada de la residencia de estudiantes.

Chris no perdió el tiempo. Organizó su dormitorio con meticulosa precisión, comenzando por su colección de CD, que ordenó alfabéticamente. Estudió el catálogo de cursos y se decantó por la escritura creativa, la filosofía griega y el mito y la modernidad en la cultura alemana. Soñaba con convertirse en compositor, director de cine, escritor. Sus planes, como los de sus compañeros de estudios, eran grandiosos. Este sería su brillante comienzo en Stanford.

Una vez iniciadas las clases, a Chris le fue bien en todos los aspectos. Estudió mucho y obtuvo excelentes calificaciones. Pero en otros aspectos no estaba prosperando: asistía a sus clases solo, estudiaba solo en su habitación o en la biblioteca, tocaba el piano en la sala común de la residencia, también solo. Esa palabra de moda favorita del campus, «comunidad», se le escapaba.

La mayoría de nosotros, al mirar atrás hacia los primeros días universitarios, recordaremos haber luchado por encontrar con quiénes relacionarnos. Chris luchó mucho. Es difícil precisar, incluso ahora, exactamente por qué. Es un joven guapo, considerado, afable. Ansioso por agradar. Quizás tuvo algo que ver con ser ese chico pobre de Arkansas.

Su vida solitaria continuó durante el segundo año, hasta que conoció a una chica en su trabajo de tiempo parcial en el campus.

Los rasgos cincelados de Chris, su suave cabello castaño y su complexión fuerte y musculosa siempre habían llamado la atención. Él y la chica, una compañera de la universidad, se dieron un beso y Chris se enamoró en el acto. Cuando ella le dijo que tenía novio, él decidió que no importaba. Quería estar con ella, y la buscó una y otra vez. Al ver que él no se rendía, ella lo acusó de estar acosándola y lo denunció al jefe de ambos. Como resultado, Chris perdió su trabajo y recibió una amonestación de la administración de la universidad. Sin trabajo ni novia, decidió que solo había una solución: suicidarse.

Le escribió a su madre un correo electrónico de despedida: «Ma, me he puesto ropa interior limpia». Pidió prestado un cuchillo, tomó su reproductor de CD y un CD cuidadosamente elegido y se dirigió a Roble Field, un parque cercano. Anochecía, y su plan era tragarse un frasco de pastillas, cortarse las muñecas y hacer coincidir su muerte con la puesta de sol.

La música era importante para Chris, y eligió su última canción con cuidado: *PDA* de Interpol, una banda indie de postpunk revival de Nueva York. *PDA* es rítmica y palpitante. La letra es difícil de entender. La última estrofa dice así: «Duerme esta noche, duerme esta noche, duerme esta noche, duerme esta noche. Algo que decir, algo que hacer, nada que decir, nada que hacer». Chris esperó hasta el final de la canción, luego se pasó el borde afilado del cuchillo por cada muñeca.

Intentar suicidarse cortándose las venas de las muñecas en invierno y a la intemperie no es una estrategia muy eficaz. Media hora después, la sangre de sus muñecas se había congelado y estaba sentado en la oscuridad, viendo pasar a la gente. Regresó a su dormitorio, se obligó a vomitar las pastillas y llamó a emergencias. Los paramédicos vinieron y lo llevaron al Hospital de Stanford, donde lo ingresaron en la unidad psiquiátrica.

Su padrastro fue el primero en visitarlo. Su madre también planeaba ir, pero no había sido capaz de subir al avión. Tenía miedo a volar desde hacía mucho tiempo. También se presentó su padre biológico, a quien veía solo algunas veces al año. Pareció conmocionado al ver las incisiones rojas e inflamadas en las muñecas de Christopher.

Chris permaneció dos semanas en la unidad psiquiátrica. Durante ese tiempo se sintió aliviado al estar en un entorno contenido, controlado y predecible.

Un representante de la Universidad de Stanford fue a visitarlo en la unidad y le informó que, dadas las circunstancias, debería pedir una baja médica hasta que estuviera lo suficientemente recuperado para poder regresar, a criterio y discreción del médico de la universidad.

Chris regresó a Arkansas para vivir con su madre y su padrastro. Consiguió trabajo como camarero. Y descubrió las drogas.

En el otoño de 2007, Chris regresó a Stanford. Para poder matricularse en el trimestre de otoño, antes debía reunirse con el director de salud mental estudiantil y su decano residente, para ponerles al día sobre su progreso y presentar un argumento convincente para que le permitieran volver a matricularse.

El día antes de la entrevista se encontró con una chica a la que había conocido en Stanford. No la conocía bien, pero ella también «tenía problemas», por lo que Chris se sintió lo suficientemente cómodo como para preguntarle si podía quedarse en su casa durante una noche o dos mientras él arreglaba sus asuntos con la universidad.

La noche anterior a la entrevista, Chris se quedó despierto «metiéndose coca» y leyendo *El malestar en la cultura* de Freud. Por la mañana llegó a la conclusión de que estaba demasiado perturbado para enfrentarse a un grupo de burócratas universitarios. Tomó un vuelo a casa ese mismo día.

Chris pasó el año siguiente paleando tierra, esparciendo abono y cortando césped para la Universidad de Arkansas, con una temperatura de casi veinte grados bajo cero. Le gustaba la parte física del trabajo; moverse lo distraía de sus pensamientos. Lo ascendieron a arboricultor, un trabajo que consistía principalmente en echar troncos y ramas de árboles en una trituradora de madera.

Cuando no estaba trabajando componía música, partitura tras partitura, mientras fumaba cannabis, que se había vuelto indispensable para él.

Regresó a Stanford el otoño siguiente. Esta vez no se le exigió una reunión presencial. Chris apareció en su dormitorio al estilo Jack Reacher, con solo un cepillo de dientes en el bolsillo y un ordenador portátil en la mano. Dormía vestido, sobre el colchón sin sábanas.

Quería ordenar su vida; reconocía que era necesario para tener éxito. Como parte de su nueva mentalidad, decidió cambiar su especialidad: ahora estudiaría química.

También se prometió dejar de fumar cannabis, pero su determinación duró solo tres días antes de que volviera a fumar a diario, escondido en su habitación, tratando de hacerlo en los momentos en que su compañero de habitación —a quien recordaba simplemente como «un tío indio»— estaba ausente.

A mitad de curso, Chris razonó que, dado que había pasado la mayor parte de su tiempo de estudio drogado, debería estar drogado también para sus exámenes parciales. Había leído sobre el «aprendizaje estado-dependiente» en una clase de psicología. Durante el examen, llegó a la segunda pregunta antes de darse cuenta de que no conocía el tema. Se puso de pie y salió, tirando su prueba a una papelera que encontró en su camino.

El día siguiente estaba a bordo de un avión, rumbo a casa.

Dejar Stanford por tercera vez produjo en Chris algo diferente. Se sintió embargado por la desesperanza. Cuando llegó a casa, sentía que no tenía ninguna ambición, ni siquiera la de seguir componiendo música. Comenzó a beber mucho, además de fumar cannabis. Luego probó los opioides por primera vez, algo que resultaba sencillo en Arkansas en 2009, cuando los fabricantes y distribuidores de opioides estaban inyectando millones de analgésicos opioides en el estado. Ese mismo año, los médicos de Arkansas emitieron 116 recetas de opioides por cada 100 personas que vivían allí.[104]

Mientras consumía opioides, todo lo que Chris había estado buscando parecía, de repente, estar a su alcance. Se sentía eufórico, pero ese no fue el detonante. El detonante fue que se sintió conectado.

Comenzó a llamar a familiares y a otras personas que conocía, hablando, compartiendo, haciendo confidencias. Las conexiones parecían reales mientras estaba colocado, pero desaparecían tan pronto como se desvanecía el efecto de los opioides. Aprendió que la intimidad inducida por las drogas no era duradera.

El patrón de uso intermitente de opioides seguía en pie cuando Chris encaró su siguiente —el cuarto— intento de matricularse en Stanford. Cuando regresó, en el otoño de 2009, sus compañeros de pregrado lo marginaron por su edad y su origen. Tenía cinco años más que la mayoría de estudiantes de segundo año.

Lo alojaron en una residencia para estudiantes de posgrado, donde compartió un apartamento de dos habitaciones con un estudiante de posgrado de física de partículas. Tenían poco en común, y se esforzaron por mantenerse a distancia.

Chris adoptó una rutina que giraba en torno al estudio y al consumo de drogas. Había renunciado a la idea de intentar dejar de fumar. Había llegado a pensar en sí mismo como un drogadicto empedernido.

Fumaba cannabis todos los días, solo en su habitación. Todos los viernes por la noche iba a San Francisco, solo, a comprar heroína. Pagaba quince dólares por un chute en la calle, que le producía un subidón que duraba de cinco a quince segundos y un estado de obnubilación que persistía durante horas. Para aliviar el bajón, fumaba más cannabis. A mitad del primer trimestre, vendió su ordenador portátil

---

104. Centersk for Disease Control and Prevention, «U.S. Opioid Prescribing Rate Maps», consultado el 2 de julio de 2020, https://www.cdc.gov/drugoverdose/rxrate-maps/index.html.

para comprar más heroína. Luego vendió su abrigo. Recordaba haber tenido frío mientras vagaba por las calles de la ciudad.

Una vez intentó trabar amistad con dos estudiantes británicos en su clase de lengua. Les dijo que quería hacer una película con ellos. Había comenzado a interesarse por la fotografía y, a veces, deambulaba por el campus tomando fotos. Al principio los estudiantes parecían encantados, pero cuando les contó su idea para la película —filmarlos hablando con acento estadounidense mientras comían— se echaron atrás y lo evitaron a partir de entonces.

—Supongo que siempre he sido raro. Tengo ideas extrañas. Por eso nunca quiero decirle a la gente lo que estoy pensando.

A pesar de todo, Chris fue a clase y obtuvo la máxima calificación (A), salvo en una sola materia en la que le pusieron una B, titulada «Base interpersonal del comportamiento anormal». Se fue a casa por Navidad y no regresó.

En el otoño de 2010, Chris hizo un último intento a medias de matricularse en Stanford. Alquiló una habitación fuera del campus, en Menlo Park, y eligió otra especialidad: biología humana. Unos días después, le robó analgésicos a su casera y le recetaron Ambien, que trituró y se inyectó. Tras cinco meses horribles se fue de Stanford, esta vez sin intenciones de regresar.

De nuevo en la casa de sus padres en Arkansas, Chris pasó sus días drogándose. Se daba un chute por la mañana, y cuando pasaba el efecto se acostaba en su cama, deseando que el tiempo pasara. El bucle parecía interminable y sin escapatoria.

En la primavera de 2011, la policía pilló a Chris robando helado mientras estaba drogado. Le dieron dos alternativas: la cárcel o la rehabilitación. Eligió la rehabilitación. El 1 de abril de 2011, Chris comenzó a tomar un fármaco llamado buprenorfina, más conocido por el nombre comercial Suboxone. Chris le está agradecido a la buprenorfina por salvarle la vida.

Después de dos años de estabilidad gracias al fármaco, Chris decidió hacer un último intento por regresar a Stanford. Una vez allí, en

2013, alquiló una cama en la autocaravana de un anciano chino. Era todo lo que podía pagar. Durante su primer mes en el campus vino a verme en busca de ayuda.

Por supuesto, acepté recetarle buprenorfina.

Tres años más tarde se graduó con honores y obtuvo un doctorado. Resultó que sus ideas «extrañas» eran muy apropiadas para el laboratorio.

En 2017, se casó con su novia. Ella conocía su pasado y entendía por qué tomaba buprenorfina. A veces se lamentaba de su «robótica falta de emoción», en especial su aparente falta de ira en situaciones en las que, según ella, la ira estaba justificada.

Pero básicamente, la vida era buena. Chris ya no se sentía abrumado por el deseo, la rabia y otras emociones intolerables. Pasaba los días en el laboratorio y se apresuraba a ir a casa después del trabajo para ver a su esposa. Poco después estaban esperando a su primer hijo.

Un día de 2019, durante una de nuestras sesiones mensuales, le dije a Chris:

—Lo estás haciendo tan bien, y lo has estado haciendo durante tanto tiempo… ¿Has pensado en intentar dejar de tomar buprenorfina?

Su respuesta fue definitiva.

—No quiero dejar de tomar buprenorfina nunca. Para mí fue como un interruptor de la luz. No solo me impidió consumir heroína. Le dio a mi cuerpo algo que necesitaba, y que no pude encontrar en ningún otro lugar.

¿MEDICAMENTOS PARA RESTAURAR UN EQUILIBRIO DE NIVEL?

He pensado a menudo en lo que Chris dijo ese día, que la buprenorfina le había dado algo que no pudo encontrar en ningún otro lugar.

¿El consumo prolongado de drogas había roto su equilibrio placer-dolor, de modo tal que necesitaría opioides durante el resto de su vida solo para sentirse «normal»? Tal vez el cerebro de algunas personas pierda la plasticidad necesaria para restaurar la homeostasis, incluso después de una abstinencia prolongada. Quizás, incluso después de que los *gremlins* hayan bajado de la balanza, su equilibrio permanezca para siempre inclinado hacia el lado del dolor.

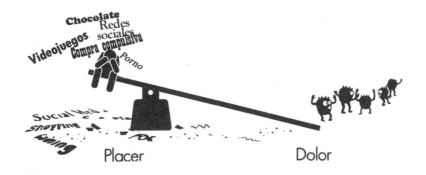

Placer   Dolor

¿Estaría Chris diciendo que los opioides corrigieron un desequilibrio químico con el que nació?

Cuando cursé la carrera de Medicina e hice la residencia en la década de 1990, me enseñaron que las personas con depresión, ansiedad, déficit de atención, distorsiones cognitivas, problemas para dormir, etcétera, tienen cerebros que no funcionan como se supone que deben hacerlo, del mismo modo que las personas con diabetes tienen un páncreas que no segrega suficiente insulina. Mi trabajo, según la teoría, es reemplazar el elemento químico que falta para que la persona pueda funcionar «normalmente». Este mensaje fue ampliamente difundido y agresivamente promovido por la industria farmacéutica, y encontró una audiencia receptiva tanto en médicos como en pacientes consumidores.

O tal vez Chris estaba diciendo una cosa completamente diferente. Quizás la buprenorfina compensaba un déficit que no estaba en su cerebro, sino en el mundo. Tal vez el mundo decepcionó a Chris, y la buprenorfina fue la mejor manera que encontró para adaptarse.

Si el problema estaba en el cerebro de Chris o en el mundo, si fue causado por el uso prolongado de drogas o por un problema congénito, son algunas de las cuestiones que me preocupan cuando se utilizan medicamentos para hacer presión sobre el lado del placer de la balanza.

En primer lugar, cualquier droga que presiona el lado del placer es potencialmente adictiva.

David, el estudiante universitario que se enganchó a los estimulantes recetados, es la prueba viviente de que obtener estimulantes recetados por un médico para tratar una afección diagnosticada no confiere inmunidad ante los problemas de dependencia y adicción. Los estimulantes recetados son el equivalente molecular de la metanfetamina de la calle (tiza, velocidad, manivela, Cristina, no dormir, Scooby Snax). Provocan una oleada de dopamina en la vía de recompensa del cerebro y «tienen un alto potencial de abuso», según la advertencia de la Administración de Alimentos y Medicamentos estadounidense sobre el Adderall.

En segundo lugar, ¿qué pasa si estos fármacos no funcionan realmente como se supone que deben hacerlo, o peor aún, empeoran los síntomas psiquiátricos a largo plazo? Aunque la buprenorfina estaba funcionando para Chris, la evidencia empírica sobre los medicamentos psicotrópicos en general no es sólida,[105] especialmente cuando se toman a largo plazo.

A pesar del incremento sustancial de la financiación destinada a la investigación de medicamentos psiquiátricos[106] como los antidepresivos (Prozac), los ansiolíticos (Xanax) y los hipnóticos (Ambien) en cuatro países de altos recursos —Australia, Canadá, Inglaterra y Estados Unidos—, la prevalencia de trastornos de ansiedad y del estado de ánimo en estos países no ha disminuido de 1990 a 2015. Estos

---

105. Robert Whitaker, *Anatomía de una epidemia: Medicamentos psiquiátricos y el asombroso aumento de las enfermedades mentales*, editorial Capitán Swing S.L., Barcelona, 2015.

106. Anthony F. Jorm, Scott B. Patten, Traolach S. Brugha y Ramin Mojtabai, «Has Increased Provision of Treatment Reduced the Prevalence of Common Mental Disorders? Review of the Evidence from Four Countries», *World Psychiatry* 16, n.º 1, 2017, págs. 90-99, https://doi.org/10.1002/wps.20388.

hallazgos persisten incluso cuando se considera el aumento en los factores de riesgo de enfermedades mentales —como la pobreza y el trauma—, e incluso cuando se estudian enfermedades mentales graves, como la esquizofrenia.

Los pacientes con ansiedad e insomnio que toman benzodiazepinas (Xanax y Klonopin) y otros sedantes-hipnóticos diariamente durante más de un mes pueden experimentar un empeoramiento de la ansiedad y el insomnio.

Los pacientes que padecen dolores y toman opioides a diario durante más de un mes tienen un mayor riesgo no solo de adicción a los opioides, sino también de empeoramiento del dolor. Como he mencionado anteriormente, este proceso se llama hiperalgesia inducida por opioides.[107] Es decir, el dolor empeora con la repetición de las dosis.

Medicamentos como Adderall y Ritalin, recetados para el trastorno por déficit de atención, favorecen la memoria y la atención a corto plazo, pero hay poca o ninguna evidencia de mejora de la cognición compleja a largo plazo, del rendimiento en los estudios o de calificaciones más altas.

Como escribieron la psicóloga de salud pública Gretchen LeFever Watson y sus coautores en *The ADHD Drug Abuse Crisis on American College Campuses*:[108] «Nuevas evidencias convincentes indican que el tratamiento farmacológico del TDAH está asociado con el deterioro del funcionamiento académico y socioemocional».[109]

Los datos recientes muestran que incluso los antidepresivos, que antes se pensaba que «no creaban hábito», pueden conducir a la

---

107. Larry F. Chu, David J. Clark y Martin S. Angst, «Opioid Tolerance and Hyperalgesia in Chronic Pain Patients after One Month of Oral Morphine Therapy: A Preliminary Prospective Study», *Journal of Pain* 7, n.º 1, 2006, págs. 43-48, https://doi.org/10.1016/j.jpain.2005.08.001.

108. *El abuso de drogas para el TDAH (trastorno por déficit de atención con hiperactividad) en los campus universitarios americanos* (N. del t.)

109. Gretchen LeFever Watson, Andrea Powell Arcona y David O. Antonuccio, «The ADHD Drug Abuse Crisis on American College Campuses», *Ethical Human Psychology and Psychiatry* 17, n.º 1, 2015, https://doi.org/10.1891/1559-4343.17.1.5.

tolerancia y la dependencia, y posiblemente incluso empeorar la depresión a largo plazo, un fenómeno llamado «disforia tardía».[110]

Más allá del problema de la adicción y la cuestión de si estas drogas ayudan o no, me atormenta un interrogante más profundo: ¿Qué pasa si tomar drogas psicotrópicas nos hace perder algún aspecto esencial de nuestra humanidad?

En 1993, el psiquiatra Peter Kramer publicó su innovador libro *Escuchando al Prozac*, en el que sostuvo que los antidepresivos hacen que las personas se sientan «mejor que bien».[111] Pero ¿y si Kramer se equivocaba? ¿Qué pasa si en lugar de hacernos estar «mejor que bien», las drogas psicotrópicas nos provocan algo diferente?

He tenido muchos pacientes a lo largo de los años que me han dicho que sus medicamentos psiquiátricos, si bien les ofrecían un alivio a corto plazo de las emociones dolorosas, también limitaban su capacidad para experimentar la gama completa de emociones, en especial aquellas intensas como el dolor y el asombro.

Una paciente que parecía estar bien con los antidepresivos me dijo que los anuncios de los Juegos Olímpicos ya no la conmovían. Se reía al hablar de ello, renunciando alegremente al lado sentimental de su personalidad a cambio del alivio de la depresión y la ansiedad. Pero cuando ni siquiera pudo llorar en el funeral de su propia madre, el equilibrio se rompió. Dejó los antidepresivos, y poco tiempo después su capacidad de sentir emociones se amplió, incluyendo más depresión y ansiedad. Sin embargo, decidió que los bajones valían la pena si el resultado era sentirse humana.

Otra de mis pacientes, que disminuyó gradualmente las altas dosis de OxyContin que había estado tomando durante más de una década para el dolor crónico, regresó a verme meses más tarde, acompañada

---

110. Rif S. El-Mallakh, Yonglin Gao y R. Jeannie Roberts, «Tardive Dysphoria: The Role of Long Term Antidepressant Use inInducing Chronic Depression», *Medical Hypotheses* 76, n.º 6, 2011, págs. 769-773, https://doi.org/10.1016/j.mehy.2011.01.020.

111. Peter D. Kramer, *Escuchando al Prozac*, editorial Seix Barral, Barcelona, 1994.

de su esposo. Fue la primera vez que lo vi; se había cansado de ver médicos con su mujer durante tantos años.

—Mi esposa, cuando tomaba Oxy —me contó— ya no escuchaba música. Ahora que lo ha dejado, ha vuelto a disfrutar de ella. Para mí, es como si hubiera recuperado a la persona con la que me casé.

He tenido mis propias experiencias con la medicación psicotrópica.

Inquieta e irritable desde la niñez, fui para mi madre una niña difícil de criar. Luchó para ayudarme a moderar mi estado de ánimo, mientras se sentía mal consigo misma como madre, o al menos esa es mi interpretación. Ella admite que prefería a mi hermano, dócil y obediente. Yo también lo prefería; de hecho, fue él quien me crio cuando mi madre bajó los brazos, abrumada por la frustración.

A mis veinte años comencé a tomar Prozac para la irritabilidad crónica leve y la ansiedad; el diagnóstico era «depresión atípica». Me sentí mejor inmediatamente. Sobre todo, dejé de plantearme las grandes preguntas: «*¿Cuál es nuestro propósito?*»; «*¿Tenemos libre albedrío?*»; «*¿Por qué sufrimos?*»; «*¿Existe Dios?*». De alguna forma, simplemente seguí adelante.

Además, por primera vez en mi vida, mi madre y yo nos llevábamos bien. A ella le resultaba agradable estar cerca de mí, y yo disfrutaba siendo más agradable. Encajaba mejor con ella.

Cuando algunos años más tarde dejé de tomar Prozac para prepararme para un eventual embarazo, volví a ser la que era: malhumorada, discutidora, inquieta. Casi de inmediato, mi madre y yo volvimos a estar en desacuerdo. El aire de la habitación parecía chisporrotear cuando estábamos en ella.

Ahora, décadas más tarde, nuestra relación es un poco mejor. Cuanto menos interactuamos, mejor estamos. Me entristece, porque quiero a mi madre y sé que ella me quiere.

Pero no me arrepiento de haber dejado el Prozac. Mi personalidad sin tomar Prozac, aunque no combina bien con la de mi madre, me ha permitido hacer cosas que de otro modo nunca hubiera hecho.

Hoy, finalmente me he aceptado como soy: escéptica, un tanto ansiosa y levemente deprimida. Soy una persona que necesita fricción, desafíos, algo por lo que trabajar o contra lo que luchar. No me amoldo para adaptarme al mundo. ¿Por qué debería cualquiera de nosotros hacerlo?

Al medicarnos para adaptarnos al mundo, ¿con qué clase de mundo nos estamos conformando? Con el pretexto de tratar el dolor y las enfermedades mentales, ¿no estaremos haciendo que amplios sectores de la población se tornen bioquímicamente indiferentes a situaciones intolerables? Peor aún, ¿se han convertido los medicamentos psicotrópicos en un medio de control social, en particular de control de los pobres, desempleados y marginados?

Los medicamentos psiquiátricos se recetan con mayor frecuencia y en mayores cantidades a las personas pobres, sobre todo a los niños pobres.

Según los datos de 2011 de la Encuesta Nacional de Salud del Centro Nacional de Estadísticas de Salud del CDC,[112] el 7,5 % de los niños estadounidenses[113] de edades comprendidas entre los seis y los diecisiete años había tomado un medicamento recetado para tratar «dificultades emocionales y de comportamiento». Los niños pobres tenían más probabilidades de tomar medicamentos psiquiátricos que los que no vivían en la pobreza (9,2 % contra 6,6 %). Los niños resultaron más propensos que las niñas a recibir medicamentos, y los blancos no hispanos más propensos a recibir medicación que las personas de color.

Según la extrapolación de los datos de Medicaid —un seguro médico financiado por el gobierno federal para las personas más pobres y vulnerables— del estado de Georgia al resto de la nación, hasta diez

---

112. Center of Disease Control (Centro de Control de Enfermedades). (N. del t.)

113. Lajeana D. Howie, Patricia N. Pastor y Susan L. Lukacs, «Use of Medication Prescribed for Emotional or Behavioral Difficulties among Children Aged 6-17 Years in the United States, 2011-2012», *Health Care in the United States: Developments and Considerations* 5, n.º 148, 2015, págs. 25-35.

mil niños pequeños[114] podrían estar recibiendo medicamentos psico-estimulantes como el Ritalin.

Como escribió el psiquiatra Ed Levin con respecto al problema del sobrediagnóstico y la sobremedicación de los jóvenes estadounidenses, especialmente entre los pobres: «Si bien la tendencia a la ira involucra, como todo comportamiento, algo de biología, puede reflejar de forma más significativa la reacción del paciente al trato desagradable e inhumano».[115]

Este fenómeno no se limita a Estados Unidos.

Un estudio realizado en Suecia a nivel nacional analizó las tasas de prescripción de diferentes fármacos psiquiátricos basándose en los índices de lo que se denominan «privaciones de barrio» (índice de educación, ingresos, desempleo y asistencia social). Para cada clase de medicación psiquiátrica encontraron que el número de prescripciones aumentaba a medida que disminuía el nivel socioeconómico del vecindario. La conclusión: «Estos hallazgos sugieren que las privaciones de barrio están asociadas con la prescripción de medicamentos psiquiátricos».[116]

Los opioides también se recetan de manera desproporcionada a los pobres.

Según el Departamento de Salud y Servicios Humanos de Estados Unidos, «la pobreza, las tasas de desempleo y la relación empleo-población están estrechamente correlacionadas con la prevalencia de opioides recetados y con las medidas acerca del uso de drogas. De

---

114. Alan Schwarz, «Thousands of Toddlers Are Medicated for A.D.H.D., Report Finds, Raising Worries», *New York Times*, 16 de mayo de 2014.

115. Edmund C. Levin, «The Challenges of Treating Developmental Trauma Disorder in a Residential Agency for Youth», *Journal of the American Academy of Psychoanalysis and Dynamic Psychiatry* 37, n.º 3, 2009, págs. 519-538, https://doi.org/10.1521/jaap.2009.37.3.519.

116. Casey Crump, Kristina Sundquist, Jan Sundquist y Marilyn A. Winkleby, «Neighborhood Deprivation and Psychiatric Medication Prescription: A Swedish National Multilevel Study», *Annals of Epidemiology* 21, n.º 4, 2011, págs. 231-237, https://doi.org/10.1016/j.annepidem.2011.01.005.

promedio, los condados con peores perspectivas económicas tienen más probabilidades de tener tasas más altas de prescripciones de opioides, hospitalizaciones relacionadas con opioides y muertes por sobredosis de drogas».[117]

A los estadounidenses que tienen Medicaid se les receta el doble de analgésicos opioides que a los pacientes que no tienen Medicaid. Los pacientes de Medicaid mueren a causa de los opioides[118] en un porcentaje de tres a seis veces mayor que el de los pacientes que no tienen ese seguro.

Incluso un tratamiento de mantenimiento con buprenorfina (BMT), como el que le receté a Chris para tratar su adicción a los opioides, podría constituir una forma de «abandono clínico» si no se abordan, al mismo tiempo, los factores psicosociales que afectan a la salud. Como escribieron Alexandrea Hatcher y sus colegas en la revista *Substance Use and Misuse*: «Si no se atienden las necesidades básicas de los pacientes que carecen de privilegios de raza y clase, el TMB (tratamiento de mantenimiento con buprenorfina) como único tratamiento, en lugar de ser liberador, puede convertirse en una forma de negligencia institucional e incluso de violencia estructural, en la medida en que dicha atención sea necesaria para su recuperación».[119]

La película de ciencia ficción *Serenity* (2005), dirigida por Joss Whedon, imagina un mundo futuro en el que los líderes nacionales

117. Robin Ghertner y Lincoln Groves, «The Opioid Crisis and Economic Opportunity: Geographic and Economic Trends», ASPE Research Brief from the U.S. Department of Health and Human Services, 2018, https://aspe.hhs.gov/system/files/pdf/259261/ASPEEconomicOpportunityOpioidCrisis.pdf.

118. Mark J. Sharp y Thomas A. Melnik, «Poisoning Deaths Involving Opioid Analgesics—New York State, 2003-2012», *Morbidity and Mortality Weekly Report* 64, n.º 14, 2014, págs. 377-380; P. Coolen, S. Best, A. Lima, J. Sabel, y L. J. Paulozzi, "Overdose Deaths Involving Prescription Opioids among Medicaid Enrollees—Washington, 2004-2007", *Morbidity and Mortality Weekly Report* 58, n.º 42, 2009, págs. 1171-1175.

119. Alexandrea E. Hatcher, Sonia Mendoza y Helena Hansen, «At the Expense of a Life: Race, Class, and the Meaning of Buprenorphine in Pharmaceuticalized 'Care,'», *Substance Use and Misuse* 53, n.º 2, 2018, págs. 301-310, https://doi.org/10.1080/10826084.2017.1385633.

llevan a cabo un gran experimento: vacunan a la población de un planeta entero contra la codicia, la tristeza, la ansiedad, la ira y la desesperación, con la esperanza de lograr una civilización de paz y armonía.

Mal, el héroe de la película, piloto rebelde y capitán de la nave espacial *Serenity*, viaja con su tripulación al planeta para explorarlo. En lugar de un Shangri-La, se encuentra con cadáveres, sin evidencias de la causa de muerte. Todos en el planeta están muertos en reposo: acostados en sus camas, recostados en sus sofás, desplomados sobre sus escritorios. Mal y su equipo finalmente descubren la causa: una mutación genética los privó de la capacidad de sentir hambre de cualquier cosa.

Al igual que las ratas con poca dopamina del mundo real, que se mueren de hambre en lugar de arrastrarse unos centímetros hasta su comida, estos humanos habían muerto por falta de deseo.

* * *

Por favor, no me malinterpreten. Estos medicamentos pueden salvar vidas y estoy agradecida por contar con ellos en la práctica clínica. Pero medicar todo tipo de sufrimiento humano tiene un coste y, como veremos, hay un camino alternativo que podría funcionar mejor: abrazar el dolor.

PARTE III
La búsqueda del dolor

7

Presionar sobre el lado del dolor

Michael se sentó relajadamente frente a mí, con sus vaqueros y una camiseta. Guapo como un niño, dueño de un encanto sin esfuerzo, dotado de un atractivo natural que era tanto un don como una carga.

—Soy adicto a la atención —declaró—. Cualquiera de mis amigos te lo confirmará.

La vida de Michael había sido, en un tiempo, un cuento de hadas de Silicon Valley. Tras graduarse en la universidad, ganó millones en el negocio inmobiliario. A los treinta y cinco años era fabulosamente rico, envidiablemente guapo y estaba felizmente casado con la mujer que amaba.

Pero tenía otra vida que pronto echaría a perder todo aquello por lo que había trabajado.

—Siempre he sido un tipo energético, a la búsqueda de cualquier cosa que me estimule. La cocaína era algo obvio, aunque el alcohol también servía... La cocaína me brindaba un subidón de euforia y mucha energía, desde la primera vez que la probé. Me dije a mí mismo que sería esa clase de persona que puede consumir cocaína de forma recreativa, sin meterse en problemas. En ese momento, realmente estaba convencido —hizo una pausa y sonrió—. Debería de haberlo sabido. Cuando mi esposa me dijo que enfrentarme a mi adicción sería la única forma de salvar nuestro matrimonio, no lo dudé.

Yo la quería. Quería que siguiéramos juntos. La recuperación era la única opción.

Renunciar a la droga, para Michael, no fue la parte difícil. Lo difícil fue pensar en qué hacer a continuación. Cuando dejó de consumir se sintió inundado por todas las emociones negativas que había estado enmascarando con las drogas. Cuando no se sentía triste, enojado y avergonzado, no sentía nada en absoluto, lo que posiblemente fuera peor. Luego se encontró con algo que le dio esperanza.

—La primera vez que sucedió —me dijo— fue por accidente. Me levantaba por las mañanas para tomar lecciones de tenis... una forma de distraerme en los primeros días de abstinencia. Pero una hora después de jugar al tenis y ducharme, todavía seguía sudando. Se lo comenté a mi entrenador, y me sugirió que probara con una ducha fría. La ducha fría fue un poco desagradable, pero solo por unos segundos, hasta que mi cuerpo se acostumbró. Cuando salí, me sentí sorprendentemente bien, como si me hubiera tomado una excelente taza de café.

»Durante las dos semanas siguientes comencé a notar que mi estado de ánimo mejoraba después de cada ducha fría. Investigué en Internet sobre la terapia de agua fría y encontré una comunidad de personas que tomaban baños de hielo. Me parecía un poco loco, pero estaba desesperado. Siguiendo sus indicaciones, pasé de las duchas frías a llenar mi bañera con agua fría y a sumergirme en ella. Eso funcionó aún mejor, así que subí la apuesta y agregué hielo al agua de la bañera para bajar todavía más la temperatura. Al final, podía bajar la temperatura hasta unos doce o trece grados.

»Entré en una rutina en la que me sumergía en agua helada de cinco a diez minutos todas las mañanas, y otra vez justo antes de acostarme. Lo hice todos los días durante los siguientes tres años. Fue clave para mi recuperación.

—¿Cómo se siente uno al sumergirse en agua fría? —le pregunté, intrigada. Tengo aversión al agua fría, y no puedo tolerar temperaturas tan bajas ni unos pocos segundos.

—Durante los primeros cinco a diez segundos es como si mi cuerpo gritara: «¡Para, te estás matando!». Es así de doloroso.

—Me lo puedo imaginar.

—Pero me digo a mí mismo que el tiempo es limitado, y que vale la pena. Después del shock inicial, mi piel se entumece. Inmediatamente después de salir, tengo un subidón. Es exactamente como una droga... es como recuerdo el éxtasis. Increíble. Me siento estupendamente durante horas.

* * *

Durante la mayor parte de la historia de la humanidad, la gente se ha bañado en agua fría. Solo aquellos que vivían cerca de una fuente termal natural podían disfrutar regularmente de un baño caliente. No es de extrañar que la gente, en ese entonces, estuviera más tiempo sucia.

Los antiguos griegos desarrollaron un sistema de calefacción para baños públicos, pero continuaron abogando por el uso de agua fría para tratar una variedad de dolencias. En la década de 1920, un agricultor alemán llamado Vincenz Priessnitz promovió el uso de agua helada para curar todo tipo de trastornos físicos y psicológicos. Llegó a convertir su casa en un sanatorio para el tratamiento con agua helada.

Desde el advenimiento de la fontanería y la calefacción modernas, los baños calientes y las duchas se convirtieron en la norma, aunque últimamente la inmersión en agua helada ha vuelto a ser popular.

Los atletas de resistencia afirman que acelera la recuperación muscular. La ducha escocesa —también llamada «ducha James Bond», porque el personaje de las novelas de Ian Fleming la practicaba—, se ha popularizado recientemente, y consiste en terminar una ducha caliente con al menos un minuto de ducha fría.

Los gurús de la inmersión en agua helada —como el holandés Wim Hof— se han convertido en celebridades por derecho propio, por su capacidad para sumergirse durante horas en agua a temperaturas casi bajo cero.

Los científicos de la Universidad Charles, de Praga, llevaron a cabo un experimento que describieron en el *European Journal of Applied Physiology*. Diez hombres se ofrecieron como voluntarios para sumergirse (con la cabeza fuera) en agua fría (a 14 °C) durante una hora.[120]

Tras analizar muestras de sangre, los investigadores demostraron que las concentraciones de dopamina en plasma habían aumentado en un 250% y las de norepinefrina en un 530% como resultado de la inmersión en agua fría.

La dopamina aumentó de manera constante y gradual durante el transcurso del baño frío, y permaneció elevada durante una hora después. La norepinefrina aumentó vertiginosamente en los primeros treinta minutos, se estabilizó en los últimos treinta y disminuyó aproximadamente un tercio en la hora siguiente, pero se mantuvo elevada por encima de la línea de base, incluso en la segunda hora después del baño. Los niveles de dopamina y norepinefrina perduraron mucho más allá del estímulo doloroso, lo que explica la afirmación de Michael: «Inmediatamente después de salir, me siento genial durante horas».

Otros estudios que examinan los efectos cerebrales de la inmersión en agua fría en humanos y animales muestran elevaciones similares en los neurotransmisores monoamínicos —dopamina, norepinefrina, serotonina—, los mismos que regulan el placer, la motivación, el estado de ánimo, el apetito, el sueño y el estado de alerta.

Más allá de los neurotransmisores, se ha demostrado que el frío extremo en los animales promueve el crecimiento neuronal, lo que es aún más notable, dado que se sabe que las neuronas alteran su

---

120. Petr Šrámek, Marie Šimečková, Ladislav Janský, Jarmila Šavlíková y Stanislav Vybíral, «Human Physiological Responses to Immersion into Water of Different Temperatures», *European Journal of Applied Physiology* 81, 2000, págs. 436-442, https://doi.org/10.1007/s004210050065.

microestructura únicamente en respuesta a un puñado de circunstancias.

Christina G. von der Ohe y sus colegas estudiaron el cerebro de las ardillas terrestres en hibernación.[121] Durante la misma, tanto la temperatura corporal como la cerebral descienden entre 0,5 y 3 ºC. A temperaturas bajo cero, las neuronas de las ardillas terrestres que hibernan parecen árboles delgados y con pocas ramas (dendritas) e incluso menos hojas (microdendritas).

Sin embargo, a medida que la ardilla que hiberna se calienta, las neuronas experimentan un rebrote notable, como un bosque caducifolio en pleno apogeo primaveral. Este rebrote ocurre rápidamente, rivalizando con el tipo de plasticidad neuronal que solo se observa en el desarrollo embrionario.

Los autores del estudio escribieron sobre sus hallazgos: «Los cambios estructurales que hemos descubierto en el cerebro del hibernador están entre los más dramáticos que se encuentran en la naturaleza [...] Mientras el alargamiento dendrítico puede alcanzar 114 micrómetros por día en el hipocampo del embrión de un mono Rhesus en desarrollo, los hibernadores adultos exhiben cambios similares en solo dos horas».

* * *

El descubrimiento accidental de Michael de los beneficios de la inmersión en agua helada es un ejemplo de cómo la presión sobre el lado del dolor de la balanza puede conducir a su opuesto: el placer. A diferencia de la dopamina que resulta de la presión sobre el lado del placer, la dopamina que proviene del dolor es indirecta, y potencialmente más duradera. ¿Cómo funciona esto?

---

121. Christina G. von der Ohe, Corinna Darian-Smith, Craig C. Garner y H. Craig Heller, «Ubiquitous and Temperature-Dependent Neural Plasticity in Hibernators», *Journal of Neuroscience* 26, n.º 41, 2006, págs. 10.590-10.598, https://www.doi.org/10.1523/JNEUROSCI.2874-06.2006.

El dolor conduce al placer al activar los mecanismos de regulación homeostática del cuerpo. En este caso, el estímulo de dolor inicial hace saltar a los *gremlins* que estaban del lado del placer de la balanza.

Placer   Dolor

El placer que sentimos es la respuesta fisiológica, natural y refleja ante el dolor. A Martín Lutero, la mortificación de la carne a través del ayuno y la autoflagelación pudieron haberlo dejado un poco drogado, aunque fuera por razones religiosas.

Con la exposición intermitente al dolor, nuestro punto de ajuste hedónico natural se inclina hacia el lado del placer, de modo que con el tiempo nos volvemos menos vulnerables al dolor y más capaces de sentir placer.

Placer   Dolor

A finales de la década de 1960, los científicos llevaron a cabo una serie de experimentos con perros[122] que, debido a su evidente crueldad, hoy no se permitirían. Sin embargo, proporcionaron información importante sobre la homeostasis cerebral (o nivelación del equilibrio).

Después de conectar las patas traseras del perro a una corriente eléctrica, los investigadores observaron que «el animal parecía estar aterrorizado durante las primeras sacudidas. Chillaba y se agitaba, con las pupilas dilatadas, los ojos muy abiertos, el pelo erizado, las orejas hacia atrás y la cola enroscada entre las patas. Se observaron defecación y micción expulsivas, junto con muchas otras señales de intensa actividad del sistema nervioso autónomo».

Después de la primera descarga, cuando el perro fue liberado del arnés, «se movía lentamente por la habitación, se lo veía desconfiado, vacilante y hostil». Durante esta primera descarga, la frecuencia cardíaca aumentó a 150 latidos por minuto, por encima de la línea de base en reposo. Cuando cesó la descarga eléctrica, la frecuencia cardíaca se redujo a 30 latidos por debajo de la línea de base durante un minuto completo.

Con las descargas eléctricas posteriores, «su comportamiento cambió de forma gradual. Desaparecieron las señales de terror durante las descargas. El animal parecía dolorido, molesto o ansioso, pero no aterrorizado. Gimió en lugar de chillar, y no mostró más ganas de orinar, defecar o luchar. Luego, al soltarlo repentinamente al final de la sesión, el perro corrió, saltó sobre las personas y

122. Russell M. Church, Vincent LoLordo, J. Bruce Overmier, Richard L. Solomon y Lucille H. Turner, «Cardiac Responses to Shock in Curarized Dogs: Effects of Shock Intensity and Duration, Warning Signal, and Prior Experience with Shock», *Journal of Comparative and Physiological Psychology* 62, n.º 1, 1966, págs. 1-7, https://doi.org/10.1037/h0023476; Aaron H. Katcher, Richard L. Solomon, Lucille H. Turner, Vincent LoLordo, J. Bruce Overmier y Robert A. Rescorla, «Heart Rate and Blood Pressure Responses to Signaled and Unsignaled Shocks: Effects of Cardiac Sympathectomy», *Journal of Comparative and Physiological Psychology* 68, n.º 2, 1969, págs. 163-174; Richard L. Solomon y John D. Corbit, «An Opponent-Process Theory of Motivation», *American Economic Review* 68, n.º 6, 1978, págs. 12-24.

movió la cola, en lo que en ese momento llamamos «un ataque de alegría».

Con las descargas posteriores, la frecuencia cardíaca del perro aumentó solo ligeramente por encima de la línea de base en reposo, y luego solo durante unos segundos. Al cesar la descarga, la frecuencia cardíaca se redujo de forma notable, a 60 latidos por minuto por debajo de la línea de base en reposo, el doble que la primera vez. Se necesitaron cinco minutos completos para que la frecuencia cardíaca volviera a la línea de base en reposo.

Con la exposición repetida a un estímulo doloroso, el estado de ánimo y la frecuencia cardíaca del perro se fueron adaptando. La respuesta inicial (dolor) se hizo más corta y más débil. La respuesta posterior (placer) fue más larga y más intensa. El dolor se convirtió en hipervigilancia, y luego en un «ataque de alegría». La frecuencia cardíaca elevada, consistente en una reacción de lucha o huida, se convirtió en una elevación de frecuencia cardíaca mínima seguida de bradicardia prolongada (una frecuencia cardíaca más lenta que se observa en estados de relajación profunda).

No es posible leer acerca de este experimento sin sentir pena por los animales sometidos a esta tortura. Sin embargo, el llamado «ataque de alegría» sugiere una posibilidad interesante: al presionar sobre el lado del dolor de la balanza, ¿podríamos lograr una fuente de placer más duradera?

Esta idea no es nueva. Los filósofos de la Antigüedad observaron un fenómeno similar. Sócrates reflexionó sobre la relación entre el dolor y el placer hace más de dos mil años:

> ¡Qué extraño resulta esto que los hombres llaman placer! ¡Y qué curiosa relación con lo que se cree que es su opuesto, el dolor! Los dos nunca se encontrarán juntos en una misma persona y, sin embargo, si buscas al uno y lo obtienes, casi siempre encontrarás también al otro, como si ambos estuvieran unidos a la misma cabeza... Dondequiera que se encuentre

uno, el otro le sigue detrás. En mi caso, entonces, dado que sentía dolor en la pierna como resultado de los grilletes, el placer parece haber llegado tras él.[123]

La cardióloga estadounidense Helen Taussig publicó en 1969 un artículo en *American Scientist* en el que describía las experiencias de personas alcanzadas por un rayo que vivieron para contarlo: «El hijo de mi vecino fue alcanzado por un rayo cuando regresaba de un campo de golf.[124] Fue arrojado al suelo. Sus pantalones cortos quedaron hechos jirones y tenía quemaduras en los muslos. Cuando su compañero lo sentó, él gritó: «¡Estoy muerto, estoy muerto!». Tenía las piernas azules y entumecidas, y no podía moverse. Sin embargo, cuando llegó al hospital más cercano estaba eufórico. Su pulso era muy lento». Este relato recuerda el «ataque de alegría» del perro, incluso por el pulso más lento.

Todos hemos experimentado alguna versión del dolor dando paso al placer. Tal vez, como Sócrates, hemos notado un mejor estado de ánimo después de un período de enfermedad, hemos sentido la euforia de un corredor después de una carrera, o hemos experimentado un placer inexplicable viendo una película de terror. Así como el dolor es el precio que pagamos por el placer, también el placer es nuestra recompensa por el dolor.

LA CIENCIA DE LA HORMESIS

La hormesis es una rama de la ciencia que estudia los efectos beneficiosos de administrar dosis pequeñas o moderadas de estímulos perjudiciales y/o

---

123. R.S. Bluck, *Plato's* Phaedo: *A Translation of Plato's* Phaedo, Routledge, Londres, 2014), https://www.google.com/books/edition/Plato_s_Phaedo/7FzXAwAAQBAJ?hl=es&g bpv=1&dq=%22how+strange+would+appear+to+be+this+thing+that+men+call+pleasure%22 &pg= PA41&printsec=frontcover.

124. Helen B. Taussig, «"Death" from Lightning and the Possibility of Living Agin», *American Scientist* 57, n.º 3, 1969, págs. 306-316.

dolorosos, como frío, calor, cambios gravitacionales, radiación, restricciones alimentarias y ejercicio físico. La palabra hormesis proviene del griego antiguo *hormáein*: poner en movimiento, impulsar, urgir.

Edward J. Calabrese, toxicólogo estadounidense y líder en el campo de la hormesis, describe este fenómeno como las «respuestas adaptativas de los sistemas biológicos a los desafíos ambientales moderados o autoimpuestos,[125] a través de las cuales el sistema mejora su funcionalidad y/o tolerancia a desafíos más severos».

Los gusanos expuestos a temperaturas superiores[126] a sus 20 °C preferidos (35 °C durante dos horas) vivieron un 25 % más y tenían un 25 % más de probabilidades de sobrevivir a las altas temperaturas posteriores que los gusanos no expuestos. Pero el calor excesivo resultó no ser bueno. Cuatro horas de exposición al calor en lugar de dos redujeron la tolerancia posterior al calor, e incluso redujeron la expectativa de vida en un 25 %.

Unas moscas de la fruta que se centrifugaron[127] durante un período de entre dos y cuatro semanas no solo sobrevivieron a las moscas que no habían sido centrifugadas, sino que también resultaron más ágiles en su edad avanzada, además de capaces de volar más alto y durante más tiempo que sus congéneres no expuestas a la centrifugación. En cambio, las moscas que fueron centrifugadas durante más tiempo (más de cuatro semanas) no prosperaron.

---

125. Edward J. Calabrese y Mark P. Mattson, «How Does Hormesis Impact Biology, Toxicology, and Medicine?», *npj Aging and Mechanisms of Disease* 3, n.º 13, 2017, https://doi.org/10.1038/s41514-017-0013-z

126. James R. Cypser, Pat Tedesco y Thomas E. Johnson, «Hormesis and Aging in *Caenorhabditis Elegans*», *Experimental Gerontology* 41, n.º 10, 2006, págs. 935-939, https://doi.org/10.1016/j.exger.2006.09.004.

127. Nadège Minois, «The Hormetic Effects of Hypergravity on Longevity and Aging», *Dose-Response* 4, n.º 2, 2006, https://www.doi.org/10.2203/dose-response.05-008.Minois. Cuando leí este estudio, imaginé lo que sería pasar de dos a cuatro semanas en un Gravitron en mi parque de diversiones local: un gran barril en posición vertical que gira a 33 revoluciones por minuto, creando un efecto centrífugo equivalente a casi 3 g (de gravedad) antes de que el piso se caiga. Dado que el promedio de vida de la mosca de la fruta es de cincuenta días, esto equivale a más de cincuenta años humanos en el Gravitron. ¡Esas pobres moscas!

Entre los ciudadanos japoneses que vivían fuera del epicentro del ataque nuclear de 1945, aquellos que resultaron expuestos a dosis bajas de radiación habrían tenido una esperanza de vida ligeramente más larga y tasas más bajas de cáncer en comparación con las personas no irradiadas. De los que vivían en las inmediaciones de la explosión atómica, aproximadamente doscientos mil murieron de forma instantánea.

Los autores de la investigación concluyeron que «la estimulación a dosis bajas del mecanismo de reparación de daños en el ADN, la eliminación de células anormales mediante la estimulación de la apoptosis (muerte celular) y la eliminación de células cancerosas mediante la estimulación de la inmunidad anticáncer»[128] están en el centro de los efectos beneficiosos de la hormesis por radiación.

Tengamos en cuenta que estos hallazgos son controvertidos[129] y que han sido cuestionados en un artículo de seguimiento publicado en la prestigiosa revista *Lancet*.

El ayuno intermitente y la restricción calórica prolongaron la expectativa de vida[130] y aumentaron la resistencia a las enfermedades relacionadas con la edad en roedores y monos; además, redujeron la presión arterial y aumentaron la variabilidad de la frecuencia cardíaca.

El ayuno intermitente se ha popularizado como una forma de perder peso y mejorar el bienestar. Los algoritmos del ayuno incluyen variantes como el ayuno en días alternos, el ayuno de un día por semana, el ayuno hasta la novena hora, el ayuno de una comida por día

---

128. Shizuyo Sutou, «Low-Dose Radiation from A-Bombs Elongated Lifespan and Reduced Cancer Mortality Relative to Un-Irradiated Individuals», *Genes and Environment* 40, n.º. 26, 2018, https://www.doi.org/10.1186/s41021-018-0114-3.

129. John B. Cologne y Dale L. Preston, «Longevity of Atomic-Bomb Survivors», *Lancet* 356, n.º 9226, 22 de julio de 2000, págs. 303-307, https://doi.org/10.1016/S01406736(00)02506X.

130. Mark P. Mattson y Ruiqian Wan, «Beneficial Effects of Intermittent Fasting and Caloric Restriction on the Cardiovascular and Cerebrovascular Systems», *Journal of Nutritional Biochemistry* 16, n.º 3, 2005, págs. 129-137, https://doi.org/10.1016/j.jnutbio.2004.12.007.

o el ayuno 16/8 (ayunar durante dieciséis horas cada día, y comer dentro de la ventana de otras ocho horas).

El presentador de programas de entrevistas a celebridades Jimmy Kimmel, que practica el ayuno intermitente, relata: «Algo que he estado haciendo durante un par de años es pasar hambre dos días a la semana...[131] Los lunes y los jueves como menos de quinientas calorías al día, y luego engullo como un cerdo durante los restantes cinco días. De esta forma «sorprendes» al cuerpo, lo mantienes en la incertidumbre».

No hace mucho, estas modalidades de ayuno podrían haber sido etiquetadas como «trastorno alimentario». Ingerir demasiado pocas calorías es perjudicial por razones obvias. Pero en algunos círculos, hoy en día el ayuno se considera normal e incluso saludable.

* * *

¿Y qué ocurre con el ejercicio?

En lo inmediato, el ejercicio físico es tóxico para las células; provoca un aumento de la temperatura, la aparición de oxidantes nocivos y la privación de oxígeno y de glucosa. Sin embargo, las evidencias son abrumadoras: el ejercicio promueve la salud, y su ausencia —especialmente si está combinada con una alimentación sedentaria crónica (es decir, comer demasiado durante todo el día)— es fatal.

El ejercicio incrementa los niveles de muchos de los neurotransmisores[132] implicados en el mantenimiento de un estado de ánimo positivo: dopamina, serotonina, noradrenalina, epinefrina, endocannabinoides y péptidos opioides endógenos (endorfinas). El ejercicio contribuye al nacimiento de nuevas neuronas y al mantenimiento de

---

131. Aly Weisman y Kristen Griffin, «Jimmy Kimmel Lost a Ton of Weight on This Radical Diet», *Business Insider*, 9 de enero de 2016.

132. Anna Lembke y Amer Raheemullah, «Addiction and Exercise», en *Lifestyle Psychiatry: Using Exercise, Diet and Mindfulness to Manage Psychiatric Disorders*, editado por Doug Noordsy, American Psychiatric Publishing, Washington DC, 2019.

las células gliales. Hacer ejercicio, además, reduce la probabilidad de consumir drogas y volverse adicto a ellas.

Cuando se proveyó a un grupo de ratas de laboratorio de una rueda para correr seis semanas antes de darles libre acceso a la cocaína, empezaron a consumirla más tarde y lo hicieron con menos frecuencia que las ratas que no habían tenido un entrenamiento previo con la rueda. Este hallazgo se ha replicado utilizando heroína, metanfetamina y alcohol. Incluso cuando el ejercicio no es voluntario sino forzado, se verifica una reducción del consumo voluntario de drogas.

En los seres humanos, los altos niveles de actividad física en la escuela primaria, secundaria y en la edad adulta temprana propician niveles más bajos de consumo de drogas. También se ha demostrado que el ejercicio ayuda a los que ya son adictos a dejar o reducir el consumo.

Se ha comprobado la importancia de la dopamina para los circuitos motores en cada filo[133] animal en el que se ha investigado. El nematelminto *C. elegans*, que es un gusano y uno de los animales de laboratorio más simples, libera dopamina en respuesta a estímulos ambientales que indican la abundancia local de alimentos. El ya conocido papel de la dopamina en el movimiento físico[134] está relacionado con su papel en la motivación: para obtener el objeto de nuestro deseo, debemos ir a buscarlo.

Por supuesto, el fácil acceso a los estimulantes de la dopamina en la actualidad no requiere que nos levantemos del sofá. Según informes de encuestas, el estadounidense típico de hoy pasa la mitad de sus horas de vigilia sentado,[135] un 50 % más que hace cincuenta años. Los

---

133. Categoría taxonómica fundamental de la clasificación biológica. (N. del t.)

134. Daniel T. Omura, Damon A. Clark, Aravinthan D. T. Samuel y H. Robert Horvitz, «Dopamine Signaling Is Essential for Precise Rates of Locomotion by *C. Elegans*», *PLOS ONE* 7, n.º 6, 2012, https://doi.org/10.1371/journal.pone.0038649.

135. Shu W. Ng y Barry M. Popkin, «Time Use and Physical Activity: A Shift Away from Movement across the Globe», *Obesity Reviews* 13, n.º 8, agosto de 2012, págs. 659-680, https://doi.org/10.1111/j.1467789X.2011.00982.x.

datos de otras naciones ricas de todo el mundo son similares. Cuando se considera que evolucionamos para poder dejar de recorrer decenas de kilómetros diarios[136] para competir por un suministro limitado de alimentos, los efectos adversos de nuestro estilo de vida sedentario son devastadores.

A veces me pregunto si nuestra inclinación moderna por convertirnos en adictos se debe en parte a la forma que tienen las drogas de recordarnos que todavía tenemos un cuerpo. Los videojuegos más populares nos ofrecen avatares que corren, saltan, trepan, disparan y vuelan. El móvil nos obliga a pasar páginas y hacer clic en las pantallas, explotando hábilmente nuestros antiguos hábitos de movimiento repetitivo, posiblemente adquiridos a través de siglos de moler trigo y recoger bayas. Nuestra preocupación contemporánea por el sexo puede deberse a que es la última actividad física que todavía se practica de forma generalizada.

Una clave para el bienestar consiste en levantarnos del sofá y mover nuestros cuerpos reales, no los virtuales. Como les digo a mis pacientes, simplemente caminar por su barrio durante treinta minutos al día puede marcar la diferencia. La evidencia es indiscutible: el ejercicio tiene un efecto positivo más profundo y sostenido sobre el estado de ánimo, la ansiedad, la cognición, la energía y el sueño que cualquier píldora que yo les pueda recetar.[137]

* * *

Pero buscar el dolor es más difícil que buscar el placer. Va en contra de nuestro reflejo innato de evitar el dolor y perseguir el placer. Nos

136. Mark P. Mattson, «Energy Intake and Exercise as Determinants of Brain Health and Vulnerability to Injury and Disease», *Cell Metabolism* 16, n.º 6, 2012, págs. 706-722, https://doi.org/10.1016/j.cmet.2012.08.012.

137. B. K. Pedersen y B. Saltin, «Exercise as Medicine—Evidence for Prescribing Exercise as Therapy in 26 Different Chronic Diseases», *Scandinavian Journal of Medicine and Science in Sports* 25, n.º S3, 2015, págs. 1-72.

exige una mayor carga cognitiva: tenemos que *recordar* que sentiremos placer después del dolor, y somos notablemente amnésicos en este tipo de asuntos. Sé que tengo que volver a aprender las lecciones del dolor todas las mañanas, mientras me obligo a levantarme de la cama y hacer ejercicio.

Buscar el dolor en lugar del placer también es contracultural, porque va en contra de todas las incitaciones al bienestar que impregnan tantos aspectos de la vida actual. Buda enseñaba a encontrar el camino medio entre el dolor y el placer, pero incluso el camino medio ha sido adulterado por la «tiranía de la conveniencia».[138]

Sin embargo, debemos buscar el dolor e invitarlo a nuestra vida.

DOLOR PARA TRATAR EL DOLOR

La aplicación intencional de dolor para tratar el dolor ha existido desde al menos los tiempos de Hipócrates, quien escribió en sus *Aforismos* en el año 400 a. C.: «De dos dolores que ocurren juntos, aunque no en la misma parte del cuerpo, el más fuerte debilita al otro».[139]

La historia de la medicina está repleta de ejemplos del uso de estímulos dolorosos o dañinos para tratar el dolor. Los remedios dolorosos, denominados en ocasiones «terapias heroicas» —ventosas, ampollas, cauterización, moxibustión—, se utilizaban de forma generalizada antes de 1900. Su popularidad comenzó a declinar en el siglo XX, cuando la profesión médica descubrió la terapia con medicamentos.

Con el advenimiento de la farmacoterapia, el dolor como recurso para tratar el dolor pasó a ser visto como una especie de charlatanería. Pero a medida que las limitaciones y los daños de la farmacoterapia

---

138. Tim Wu, «The Tyranny of Convenience», *New York Times*, 6 de febrero de 2018.

139. Hipócrates, *Aforismos*, consultado el 8 de julio de 2020, http://classics.mit.edu/Hippocrates/aphorisms.1.i.html.

han ido pasando a un primer plano en las últimas décadas, se ha producido un resurgimiento del interés por las terapias no farmacológicas, incluyendo los tratamientos dolorosos.

En 2011, en un artículo publicado en una importante revista médica, Christian Sprenger y sus colegas de Alemania aportaron evidencias empíricas acerca de las antiguas ideas de Hipócrates sobre el dolor. Utilizaron neuroimágenes (imágenes del cerebro en tiempo real) para estudiar los efectos del calor y de otros estímulos dolorosos aplicados a los brazos y piernas de veinte jóvenes sanos.

Descubrieron que la experiencia subjetiva del dolor causado por un estímulo doloroso inicial se reducía con la aplicación de un segundo estímulo doloroso.[140] Además, la administración de naloxona, un bloqueador de los receptores de opioides, impidió este fenómeno, lo que sugiere que la aplicación de dolor desencadena la liberación de los opioides endógenos (producidos por el propio cuerpo).

Liu Xiang, profesor de la Academia de Medicina Tradicional China en Beijing, publicó en 2001 un artículo en el *Chinese Science Bulletin* en el que analizaba la práctica centenaria de la acupuntura utilizando métodos de la ciencia moderna. Argumentó que la clave de la eficacia de la acupuntura está en el dolor, con la inserción de la aguja como mecanismo principal: «La punción, que puede dañar el tejido, es un estímulo perjudicial que induce dolor [...] ¡inhibiendo un gran dolor con un dolor pequeño!».[141]

Actualmente se está estudiando la utilización de la naltrexona, un bloqueador de los receptores opioides, como tratamiento médico para el dolor crónico. La idea es que, al bloquear los efectos de los opioides, incluidos los que nosotros mismos producimos (endorfinas),

---

140. Christian Sprenger, Ulrike Bingel y Christian Büchel, «Treating Pain with Pain: Supraspinal Mechanisms of Endogenous Analgesia Elicited by Heterotopic Noxious Conditioning Stimulation», *Pain* 152, n.º 2, 2011, págs. 428-439, https://doi.org/10.1016/j.pain.2010.11.018.

141. Liu Xiang, «Inhibiting Pain with Pain—A Basic Neuromechanism of Acupuncture Analgesia», *Chinese Science Bulletin* 46, n.º 17, 2001, págs. 1485-1494, https://doi.org/10.1007/BF03187038

engañamos a nuestros cuerpos para que produzcan más opioides como respuesta adaptativa.

En un estudio realizado con veintiocho mujeres con fibromialgia, se les administró una pastilla de naltrexona en dosis baja (4,5 mg) al día durante doce semanas y una pastilla de azúcar (como placebo) durante cuatro semanas. La fibromialgia es un dolor crónico de etiología desconocida, que posiblemente esté relacionada con un umbral (innato) de tolerancia al dolor más bajo de lo normal.

El estudio fue de «doble ciego», lo que significa que ni las mujeres que participaron en el estudio ni el equipo de atención médica sabían cuál de las dos píldoras estaban tomando. A cada mujer se le dio un pequeño ordenador para que registrara su nivel de dolor, fatiga y otros síntomas a diario, y que continuara haciéndolo durante cuatro semanas después de dejar de tomar las cápsulas.

Los autores del estudio encontraron que «las participantes experimentaron una reducción significativamente mayor en sus puntuaciones de dolor[142] mientras tomaban la LDN (por sus siglas en inglés; naltrexona en dosis bajas), en comparación con el placebo. También refirieron una mayor satisfacción general con la vida y un mejor estado de ánimo mientras tomaban LDN».

* * *

La aplicación de descargas eléctricas en el cerebro para tratar enfermedades mentales es una práctica que se remonta a principios del siglo xx. En abril de 1938, Ugo Cerletti y Lucino Bini realizaron el primer tratamiento de terapia electroconvulsiva (TEC) en un paciente de cuarenta años a quien describieron de la siguiente manera: «Su única forma de expresión era un incomprensible galimatías compuesto de extraños

---

142. Jarred Younger, Noorulain Noor, Rebecca McCue y Sean Mackey, «Low-Dose Naltrexone for the Treatment of Fibromyalgia: Findings of a Small, Randomized, Double-Blind, Placebo-Controlled, Counterbalanced, Crossover Trial Assessing Daily Pain Levels», *Arthritis and Rheumatism* 65, n.º 2, 2012, págs. 529-538, https://doi.org/10.1002/art.37734.

neologismos;[143] desde su llegada de Milán en tren, sin billete, no se había podido establecer su identidad».

Cuando Cerletti y Bini aplicaron electricidad al cerebro del hombre por primera vez, observaron «un brinco del paciente en su cama, con una tensión muy breve de todos sus músculos; inmediatamente después, se derrumbó sobre la cama, sin perder el conocimiento. En ese momento, el paciente comenzó a cantar a todo pulmón y luego se quedó en silencio. Era evidente, por nuestra experiencia con perros, que el voltaje se había mantenido demasiado bajo».

Cerletti y Bini discutían acerca de si aplicar otra descarga de un voltaje más elevado. Mientras hablaban, el paciente gritó: *«¡Non una seconda! Mortifera!»* («¡Una segunda vez no! ¡Me matará!»). Pese a sus protestas, le aplicaron un segundo electrochoque; una admonición acerca de la inconveniencia de llegar a Milán sin un billete de tren o una «identidad comprobable» en 1938.

Una vez que el «paciente» se recuperó del segundo electrochoque, Cerletti y Bini observaron que «se incorporó por su propia voluntad, miró a su alrededor con calma y una vaga sonrisa, como si se preguntara qué se esperaba de él. Le pregunté: «¿Qué te ha estado pasando?» Él respondió, sin más galimatías: «No lo sé, tal vez he estado dormido.» El paciente inicial recibió trece tratamientos de TEC más durante dos meses y, según el informe, ha sido dado de alta completamente recuperado».

La TEC todavía se practica hoy con buenos resultados, aunque de manera mucho más humana. Los relajantes musculares y los paralizantes previenen las contracciones dolorosas. Los anestésicos permiten que los pacientes permanezcan dormidos y por lo general inconscientes durante todo el procedimiento. Por tanto, hoy no se puede decir que el dolor sea de por sí la razón de la eficiencia.

No obstante, la TEC proporciona un choque hormético al cerebro, que a su vez estimula una amplia respuesta compensatoria para

---

143. Ugo Cerletti, «Old and New Information about Electroshock», *American Journal of Psychiatry* 107, n.º 2, 1950, págs. 87-94, https://doi.org/10.1176/ajp.107.2.87.

restablecer la homeostasis: «La TEC provoca varios cambios neurofisiológicos y neuroquímicos en el macro y microambiente del cerebro.[144] Se ha sugerido (sic) que diversos cambios que involucran la expresión de genes, la conectividad funcional, los neuroquímicos, la permeabilidad de la barrera hematoencefálica y la alteración del sistema inmunológico son los responsables de los efectos terapéuticos de la TEC».

* * *

Recordarás a David, el tímido aficionado a los ordenadores que acabó en el hospital tras volverse adicto a los estimulantes recetados.

Después de ser dado de alta, comenzó una terapia de exposición semanal con un joven y talentoso terapeuta de nuestro equipo. El principio básico de esta terapia es exponer a las personas, de forma creciente, a lo mismo que causa la emoción incómoda de la que tratan de huir (estar en medio de multitudes, conducir a través de puentes, volar en aviones) y, al hacerlo, aumentar su capacidad de tolerar esa actividad. Con el tiempo, incluso pueden llegar a disfrutarla.

Como dijo el famoso filósofo Friedrich Nietzsche: «Lo que no me mata, me hace más fuerte», una convicción que sustentaron muchos antes y después, a lo largo de los siglos.

Dado que el mayor temor de David era hablar con extraños, su primera tarea fue obligarse a sí mismo a tener una conversación trivial con sus compañeros de trabajo.

—Mis «deberes de terapia» —me contó meses más tarde— eran ir a la cocina, la sala de descanso o la cafetería del trabajo, y hablar con personas al azar. Tenía un guion: «Hola. Mi nombre es David.

144. Amit Singh y Sujita Kumar Kar, «How Electroconvulsive Therapy Works?: Understanding the Neurobiological Mechanisms», *Clinical Psychopharmacology and Neuroscience* 15, n.º 3, 2017, págs. 210-221, https://doi.org/10.9758/cpn.2017.15.3.210.

Trabajo en desarrollo de software. Y tú, ¿qué haces?». Me ponía un horario: antes del almuerzo, durante el almuerzo y después de almorzar. Luego medía mi angustia antes, durante y después, en una escala de uno a cien, siendo cien la peor angustia que podía imaginar.

En un mundo en el que computamos cada vez más cosas de nosotros mismos —pasos, respiraciones, latidos del corazón—, ponerle un número a algo se ha convertido en una forma de dominar y describir la experiencia. En mi caso, cuantificar las cosas no es mi segunda naturaleza, pero he aprendido a adaptarme, ya que este método de autopercepción parece funcionar especialmente bien para ingenieros e informáticos con mentalidad científica, de los que tenemos tantos aquí, en Silicon Valley.

—¿Cómo te sentiste antes de la interacción? Por cierto, ¿qué número eras? —le pregunté.

—Antes, era un cien. Me sentía tan aterrorizado. Mi cara se ponía roja. Sudaba.

—¿Qué temías que pasara?

—Tenía miedo de que me miraran y se rieran. O que llamaran a Recursos Humanos o a Seguridad, creyendo que estaban ante un loco.

—¿Y cómo te fue?

—No sucedió ninguna de las cosas que temía. Nadie llamó a Recursos Humanos ni a Seguridad. Viví el momento el mayor tiempo posible, simplemente dejando que mi ansiedad me invadiera, al mismo tiempo que respetaba el tiempo de mis compañeros. Las interacciones duraban, quizás, unos cuatro minutos.

—¿Cómo te sentiste después?

—Después, ya era un cuarenta. Estaba mucho menos ansioso. Seguí haciéndolo tres veces al día durante semanas, y con el tiempo se volvió cada vez más fácil. Luego me planteé el desafío de hacerlo con personas fuera del trabajo.

—Cuéntame.

—En Starbucks, entablé una conversación trivial con la camarera. Antes, nunca lo habría hecho. Siempre hacía el pedido con la aplicación, para evitar tener que interactuar con una persona. Pero esa vez, me acerqué al mostrador y pedí mi café. Mi mayor miedo era decir o hacer algo estúpido. Estaba haciéndolo bien, hasta que derramé un poco de mi café en la encimera. Me quedé tan avergonzado... Cuando se lo conté a mi terapeuta, ella me dijo que lo volviera a hacer, que derramara mi café a propósito. Lo hice la vez siguiente que estuve en Starbucks. Me sentí ansioso, pero me acostumbré.

—¿Por qué estás sonriendo?

—Es que casi no puedo creer lo diferente que es mi vida ahora. Estoy menos en guardia. No tengo que planificar de antemano para evitar interactuar con las personas. Ahora puedo subirme a un tren lleno de gente y no llegar tarde al trabajo por esperar el próximo, y luego el siguiente. De hecho, disfruto conociendo a personas a las que nunca volveré a ver.

* * *

Alex Honnold se hizo mundialmente famoso por escalar sin cuerdas la pared vertical de El Capitán, en el Parque Nacional de Yosemite. El estudio de sus imágenes cerebrales mostró una activación de la amígdala inferior a la normal. Para la mayoría de nosotros, la amígdala es un área del cerebro que se ilumina durante una resonancia magnética funcional, cuando miramos imágenes aterradoras.

Los investigadores que estudiaron el cerebro de Honnold conjeturaron que nació con menos miedo innato de lo normal, lo que a su vez le permitió, según la hipótesis, lograr hazañas de escalada sobrehumanas.

Pero el propio Honnold no estuvo de acuerdo con esa interpretación: «He hecho tantas escaladas en solitario y he ejercitado tanto mis habilidades de escalador que mi zona de confort es bastante amplia.[145]

---

145. Mark Synnott, *La escalada imposible: Alex Honnold, El Capitán y vivir para la escalada*, Ediciones Desnivel, Barcelona, 2020.

Así que estas cosas que estoy haciendo y que parecen bastante extravagantes, a mí me parecen normales».

La explicación más probable de las diferencias que presenta el cerebro de Honnold es el desarrollo de una tolerancia al miedo mediante la neuroadaptación. Supongo que el cerebro de Honnold no comenzó siendo diferente del cerebro promedio, en términos de sensibilidad al miedo. Lo que es diferente ahora es que ha entrenado su cerebro durante años de escalada para que no reaccionara a estímulos aterradores. Se necesita mucho más para asustar el cerebro de Honnold que lo que necesita una persona promedio, porque Honnold se ha expuesto gradualmente a hazañas que desafían a la muerte.

Sin embargo, Honnold estuvo a punto de tener un ataque de pánico al entrar en la máquina de IRMf para tomar imágenes de su «cerebro audaz», lo que también nos dice que la tolerancia al miedo no se aplica necesariamente a todas las experiencias.

Alex Honnold y mi paciente David han estado escalando diferentes partes de la misma montaña del miedo. Así como el cerebro de Honnold se adaptó para escalar una pared de roca sin cuerdas, David desarrolló callos mentales que lo hicieron capaz de tolerar la ansiedad, así como un sentido de confianza y competencia con relación a sí mismo y a su capacidad para vivir en el mundo.

Dolor para tratar el dolor. Ansiedad para tratar la ansiedad. Este enfoque es contraintuitivo y exactamente opuesto a lo que nos han enseñado durante los últimos ciento cincuenta años sobre cómo tratar las enfermedades, la angustia y el malestar.

ADICTOS AL DOLOR

—Con el tiempo me di cuenta de que, cuanto más dolor sentía con el impacto inicial de agua fría —explicó Michael—, más fuerte era el efecto posterior. Entonces, empecé a buscar formas de subir la apuesta.

Compré un congelador de carne horizontal, con tapa y sistema de enfriamiento incorporado, y lo llenaba de agua todas las noches. Por la mañana había una fina capa de hielo en la superficie, con temperaturas en torno a un grado bajo cero. Antes de entrar, tenía que romper el hielo.

»Luego leí que el cuerpo calienta el agua en pocos minutos, a menos que el agua se mueva, como un remolino. Así que compré un motor para colocarlo en el baño de hielo. De esa manera, podía mantener la temperatura cercana al punto de congelación mientras estaba metido en él. También compré una almohadilla de enfriamiento por agua para mi cama, que mantengo a una temperatura de alrededor de 13° C.

Michael dejó de hablar abruptamente, y me miró con una sonrisa torcida.

—Vaya. Al escucharme me doy cuenta… de que suena como una adicción.

* * *

En abril de 2019, el profesor Alan Rosenwasser, de la Universidad de Maine, me envió un correo electrónico para pedirme una copia de un capítulo que yo había publicado recientemente, con un colega, sobre el papel del ejercicio en el tratamiento de la adicción. Él y yo no nos conocíamos. Tras obtener el permiso del editor, le envié el capítulo que me pedía.

Alrededor de una semana más tarde me volvió a escribir. Esta vez, me decía lo siguiente:

Gracias por compartir. He observado que un tema que usted no ha tocado es la cuestión de si el correr en las ruedas de los ratones y ratas es un modelo de ejercicio voluntario o de ejercicio patológico (adicción al ejercicio). Algunos animales alojados en habitáculos con ruedas exhiben lo que podrían considerarse niveles excesivos de carrera, y un estudio ha demostrado que los roedores salvajes usarán la rueda de correr si se la deja en el exterior, a su alcance.

Me quedé fascinada y le escribí de inmediato. Lo que siguió fue una serie de conversaciones en las que el doctor Rosenwasser, que ha pasado los últimos cuarenta años estudiando los ritmos circadianos —tema también conocido como el reloj biológico—, me enseñó mucho sobre las ruedas giratorias.

—Cuando se empezó a estudiar el asunto —me dijo Rosenwasser— se partió del supuesto de que las ruedas giratorias eran una forma de realizar un seguimiento de la actividad espontánea de los animales: descanso versus movimiento. En un determinado momento, los investigadores se percataron del hecho de que las ruedas en movimiento no son algo inerte, sino que son interesantes en sí mismas. Uno de los factores que llevaron en esa dirección fue la neurogénesis del hipocampo en el adulto.

Hace algunas décadas se descubrió que, contrariamente a lo que se pensaba, los humanos pueden generar nuevas neuronas en el cerebro incluso en la edad adulta media y tardía.

—Una vez comprobado el hecho de que las nuevas neuronas nacen y se integran en los circuitos neuronales —continuó Rosenwasser—, una de las formas más fáciles de estimular la neurogénesis fue utilizar una rueda, que resultó incluso más potente que los entornos enriquecidos (laberintos complejos, por ejemplo). Esto condujo a toda una era de investigación sobre las ruedas giratorias para correr.

—Resulta —siguió diciendo Rosenwasser— que las ruedas en movimiento se rigen por las mismas vías que la dopamina y los opioides y cannabinoides endógenos que conducen al consumo compulsivo de drogas. Es importante tener presente que las ruedas para correr no son necesariamente un modelo para un estilo de vida saludable.

En resumen, las ruedas para correr son una droga.

Ratones colocados en un complejo laberinto de 230 metros de túneles provistos de agua, comida, sitios donde excavar, nidos —en otras palabras, un área grande con muchas cosas interesantes que hacer—, así como una rueda de correr, pasarán gran parte de su tiempo en la rueda y dejarán grandes áreas del laberinto sin explorar.

Una vez que los ratones comienzan a usar una rueda, les resulta difícil detenerse. Recorren mucha más distancia en una rueda que en una cinta de correr plana o en un laberinto, y también mucha más que cuando se mueven de forma normal en entornos naturales.

Los ratones enjaulados a los que se les proporciona una rueda correrán hasta que sus colas se curven permanentemente hacia arriba y en dirección a sus cabezas, adoptando la forma de la rueda: cuanto más pequeña es la rueda, más pronunciada es la curva de la cola. En algunos casos, las ratas corren hasta morir.[146]

La ubicación, la novedad y la complejidad de la rueda de correr influyen en su uso.

Los ratones salvajes prefieren las ruedas cuadradas a las circulares, y las ruedas con vallas en su interior a las ruedas sin vallas. Demuestran un notable nivel de coordinación y habilidad acrobática al correr en las ruedas. Al igual que los adolescentes en una pista de patinaje, «se dejan llevar, repetidamente, casi hasta la parte superior de la rueda, tanto hacia adelante como hacia atrás, corriendo por la parte externa de la rueda en la parte superior o hacia arriba, mientras usan la cola para mantener el equilibrio.

C. M. Sherwin, en su estudio de 1997 sobre las ruedas de correr, especulaba sobre las propiedades intrínsecas de refuerzo de la conducta que conllevan:

La cualidad tridimensional de la carrera dentro de una rueda puede actuar como refuerzo para los animales. Durante la

---

146. Chris M. Sherwin, «Voluntary Wheel Running: A Review and Novel Interpretation», *Animal Behavior* 56, n.º 1, 1998, págs. 11-27, https://doi.org/10.1006/anbe.1998.0836.

carrera, un animal experimentará cambios rápidos en la velocidad y dirección de su movimiento, debido en parte a fuerzas exógenas: el empuje y la inercia de la rueda. Esta experiencia puede ser reforzadora, de forma análoga a la de los humanos (algunos) que disfrutan de los juegos del parque de atracciones, particularmente cuando involucran movimiento en el plano vertical... Es poco probable que los animales experimenten este tipo de movimientos en circunstancias «naturales».

Johanna Meijer y Yuri Robbers, del Centro Médico de la Universidad de Leiden, en los Países Bajos, pusieron una jaula con una rueda de correr en un área verde urbana en la que vivían ratones salvajes, y otra en unas dunas no accesibles al público. Colocaron una cámara de vídeo en cada sitio, a fin de grabar a cada animal que visitara las jaulas en un período de dos años.

El resultado fue que hubo cientos de casos de animales que utilizaban las ruedas. «Las grabaciones mostraron que los ratones salvajes corrían en las ruedas todo el año;[147] en el área verde, la frecuencia aumentaba de forma constante a finales de la primavera y alcanzaba su punto máximo en verano, mientras que en las dunas aumentaba a mediados o finales del verano, alcanzando un pico a finales de otoño».

El uso de las ruedas no se limitó a los ratones salvajes. También hubo musarañas, ratas, caracoles, babosas y ranas, la mayoría de los cuales evidenciaron una interacción claramente intencional con la rueda de correr.

Los autores concluyeron que «correr en ruedas puede ser experimentado como gratificante incluso sin una recompensa alimentaria asociada, lo que sugiere la importancia de los sistemas de motivación no relacionados con la búsqueda de comida».

---

147. Johanna H. Meijer y Yuri Robbers, «Wheel Running in the Wild», *Proceedings of the Royal Society B: Biological Sciences*, 7 de julio de 2014, https://doi.org/10.1098/rspb.2014.0210.

* * *

Los deportes extremos —paracaidismo, kitesurf, ala delta, trineo, esquí o snowboard alpino, kayak en cascadas, escalada en hielo, ciclismo de montaña, puenting, salto base, vuelo con traje de alas— golpean fuerte y rápido en el lado del dolor de la balanza placer-dolor. El dolor/miedo intenso, sumado a una inyección de adrenalina, constituye una droga potente.

Los científicos han demostrado que el estrés puede aumentar por sí solo la liberación de dopamina en la vía de recompensa del cerebro,[148] lo que lleva a los mismos cambios cerebrales que se observan con las drogas adictivas como la cocaína y la metanfetamina.

Así como nos volvemos tolerantes a los estímulos de placer debido a la exposición repetida, también podemos volvernos tolerantes a los estímulos dolorosos al reajustar el lado del dolor de nuestro cerebro.

Un estudio realizado con paracaidistas, comparándolos con un grupo de control (integrado por remeros), comprobó que los paracaidistas que se lanzaban de forma repetida tenían más probabilidades de experimentar anhedonia —falta de alegría— en los restantes ámbitos de sus vidas.

Los autores concluyeron que «el paracaidismo tiene similitudes con los comportamientos adictivos,[149] y que la exposición frecuente a experiencias de «euforia natural» está relacionada con la anhedonia». Yo no llamaría a saltar desde un avión a 4.000 metros de altura un «subidón natural», pero estoy de acuerdo con la conclusión general del autor: el paracaidismo puede ser adictivo, y puede conducir a una disforia persistente si se practica repetidamente.

La tecnología nos ha permitido superar los límites del dolor humano.

---

148. Daniel Saal, Yan Dong, Antonello Bonci y Robert C. Malenka, «Drugs of Abuse and Stress Trigger a Common Synaptic Adaptation in Dopamine Neurons», *Neuron* 37, n.º 4, 2003, págs. 577-582, https://doi.org/10.1016/S0896-6273(03)00021-7.

149. Ingmar H. A. Franken, Corien Zijlstra y Peter Muris, «Are Nonpharmacological Induced Rewards Related to Anhedonia? A Study among Skydivers», *Progress in Neuro-Psychopharmacology and Biological Psychiatry* 30, n.º 2, 2006, págs. 297-300, https://doi.org/10.1016/j.pnpbp.2005.10.011.

El 12 de julio de 2015, el ultramaratonista Scott Jurek rompió el récord de velocidad en el Sendero de los Apalaches. Jurek corrió de Georgia a Maine (3.500 km) en 46 días, 8 horas y 7 minutos. Para lograr esta hazaña utilizó el siguiente equipamiento y tecnología: ropa liviana, impermeable y resistente al calor; zapatos para correr Air Mesh; un localizador GPS; un reloj GPS; un iPhone; sistemas de hidratación; tabletas de electrolitos; bastones de aluminio plegables para *trekking*; «pulverizadores de agua industriales para generar bruma»; «un congelador para bajar mi temperatura corporal central»;[150] 6.000 a 7.000 calorías por día, y una máquina de masaje de piernas de compresión neumática, impulsada por paneles solares colocados en la parte superior de su vehículo de apoyo, conducido por su esposa y por la tripulación.

En noviembre de 2017, Lewis Pugh nadó un kilómetro en agua a -3 °C cerca de la Antártida, en traje de baño. Llegar allí requirió viajar por aire y mar desde la Sudáfrica natal de Pugh hasta Georgia del Sur, una remota isla británica. Tan pronto como Pugh terminó de nadar, su tripulación lo llevó a un barco cercano, donde lo sumergieron en agua caliente y en el que permaneció durante los siguientes cincuenta minutos, para que su temperatura corporal central volviera a la normalidad. Sin esta intervención, seguramente habría muerto.

El ascenso de Alex Honnold a El Capitán parece el máximo logro humano sin ayuda de la tecnología. Sin cuerdas, sin equipo. Una persona sola contra la gravedad, en una demostración de coraje y habilidad que desafía a la muerte.

Pero según todos los informes, la hazaña de Honnold no habría sido posible sin los «cientos de horas en la ruta Freerider, atado a cuerdas, realizando una coreografía ensayada con precisión para cada sección, memorizando miles de intrincadas secuencias de manos y pies».[151]

---

150. Kate Knibbs, «All the Gear an Ultramarathoner Legend Brings with Him on the Trail», Gizmodo, 29 de octubre de 2015, https://gizmodo.com/all-the-gear-an-ultramarathon-legend-brings-with-him-on-1736088954.

151. Mark Synnott, «How Alex Honnold Made the Ultimate Climb without a Rope», *National Geographic* online, consultado el 8 de julio de 2020, https://www.nationalgeographic.com/magazine/article/alex-honnold-made-ultimate-climb-el-capitan-without-rope.

El «solo integral» de Honnold fue grabado por un equipo de filmación profesional y se convirtió en una película vista por millones de personas, lo que generó una gran cantidad de seguidores en las redes sociales y le hizo famoso en todo el mundo. La riqueza y la fama, otra dimensión de nuestra economía de la dopamina, contribuyen al potencial adictivo de estos deportes extremos.

El «síndrome del sobreentrenamiento»[152] es una condición bien descrita aunque poco comprendida, que se da entre los atletas de resistencia que entrenan tanto que llegan a un punto en el que el ejercicio ya no produce las endorfinas que antes eran tan abundantes. Por el contrario, el ejercicio los deja agotados y disfóricos, como si su equilibrio de recompensa hubiera llegado al máximo y hubiera dejado de funcionar, de forma similar a lo que vimos con mi paciente Chris y los opioides.

No quiero sugerir que todos los que practican deportes extremos y/o de resistencia sean adictos, sino destacar que el riesgo de adicción a cualquier sustancia o comportamiento aumenta con el incremento de la potencia, la cantidad y la duración. Las personas que presionan demasiado y durante demasiado tiempo sobre el lado del dolor también pueden acabar con un déficit persistente de dopamina.

* * *

El dolor en exceso, o experimentado de forma demasiado potente, puede aumentar el riesgo de volverse adicto al mismo, algo que he presenciado en la práctica clínica. Una de mis pacientes corría tanto que sufrió fracturas en los huesos de las piernas, y aun así no dejó de correr. Otra paciente se cortó la parte interna de los antebrazos y los muslos con una hoja de afeitar, para sentir un subidón y calmar las constantes cavilaciones de su mente. No podía dejar de cortarse, pese al riesgo de sufrir infecciones graves y quedar con cicatrices.

---

152. Jeffrey B. Kreher y Jennifer B. Schwartz, «Overtraining Syndrome: A Practical Guide», *Sports Health* 4, n.º 2, 2012, https://doi.org/10.1177/1941738111434406.

Cuando definí sus comportamientos como adicciones y los traté como lo haría con cualquier paciente con adicción, se produjo una mejoría.

ADICTOS AL TRABAJO

El *workaholic* o adicto al trabajo es un miembro reconocido de la sociedad. Quizás en ninguna parte eso es tan cierto como aquí en Silicon Valley, donde las semanas laborales de cien horas y la disponibilidad las veinticuatro horas del día, los siete días de la semana, son la norma.

En 2019, después de tres años de viajes mensuales por trabajo, decidí limitarlos en un esfuerzo por equilibrar la vida laboral y la familiar. Al principio, expliqué mis razones de forma transparente: quería pasar más tiempo con mi familia. Las personas se mostraron a la vez molestas y ofendidas de que yo rechazara su invitación por una razón tan *hippie*, tan poco seria como «pasar tiempo con la familia». Finalmente, decidí decir que tenía otro compromiso laboral, lo cual fue recibido con menos resistencia. Que yo trabajara en otra parte era, al parecer, más aceptable.

Los incentivos invisibles han pasado a formar parte del entramado del trabajo de cuello blanco, desde las bonificaciones y opciones de compra de acciones hasta la promesa de una promoción. Incluso en campos como la medicina, los proveedores de atención médica atienden a más pacientes, hacen más recetas y realizan más trámites porque están incentivados para hacerlo. Recibo un informe mensual sobre mi productividad, que se mide en función de cuánto he facturado en nombre de mi hospital.

Por el contrario, los trabajos manuales o de cuello azul están cada vez más mecanizados y desconectados del significado de su trabajo. Trabajan para empleadores distantes, tienen una autonomía limitada, una retribución modesta y se sienten poco partícipes de un objetivo común. El trabajo fragmentario en una línea de montaje menoscaba la sensación de logro y minimiza el contacto con el consumidor del producto final, fundamentales para la motivación interna. El resultado es una mentalidad del tipo «trabaja duro y juega duro», en la que el consumo excesivo-compulsivo se convierte en la recompensa al final de un día de trabajo pesado.

No es de extrañar, entonces, que aquellos que carecen de estudios secundarios y tienen empleos mal pagados estén trabajando menos que nunca, mientras que los asalariados con un alto nivel educativo estén trabajando más.[153]

En 2002, en Estados Unidos, el 20 % mejor pagado tenía el doble de probabilidades de trabajar muchas horas que el 20 % peor pagado, y esa tendencia continúa. Los economistas especulan que este cambio se debe a la existencia de mayores recompensas para quienes se encuentran en la cima de la cadena alimentaria económica.

A veces me resulta difícil dejar de trabajar, una vez que he comenzado. El «flujo» de concentración profunda es en sí mismo una droga, que libera dopamina y crea su propio colocón. Esta clase de concentración intensa y exclusiva, aunque muy valorada en los países ricos modernos, puede ser una trampa cuando nos aleja de las conexiones íntimas con amigos y familiares en otros ámbitos de nuestras vidas.

EL VEREDICTO SOBRE EL DOLOR

Como si respondiera a su propia pregunta sobre si se había vuelto adicto a la inmersión en agua fría, Michael me dijo:

—Nunca perdí el control. Durante dos o tres años, me di un baño de hielo de diez minutos todas las mañanas. Ahora no me gusta tanto

---

153. David R. Francis, «Why High Earners Work Longer Hours», National Bureau of Economic Research digest, consultado el 5 de febrero de 2021, https://www.nber.org/digest/jul06/why-high-earners-work-longer-hours

como antes. Lo hago unas tres veces a la semana. Lo que es realmente genial —continuó—, es que se ha convertido en una actividad familiar, y algo que hacemos con los amigos. Consumir drogas siempre fue algo social. En la universidad, mucha gente se divertía con ello. Siempre estaban sentados juntos en algún lado, bebiendo o metiéndose una raya.

»Ahora ya no lo hago. En cambio, tenemos un par de amigos que suelen venir… También tienen hijos, y montamos una fiesta de agua fría. Tengo un tanque con agua a unos 7 °C, y todo el mundo se turna para entrar, alternando con el jacuzzi. Tenemos un cronómetro y nos damos ánimos unos a otros, incluidos los niños. La costumbre también se ha extendido entre nuestros amigos. Entre ellos hay un grupo de mujeres que va a la bahía una vez a la semana y se mete en el agua. Se sumergen hasta el cuello. Está a unos 10 °C.

—¿Y después qué hacen?

—No lo sé —se rio—. Probablemente salgan de fiesta.

Ambos sonreímos.

—Has dicho varias veces que lo haces porque te hace sentir vivo. ¿Me lo puedes explicar?

—En realidad, no me gusta la sensación de estar vivo. Las drogas y el alcohol eran una manera de hacer que me gustara. Ahora ya no puedo hacerlo. Cuando veo a la gente de fiesta, todavía siento algo de envidia por la evasión que consiguen. Puedo ver cómo gozan de un respiro. A mí, el agua fría me recuerda que estar vivo puede ser algo agradable.

* * *

Si «consumimos» demasiado dolor, o lo experimentamos de una forma demasiado potente, corremos el riesgo de caer en un consumo excesivo-compulsivo y destructivo.

Pero si consumimos la cantidad justa, «inhibiendo un gran dolor con poco dolor», descubrimos el camino hacia la curación hormética, y tal vez incluso algún ocasional «arrebato de alegría».

8

Honestidad radical

La honestidad forma parte de las enseñanzas morales de las principales religiones y códigos éticos. Todos mis pacientes que han logrado una recuperación a largo plazo han confiado en la sinceridad como algo fundamental para mantener la salud física y mental. Yo también me he convencido de que la honestidad radical no solo es útil para limitar el consumo excesivo-compulsivo, sino que también es esencial para una vida bien vivida.

La pregunta es: ¿Cómo mejora nuestra vida decir la verdad?

Primero, reconozcamos que decir la verdad es doloroso. Estamos programados desde muy pequeños para mentir y todos lo hacemos, lo admitamos o no.

Los niños comienzan a mentir temprano, a los dos años. Cuanto más inteligente es el niño, más probabilidades hay de que mienta y de que lo haga bien. Las mentiras tienden a disminuir entre los tres y los catorce años, posiblemente porque los niños se vuelven más conscientes de cómo la mentira daña a otras personas. Por otro lado, los adultos son capaces de mentiras antisociales más sofisticadas que los niños, ya que la capacidad de planificar y recordar se vuelve más eficaz.

El adulto promedio dice entre 0,59 y 1,56 mentiras diarias.[154]

---

154. Silvio José Lemos Vasconcellos, Matheus Rizzatti, Thamires Pereira Barbosa, Bruna Sangoi Schmitz, Vanessa Cristina Nascimento Coelho y Andrea Machado, «Understanding Lies Based on Evolutionary Psychology: A Critical Review», *Trends in Psychology 27*, n.º 1, 2019, págs. 141-153, https://doi.org/10.9788/TP2019.1-11.

«Te va a crecer la nariz como a Pinocho». Todos tenemos la nariz bastante larga.

Los humanos no somos los únicos animales con capacidad para el engaño. El reino animal está plagado de ejemplos del engaño como arma y como escudo. El escarabajo *Lomechusa pubicollis*, por ejemplo, es capaz de penetrar en las colonias de hormigas fingiendo ser una de ellas, algo que logra al segregar una sustancia química que hace que huela a hormiga. Una vez dentro de la colonia, el escarabajo se alimenta de los huevos y larvas de las hormigas.

Pero ningún otro animal logra rivalizar con el humano en su capacidad de mentir.

Los biólogos evolucionistas especulan que el desarrollo del lenguaje humano explicaría nuestra tendencia y capacidad superior para la mentira. La historia es así. La evolución del *Homo sapiens* culminó con la formación de grandes grupos sociales. Estos grandes grupos fueron posibles gracias al desarrollo de formas sofisticadas de comunicación, que permitieron una forma avanzada de cooperación mutua. Sin embargo, las palabras que se usan para cooperar también pueden usarse para engañar y desorientar. Cuanto más avanzado es el lenguaje, más sofisticadas son las mentiras.

Podría decirse que las mentiras tienen cierta ventaja adaptativa cuando se trata de competir por recursos escasos, pero mentir en un mundo de abundancia es arriesgarse a caer en el aislamiento, la ansiedad y el sobreconsumo patológico. Permíteme que te lo explique.

* * *

—Te veo bien —le dije a María, mientras nos sentábamos una frente a la otra en abril de 2019. Su cabello castaño oscuro estaba peinado en un estilo profesional y favorecedor. Llevaba una camisa discreta y pantalones. Se la veía compuesta, alerta y sonriente, como lo había estado durante los últimos cinco años de tratamiento.

María había estado en remisión sostenida de su alcoholismo desde que la conocí. Cuando vino a verme ya estaba en fase de recuperación, gracias a su asistencia a las reuniones de Alcohólicos Anónimos y el trabajo realizado con su padrino de la comunidad. De vez en cuando venía a verme para un chequeo y para renovar sus recetas de medicamentos. Estoy bastante segura de que aprendí más de ella de lo que ella nunca aprendió de mí. Una cosa que me enseñó fue que decir la verdad había sido fundamental para su recuperación.

De pequeña, había aprendido lo contrario. Su madre bebía, hasta el punto de desmayarse mientras conducía borracha, con María en el coche. Su padre se había marchado hacía muchos años para vivir en un lugar que nadie tenía permitido nombrar; incluso hoy, María prefiere no revelar los detalles y que se respete su privacidad. La situación la obligó a tener que cuidar de sus hermanos menores, mientras simulaba ante el mundo exterior que en casa todo iba bien. Cuando la propia María cayó en la adicción al alcohol, a los veintitantos años, ya tenía mucha experiencia en barajar diferentes versiones de la realidad.

Para ilustrar la importancia de la honestidad en su nueva vida sobria, me contó esta historia:

—Llegué a casa del trabajo y vi que había llegado un paquete de Amazon para Mario.

Mario es el hermano menor de María. Ella y su esposo, Diego, habían estado viviendo con Mario como una forma de apoyarse mutuamente y ahorrar en el alquiler, dados los precios inalcanzables del mercado inmobiliario de Silicon Valley.

—Decidí abrirlo, aunque no estaba dirigido a mí. Una parte de mí sabía que no debía hacerlo. Cuando había abierto sus paquetes en otras ocasiones, se había enfadado mucho. Pero sabía que podía darle la misma excusa de la última vez: que había confundido su nombre con el mío, ya que se parecen mucho. Me dije que me merecía un pequeño placer después de un largo y duro día de trabajo. No recuerdo ahora qué había dentro.

»Después de abrir el paquete, lo volví a precintar y lo dejé con el resto del correo. Para decirte la verdad, me olvidé de él. Mario llegó a casa unas horas más tarde, e inmediatamente me acusó de abrirlo. Lo negué. Me preguntó de nuevo y volví a mentir. Él seguía diciendo: "Parece que alguien lo ha abierto". Yo insistía: "No he sido yo". Muy enfadado, Mario cogió su correo y su paquete, se metió en su habitación y la cerró dando un portazo.

»Dormí mal esa noche. A la mañana siguiente, supe lo que tenía que hacer. Entré a la cocina donde Mario y Diego estaban desayunando y dije: "Mario, sí abrí tu paquete. Sabía que era tuyo, pero lo abrí de todos modos. Luego traté de que no te dieras cuenta. Y te mentí. Lo siento mucho. Por favor, perdóname".

—Dime por qué la honestidad es una parte tan importante de tu recuperación —le pedí.

—Nunca habría admitido la verdad en la época en que bebía. Por aquel entonces, mentía sobre todo y nunca asumía la responsabilidad de las cosas que hacía. Dije tantas mentiras… y la mitad ni siquiera tenían sentido.

El esposo de María, Diego, me contó una vez que María solía esconderse en el baño para beber; abría la ducha para que él no la oyera destapar las botellas de cerveza, sin darse cuenta de que él podía oír el ruido que hacía al sacar el abrebotellas de su escondite detrás de la puerta del baño. Me contó que María podía beberse un paquete de seis botellas de una sola tacada; luego reemplazaba la cerveza con agua y pegaba los tapones con un adhesivo. «¿De verdad pensaba que yo no sería capaz de oler el pegamento o sentir la diferencia entre el agua y el alcohol?».

—Mentí para encubrir mi forma de beber —continuó María—, pero también mentí sobre otras cosas. Cosas que ni siquiera eran importantes: adónde iba, cuándo regresaría, por qué había llegado tarde, qué había tomado en el desayuno.

María había desarrollado el hábito de mentir. Lo que comenzó como una forma de encubrir la adicción a la bebida de su madre y la ausencia de su padre, y más tarde su propia adicción, se convirtió en mentir por mentir.

Es muy fácil caer en el hábito de la mentira. Todos mentimos de forma habitual, la mayor parte de las veces sin darnos cuenta. Nuestras mentiras son tan pequeñas e imperceptibles que nos convencemos de que estamos diciendo la verdad. O de que no tiene importancia, incluso si sabemos que estamos mintiendo.

—Cuando le dije a Mario la verdad ese día, a pesar de que sabía que se enfadaría, supe que algo realmente había cambiado en mí, en mi vida. Sabía que estaba comprometida a vivir la vida de una manera diferente, mejor. Terminé con todas esas pequeñas mentiras que se acumulaban en el fondo de mi mente, haciéndome sentir culpable y asustada... culpable de mentir, y temerosa de que alguien se enterara. Me di cuenta de que mientras diga la verdad, no tengo que preocuparme por nada de eso. Soy libre. Decirle la verdad a mi hermano sobre el paquete fue un trampolín para que nuestra relación se volviera más cercana. Después de hablar con él subí a mi dormitorio sintiéndome realmente bien.

La honestidad radical, decir la verdad sobre cosas grandes y pequeñas, especialmente cuando hacerlo expone nuestras debilidades y acarrea consecuencias, es esencial no solo para recuperarnos de la adicción, sino para intentar vivir una vida más equilibrada en nuestro ecosistema saturado de recompensas. Funciona a muchos niveles.

En primer lugar, la honestidad radical promueve la conciencia de nuestras acciones. En segundo lugar, favorece vínculos humanos profundos. En tercer lugar, construye una autobiografía veraz, que nos hace responsables no solo de nuestro presente sino también de nuestro yo futuro. Además, decir la verdad es contagioso, e incluso podría prevenir el desarrollo de una futura adicción.

CONCIENCIA

Anteriormente me referí a la historia mítica de Ulises para ilustrar las estrategias físicas de autorrestricción. Este mito tiene un epílogo poco conocido, que resulta relevante aquí.

Recordarás que Ulises pidió a sus tripulantes que lo ataran al mástil de su nave para evitar la tentación de las sirenas. Pero si lo pensamos bien, simplemente podría haberse puesto cera de abeja en los
oídos como ordenó que hiciera el resto de su tripulación, y haberse
ahorrado mucho dolor. Ulises no buscaba autoflagelarse. A las sirenas
solo se las podía asesinar si quien las oía vivía para contar la historia.
Ulises venció a las sirenas cuando narró su peligroso viaje al regresar.
El asesinato estaba en la narración.

El mito de Ulises subraya una característica clave del cambio de
comportamiento: contar nuestras experiencias nos otorga dominio sobre ellas. Ya sea en el contexto de la psicoterapia, hablando con un
padrino de Alcohólicos Anónimos (AA), confesando con un sacerdote,
haciendo confidencias a un amigo o escribiendo en un diario, nuestra
revelación honesta pone de relieve nuestro comportamiento, permitién-
donos en algunos casos verlo por primera vez. Esto es especialmente
cierto para los comportamientos que implican un nivel de automatismo
que los pone lejos del alcance de la percepción consciente.

Cuando yo leía novelas románticas de forma compulsiva, solo era
parcialmente consciente de hacerlo. Es decir, era consciente del comportamiento, y al mismo tiempo no lo era. Este es un fenómeno bien
conocido en la adicción: una especie de estado semiconsciente parecido
a soñar despierto, al que a menudo se le denomina «negación».

La negación es, probablemente, producto de una desconexión entre la parte de la vía de recompensa de nuestro cerebro y las regiones
corticales superiores, que nos permiten narrar los eventos de nuestras
vidas, evaluar las consecuencias y planificar el futuro. Muchas formas
de tratamiento de la adicción implican fortalecer y renovar las conexiones entre estas partes del cerebro.

El neurocientífico Christian Ruff y sus colegas han estudiado los
mecanismos neurobiológicos de la honestidad.[155] En un experimento,

---

155. Michel André Maréchal, Alain Cohn, Giuseppe Ugazio y Christian C. Ruff,
«Increasing Honesty in Humans with Noninvasive Brain Stimulation», *Proceedings of the
National Academy of Sciences of the United States of America* 114, n.º 17, 2017, págs. 4360-
4364, https://doi.org/10.1073/pnas.1614912114.

invitaron a los participantes (145 en total) a jugar un juego en el que apostaban dinero a los dados utilizando una interfaz de ordenador. Antes de cada tirada, una pantalla de ordenador indicaba cuáles eran los resultados que producirían la recompensa monetaria, hasta 90 francos suizos (unos 100 dólares estadounidenses).

A diferencia de los juegos de azar en un casino, los participantes podían mentir sobre los resultados de la tirada del dado para aumentar sus ganancias. Los investigadores pudieron determinar el grado de trampa comparando el porcentaje medio de tiradas exitosas reportadas con el 50 % de referencia implícito en un informe completamente honesto. Como era de esperar, los participantes mintieron con frecuencia. En comparación con el punto de referencia de honestidad del 50 %, los participantes informaron que el 68 % de sus tiradas tuvieron el resultado deseado.

Luego, los investigadores utilizaron electricidad para mejorar la excitabilidad neuronal en las cortezas cerebrales prefrontales de los participantes, empleando una herramienta llamada estimulación transcraneal de corriente continua (tDCS). La corteza prefrontal es la parte más anterior de nuestro cerebro, situada justo detrás de la frente; interviene en la toma de decisiones, la regulación de las emociones y la planificación futura, entre muchos otros procesos complejos. También es un área clave en la narración.

Los investigadores encontraron que, al aumentar la excitabilidad neuronal en la corteza prefrontal, la mentira se reducía a la mitad. Además, el aumento de la honestidad «no se podía explicar por cambios en el interés material personal o en las creencias morales, y se encontraba disociado de la impulsividad, la voluntad de asumir riesgos y el estado de ánimo de los participantes».

Concluyeron que la honestidad se puede fortalecer estimulando la corteza prefrontal, en consonancia con la idea de que «el cerebro humano ha desarrollado mecanismos dedicados a controlar comportamientos sociales complejos».

Este experimento me llevó a preguntarme si practicar la honestidad puede estimular la activación cortical prefrontal. Le envié un correo electrónico a Christian Ruff, que estaba en Suiza, para preguntarle qué pensaba de esta idea.

«Si estimular la corteza prefrontal hace que las personas sean más honestas, ¿sería posible que ser más honesto estimulara la corteza prefrontal? ¿Podría la práctica de decir la verdad fortalecer la actividad y la excitabilidad en las partes del cerebro que usamos para la planificación futura, la regulación de las emociones y el aplazamiento de la gratificación?», le pregunté.

Él respondió: «Su pregunta tiene sentido. No tengo una respuesta definitiva, pero comparto su intuición de que un proceso neuronal especializado (como el proceso prefrontal involucrado en la honestidad) debería fortalecerse mediante el uso repetido. Esto es lo que sucede durante la mayoría de los tipos de aprendizaje, según el viejo mantra de Donald Hebb, *«what fires together, wires together»*: las neuronas que se disparan juntas se conectan entre sí.

Me gustó su respuesta porque implicaba que practicar la honestidad radical podría fortalecer los circuitos neuronales especializados, de la misma manera que aprender un segundo idioma, tocar el piano o dominar el sudoku fortalece otros circuitos.

En concordancia con la experiencia vivida por las personas en recuperación, decir la verdad puede cambiar el cerebro, lo que nos permite ser más conscientes de nuestro equilibrio placer-dolor y de los procesos mentales que nos impulsan al consumo excesivo-compulsivo y, por lo tanto, cambiar nuestro comportamiento.

* * *

Mi propia toma de conciencia sobre mi problema con las novelas románticas se produjo en 2011, cuando estaba enseñando a un grupo de residentes de psiquiatría del San Mateo Medical Center de qué modo tenían que hablar con los pacientes sobre las conductas adictivas. No se me escapa la ironía de la situación.

Estaba en una sala del primer piso del centro médico, dando una charla a nueve residentes de psiquiatría sobre la forma de encarar las conversaciones a menudo difíciles con los pacientes sobre el uso de drogas y alcohol. Me detuve a la mitad de la conferencia para invitar a los estudiantes a participar en un ejercicio de aprendizaje: «Formad pareja con un compañero para hablar sobre un hábito que él desea cambiar y plantead algunos pasos que podría dar para lograr ese cambio».

Los temas sobre los que los estudiantes suelen hablar en este ejercicio son del tipo «Quiero hacer más ejercicio» o «Quiero tomar menos azúcar». En otras palabras, eligen los temas más seguros. Las adicciones graves, si las tienen, no suelen ser mencionadas. No obstante, al hablar sobre cualquier comportamiento con el que no están contentos y quieren cambiar, los estudiantes se forman una idea de lo que significaría para los pacientes tener estas conversaciones con ellos como proveedores de atención médica. También existe, siempre, la posibilidad de que descubran algo sobre sí mismos en el proceso.

En esa ocasión, me di cuenta de que, al haber un número impar de estudiantes, me tocaría hacer el ejercicio con uno de ellos. Me emparejé con un joven reflexivo y de voz suave, que había estado escuchando con atención durante toda la conferencia. Asumí el papel del paciente para que él pudiera practicar sus habilidades. Luego intercambiaríamos los papeles.

Me preguntó sobre si tenía algún comportamiento que quisiera modificar. Sus maneras amables invitaban a la revelación. Para mi sorpresa, comencé a contarle una versión anodina de mi hábito de leer novelas hasta altas horas de la noche. No especifiqué qué tipo de novelas estaba leyendo, ni el alcance del problema.

—Me quedo despierta hasta muy tarde leyendo, y eso está interfiriendo con mi sueño. Me gustaría cambiarlo.

Tan pronto como lo dije, supe que era cierto, tanto que me estaba quedando despierta hasta muy tarde leyendo, como que quería cambiar ese comportamiento. Sin embargo, hasta ese momento no había sido realmente consciente de ninguna de las dos cosas.

—¿Por qué quieres hacer ese cambio? —me preguntó. Estaba utilizando una pregunta estándar para una entrevista motivacional, un enfoque terapéutico desarrollado por los psicólogos clínicos William R. Miller y Stephen Rollnick para explorar las motivaciones internas y solucionar la ambivalencia.

—Porque está interfiriendo con mi capacidad para ser tan eficaz como me gustaría en el trabajo y con mis hijos —respondí.

—Esos parecen buenos motivos —asintió.

Tenía razón. Eran buenos motivos. Al expresarlos en voz alta, me di cuenta por primera vez de la dimensión del impacto negativo de mi comportamiento en mi vida y en la de las personas que me importaban.

Luego preguntó:

—¿A qué estarías renunciando si dejaras de hacerlo?

—Renunciaría al placer que me produce la lectura. Me encanta evadirme leyendo —respondí de inmediato—. Pero ese sentimiento no es tan importante para mí como mi familia y mi trabajo.

De nuevo, al decirlo en voz alta, me di cuenta de que era cierto: valoro a mi familia y mi trabajo por encima de mi propio placer, y para vivir de acuerdo con mis valores, necesitaba dejar la lectura escapista y compulsiva.

—¿Qué paso podrías dar para empezar a cambiar ese comportamiento?

—Podría deshacerme de mi lector electrónico. El acceso fácil a las lecturas baratas alimenta mi lectura nocturna.

—Parece una buena idea —dijo, y sonrió.

Y así acabó mi turno de ocupar el lugar del paciente.

Al día siguiente seguí pensando en nuestra conversación. Decidí tomarme un descanso de novelas románticas durante el mes siguiente. Lo primero que hice fue deshacerme de mi lector electrónico. Durante las primeras dos semanas experimenté una abstinencia de umbral bajo, incluyendo la ansiedad y el insomnio, especialmente por la noche, justo antes de irme a la cama: el momento en el que solía leer novelas. Había perdido el arte de quedarme dormida por mí misma.

Al final del mes me sentía mejor y me di permiso para leer nuevamente, decidida a hacerlo con más moderación.

En vez de eso, me di un atracón de novelas eróticas. Me quedé despierta hasta tarde dos noches seguidas y, como resultado, quedé agotada. Pero ahora ya veía mi comportamiento como lo que era —un patrón compulsivo y autodestructivo—, lo que le quitó la diversión. Sentí una creciente necesidad de detener ese comportamiento para siempre. Mi sueño despierta estaba llegando a su fin.

LA HONESTIDAD PROMUEVE VÍNCULOS HUMANOS PROFUNDOS

Decir la verdad atrae a las personas, especialmente cuando estamos dispuestos a exponer nuestra propia vulnerabilidad. Esto suena contradictorio, porque presuponemos que revelar nuestros aspectos menos agradables alejará a la gente. Es lógico pensar que las personas se distanciarán al conocer nuestras transgresiones y nuestros defectos de carácter.

Sin embargo, ocurre lo contrario: las personas se acercan. Ven en nuestras resquebrajaduras su propia vulnerabilidad y humanidad. Sienten que no están solas en sus dudas, temores y debilidades.

* * *

Jacob y yo nos hemos seguido viendo de forma esporádica en los años que siguieron a su recaída en la masturbación compulsiva. Durante ese tiempo, mantuvo su abstinencia de comportamientos adictivos. Practicar la honestidad radical, especialmente con su esposa, fue la base de su recuperación sin nuevas recaídas. En una de nuestras visitas me contó una historia, algo que sucedió poco después de que él y su esposa volvieran a vivir juntos.

Un día después de mudarse a la casa que compartían, su mujer estaba arreglando el baño cuando notó que faltaba uno de los anillos de la cortina de la ducha. Le preguntó a Jacob si sabía qué había pasado.

—Me quedo paralizado —me dijo—. Sé perfectamente lo que ha pasado con el anillo de la cortina de la ducha, pero no quiero decírselo. Tengo muy buenas razones. Fue algo que sucedió hace mucho tiempo. Se enfadará si se lo cuento. Estamos tan bien ahora, y no quiero estropearlo.

Pero luego se recordó a sí mismo lo corrosivas que habían sido para la relación sus mentiras y el andar haciendo cosas a escondidas. Antes de que se fueran a vivir juntos de nuevo, le había prometido que sería honesto con ella en todo.

—Entonces le dije: «Lo usé para construir una de mis máquinas hace casi un año, después de que te fueras. No es nada reciente. Pero te he prometido que sería honesto contigo, y por eso te lo cuento».

—¿Qué hizo ella?

—Creía que me diría que todo había acabado y que se volvería a marchar. Pero ella no me gritó ni me abandonó. Me puso la mano en el hombro y me dijo: «Gracias por decirme la verdad». Y luego me abrazó.

* * *

La intimidad es su propia fuente de dopamina. La oxitocina —una hormona muy relacionada con el enamoramiento, el vínculo madre-hijo y el vínculo que une a las parejas sexuales de por vida— se une a los receptores de las neuronas secretoras de dopamina en la vía de recompensa del cerebro, y mejora la activación de esa vía. En otras palabras, la oxitocina conduce a un aumento de la dopamina cerebral,[156] un hallazgo reciente de los neurocientíficos de Stanford Lin Hung, Rob Malenka y sus colegas.

---

156. La oxitocina también causa la liberación de serotonina (5HT) en el principal objetivo de la dopamina, el *nucleus accumbens*, y es la liberación de serotonina en el *nucleus accumbens* lo que es más importante que la liberación de dopamina para promover comportamientos «prosociales». Sin embargo, la liberación simultánea de dopamina es probablemente lo que hace que las conductas prosociales sean potencialmente adictivas. Lin W. Hung, Sophie Neuner, Jai S. Polepalli, Kevin T. Beier, Matthew Wright, Jessica J. Walsh, Eastman M. Lewis y otros, «Gating of Social Reward by Oxitocin in the Ventral Tegmental Area», *Science* 357, n.º 6358, 2017, págs.1406-1411, https://doi.org/10.1126/science.aan4994.

Al sincerarse con su esposa y ver que su revelación era recibida con calidez y empatía, Jacob probablemente experimentó un aumento en la oxitocina y la dopamina en su vía de recompensa, lo que lo alentó a seguir siendo sincero.

Decir la verdad favorece la empatía. El consumo excesivo-compulsivo de productos dopaminérgicos, en cambio, constituye la antítesis de la empatía. El consumo conduce al aislamiento y la indiferencia, ya que la droga reemplaza a la recompensa obtenida por relacionarnos con los demás.

Los experimentos muestran que una rata libre se esforzará, de forma instintiva, por liberar a otra rata que se encuentre atrapada dentro de una botella de plástico.[157] Pero si a la rata libre se le permite autoadministrarse heroína, ya no estará interesada en ayudar a la rata atrapada, pues estará demasiado sumida en una niebla de opioides como para preocuparse por otro miembro de su especie.

* * *

Cualquier comportamiento que conduzca a un aumento de la dopamina tiene el potencial de ser explotado. Me explicaré: me refiero a esa especie de «porno-revelación» que prolifera en la cultura moderna, y que consiste en revelar aspectos íntimos de nuestras vidas, pero no para fomentar la intimidad y el acercamiento, sino para convertirlos en una forma de manipulación, con el objeto de obtener cierto tipo de gratificación egoísta.

En una conferencia médica sobre adicción, en 2018, me senté junto a un hombre que me comentó que pasaba por un proceso de recuperación a largo plazo de una adicción. Estaba allí para contar su historia de recuperación a la audiencia. Justo antes de subir al escenario, se volvió hacia

---

157. Seven E. Tomek, Gabriela M. Stegmann y M. Foster Olive, «Effects of Heroin on Rat Prosocial Behavior», *Addiction Biology* 24, n.º 4, 2019, págs. 676-684, https://doi. org/10.1111/adb.12633.

mí y me anunció: «Prepárate para llorar». Sentí un desagrado inmediato. Me molestó que pretendiera anticiparse a mi reacción a su relato.

En efecto, su historia de adicción y recuperación era desgarradora. Pero no me conmovió hasta las lágrimas, lo que me sorprendió porque las historias de sufrimiento y redención me suelen afectar profundamente. Su historia parecía falsa, a pesar de que fácticamente podría haber sido verdadera. Las palabras que pronunció no coincidían con las emociones que había detrás. En lugar de sentir que nos concedía un acceso privilegiado a un momento doloroso de su vida, sentí que estaba ante una persona grandilocuente y manipuladora. Quizá la historia sonara así porque él ya la había contado muchas veces antes, y de tanto repetirla se hubiera vuelto rancia. Cualquiera que fuese la razón, no me inmuté.

En Alcohólicos Anónimos están familiarizados con un fenómeno llamado *drunkalogues*: historias de borracheras que se comparten para entretener y presumir, en lugar de enseñar y aprender. Estos monólogos de borrachos tienden a desencadenar el deseo de consumir en lugar de promover la recuperación. La línea que separa la revelación honesta de un problema propio del relato de un borracho manipulador es delgada e incluye diferencias sutiles en el contenido, el tono, la cadencia y el afecto, pero reconocemos la diferencia en cuanto lo escuchamos.

Espero que mis revelaciones en este libro, tanto acerca de mis propios problemas como de los problemas de los pacientes que me han autorizado a compartirlas nunca se desvíen hacia el lado equivocado de esa línea.

* * *

LAS AUTOBIOGRAFÍAS HONESTAS GENERAN RESPONSABILIDAD

Las verdades simples y directas sobre nuestra vida cotidiana son como eslabones de una cadena que se traducen en una narrativa autobiográfica honesta. Las narrativas autobiográficas son esenciales para comprender el tiempo vivido. Las historias que narramos sobre nuestras vidas no solo sirven como un recuento de nuestro pasado, sino que también pueden dar forma a nuestro comportamiento futuro.

En más de veinte años como psiquiatra, en los que he escuchado decenas de miles de historias de pacientes, me he convencido de que la forma en que contamos nuestras historias personales es un indicador y un predictor de la salud mental.

Los pacientes que cuentan historias en las que suelen ser las víctimas, y que rara vez se responsabilizan por los malos resultados, a menudo se encuentran mal, y continúan estando mal. Están demasiado ocupados culpando a otros como para dedicarse al asunto de su propia recuperación. En cambio, cuando mis pacientes comienzan a contar historias que describen con precisión su responsabilidad, sé que están mejorando.

La narrativa victimista refleja una tendencia social más amplia. Somos propensos a vernos a nosotros mismos como víctimas de las circunstancias y merecedores de una compensación o una recompensa por nuestro sufrimiento. Incluso cuando verdaderamente hemos sido víctimas, si la narrativa nunca va más allá de la victimización es difícil que se produzca un cambio positivo.

Uno de los objetivos de la buena psicoterapia es ayudar a las personas a contar historias de curación. Si la narrativa autobiográfica fuese un río, la psicoterapia sería el medio por el cual ese río es cartografiado y, en algunos casos, redirigido.

Las historias de curación están estrechamente relacionadas con los eventos de la vida real. Buscar y encontrar la verdad, o la mayor aproximación posible a ella, con los datos de los que se dispone, nos brinda la oportunidad de obtener una visión y una comprensión reales, lo que a su vez nos permite tomar buenas decisiones.

Como he mencionado antes, la práctica moderna de la psicoterapia a veces no alcanza ese elevado objetivo. Como proveedores de atención de la salud mental, estamos tan atrapados en la práctica de la empatía que hemos perdido de vista el hecho de que la empatía sin responsabilidad es un intento miope de aliviar el sufrimiento. Si el terapeuta y el paciente recrean una historia en la que el paciente es una víctima perpetua de fuerzas que escapan a su control, es muy probable que el paciente continúe ocupando el lugar de víctima.

Pero si el terapeuta logra ayudar al paciente a asumir la responsabilidad, no por el hecho en sí, sino por cómo reacciona ante él en el aquí y ahora, entonces ese paciente estará capacitado para seguir adelante con su vida.

Me han impresionado profundamente la filosofía y las enseñanzas de Alcohólicos Anónimos sobre este punto.[158] Uno de los lemas preferidos de AA, a menudo impreso en negrita en sus folletos, es: «Soy responsable».

Además de en la responsabilidad, Alcohólicos Anónimos pone énfasis en la «honestidad rigurosa» como un precepto central de su filosofía; estas ideas —responsabilidad y honestidad— van juntas. El cuarto de los Doce Pasos de AA requiere que los miembros hagan un «inventario moral minucioso y valiente», en el que el individuo analiza sus defectos de carácter y cómo han contribuido a crear un problema. El quinto paso es el «paso de la confesión», en el que los miembros de AA declaran «admitir ante Dios, ante nosotros mismos y ante otros seres humanos la naturaleza exacta de nuestro mal». Este enfoque sencillo, práctico y sistemático puede tener un impacto poderoso y transformador.

Lo experimenté personalmente cuando estaba en la treintena y realizaba las prácticas de mi residencia en psiquiatría en Stanford.

Mi supervisor y mentor de psicoterapia —el que usaba sombrero de fieltro, que mencioné al principio— sugirió que probara los Doce Pasos como una forma de superar mi resentimiento hacia mi madre. Se dio cuenta mucho antes que yo de que me estaba aferrando a mi

---

158. *Twelve Steps and Twelve Traditions*, Alcoholics Anonymous World Services, Nueva York.

ira de una manera obsesiva y adictiva. Había dedicado años a la psicoterapia intentando comprender mi relación con ella, pero el tratamiento parecía alimentar mi ira hacia ella por no ser la madre que yo quería que fuera, y la que creía que necesitaba.

En un generoso gesto de autorrevelación, mi supervisor me dijo que llevaba décadas recuperado de una adicción al alcohol, y que AA y los Doce Pasos lo habían ayudado a conseguirlo. Aunque mi problema no era la adicción en sí, él tenía la sensación instintiva de que los Doce Pasos me ayudarían y accedió a guiarme a través de ellos.

Trabajé los pasos con él y la experiencia fue realmente transformadora, especialmente los pasos 4 y 5. Por primera vez en mi vida, en lugar de centrarme en las formas en que percibía que mi madre me había fallado, consideré lo que yo misma había aportado a la hora de hacer más tensa nuestra relación. Me concentré en las interacciones recientes más que en los acontecimientos de la infancia, ya que mi responsabilidad durante la infancia había sido menor.

Al principio me resultó difícil ver las maneras en las que había contribuido al problema. Realmente me veía a mí misma como la víctima indefensa, en todos los aspectos. Estaba obsesionada con su renuencia a venir a mi casa, o a cultivar una relación con mi esposo y mis hijos; su actitud contrastaba con la relación más cercana que mantenía con mis hermanos y sus hijos. Estaba resentida por lo que percibía como su incapacidad para aceptarme como soy, porque sentía que ella quería que yo fuera diferente: más cálida, más flexible, menos autosuficiente, más modesta, más divertida.

Pero luego emprendí el doloroso proceso de escribir... Sí, escribir sobre el asunto y, por lo tanto, tornarlo aún más real, incluyendo mis problemas de carácter y cómo contribuían a dañar nuestra relación. Como dijo Esquilo: «Debemos sufrir, sufrir hasta la verdad».

El hecho es que soy una persona ansiosa y temerosa, aunque pocos lo adivinarían. Tengo una agenda rígida, una rutina predecible y una observancia servil con respecto a mi lista de tareas pendientes, como una manera de controlar mi ansiedad. Esto hace que los demás a menudo se vean obligados a ceder a mi voluntad y a las exigencias que me impongo.

La maternidad, a pesar de que es la experiencia más gratificante de mi vida, también es la que más ansiedad me ha provocado. De ahí que mis modos de defenderme y afrontar el reto alcanzaran nuevas cotas cuando mis hijos eran pequeños. En retrospectiva, me doy cuenta de que hacernos una visita en esa época no debió resultar agradable para nadie, incluida mi madre. Mantenía un control estricto sobre el funcionamiento de nuestra casa, y me ponía muy ansiosa si las cosas no estaban en orden. Trabajé sin descanso, tomándome poco o ningún tiempo para mí misma, para mis amigos y familiares, o para el esparcimiento. Evidentemente no era una persona muy divertida en esa época, excepto —espero— para mis hijos.

En cuanto al resentimiento hacia mi madre por querer que yo fuera diferente, me di cuenta con repentina y meridiana claridad de que yo era culpable de lo mismo que le reprochaba a ella. Yo me negaba a aceptarla tal como era, pretendiendo que fuera una especie de Madre Teresa que velara por nuestro hogar y nos cuidara a todos, incluyendo a mi esposo y mis hijos, de la manera concreta en que necesitábamos ser cuidados.

Al exigirle que viviera a la altura de mi visión idealizada acerca de cómo debía ser una madre y abuela, solo podía ver sus defectos y ninguna de sus cualidades, de las muchas que posee. Es una artista talentosa. Es encantadora. Puede ser divertida y alocada. Tiene un corazón bondadoso y una generosidad natural, siempre que no se sienta juzgada o abandonada.

Al trabajar los pasos de AA pude ver estas cosas con mayor claridad, y entonces mi resentimiento se disipó. Me liberé de la pesada carga de mi ira hacia mi madre. ¡Qué alivio!

Mi propia curación contribuyó a mejorar mi relación con ella. Me volví menos exigente, más indulgente y menos crítica. También me di cuenta de que el roce entre ambas tuvo un aspecto positivo: gracias a él soy una persona resistente y autosuficiente, de un modo que podría no haber sido posible si ella y yo hubiéramos sido más compatibles.

Sigo intentando practicar ese tipo de sinceridad en todas mis relaciones. No siempre tengo éxito, e instintivamente quiero echarle la culpa a los demás. Pero si soy disciplinada y diligente, me doy cuenta de que yo también soy responsable. Cuando logro esa honestidad y soy capaz de contar la versión verdadera a mí misma y a los demás, experimento un sentimiento de rectitud y equidad que le da al mundo el orden que anhelo.

* * *

Una narrativa autobiográfica veraz nos permite, además, ser más auténticos, espontáneos y libres en el presente.

El psicoanalista Donald Winnicott introdujo el concepto de «falso yo» en la década de 1960.[159] Según él, el falso yo es una identidad autoconstruida como defensa ante exigencias externas intolerables y otros factores estresantes. Winnicott postuló que la creación del falso yo puede conducir a un sentimiento de profundo vacío. Allí no hay un «allí».

Las redes sociales han contribuido al problema del falso yo al convertirlo en algo mucho más fácil de construir, y al animarnos a crear narrativas sobre nuestras vidas muy alejadas de la realidad.

En su vida online, mi paciente Tony, de unos veinte años, corría todas las mañanas para disfrutar del amanecer; pasaba el día comprometido con esfuerzos artísticos constructivos y ambiciosos, por los que había recibido numerosos premios. En su vida real, en cambio, apenas podía levantarse de la cama; consumía pornografía de

---

159. Donald W. Winnicott, «Ego Distortion in Terms of True and False Self», en *The Maturational Process and the Facilitating Environment: Studies in the Theory of Emotional Development,*

International Universities Press, Nueva York, 1960, págs. 140-157.

forma compulsiva; le costaba encontrar un empleo remunerado; se sentía aislado y deprimido, y tenía tendencias suicidas. Había muy poco de su vida real en su página de Facebook.

Cuando nuestra experiencia vital difiere de la imagen que proyectamos tendemos a sentirnos distantes e irreales, tan falsos como las imágenes falsas que hemos creado. Los psiquiatras llaman a este sentimiento «desrealización» y «despersonalización».

Es un sentimiento aterrador que suele conducir a pensamientos suicidas. Si no nos sentimos reales, acabar con nuestra vida se puede sentir como algo intrascendente.

El antídoto contra el falso yo es el auténtico yo. La honestidad radical es una forma de alcanzarlo: nos ata a nuestra existencia y nos hace sentir reales en este mundo. También disminuye la carga cognitiva que requiere mantener todas esas mentiras, liberando energía mental para que vivamos el momento de forma más espontánea.

Cuando ya no tenemos que esforzarnos por presentar un yo falso, nos volvemos más abiertos a nosotros mismos y a los demás. Como escribió el psiquiatra Mark Epstein en su libro *Going on Being* sobre su propio viaje hacia la autenticidad: «Dejé de esforzarme por manejar mi entorno; comencé a sentirme revitalizado, a encontrar un equilibrio, a permitir un sentimiento de conexión con la espontaneidad del mundo natural y con mi propia naturaleza interior».[160]

DECIR LA VERDAD ES CONTAGIOSO... MENTIR TAMBIÉN

En 2013, mi paciente María estaba en pleno apogeo de su problema con la bebida. Con frecuencia debía acudir a las salas de urgencias locales con un nivel de alcohol en sangre cuatro veces superior al límite legal. Diego, su esposo, había asumido la mayor parte de sus cuidados.

---

160. Mark Epstein, *Going on Being: Life at the Crossroads of Buddhism and Psychotherapy*, Wisdom Publications, Boston, 2009.

Mientras tanto, Diego luchaba contra su propia adicción a la comida. Con 1,55 m de altura, pesaba 152 kg. Solo se sintió motivado para abordar su propia adicción cuando María dejó de beber.

—Ver a María recuperarse —me dijo— me motivó a hacer cambios en mi propia vida. Cuando María bebía, solía salirme con la mía. Sabía que iba por mal camino. No me sentía seguro en mi propio cuerpo. Pero fue su sobriedad lo que hizo que me pusiera en marcha. Me di cuenta de que ella iba por el buen camino, y yo no quería quedarme atrás.

»Así que compré un *Fitbit*, un reloj inteligente. Empecé a ir al gimnasio. Empecé a contar calorías… contar las calorías me hizo darme cuenta de cuánto estaba comiendo. Luego empecé a hacer la dieta cetogénica y a practicar el ayuno intermitente. No me permitía comer tarde por la noche, o por la mañana hasta que hubiera hecho ejercicio. Corrí. Levanté pesas. Aprendí que el hambre es una señal que puedo ignorar. Este año (2019) peso 88 kg. Tengo la tensión arterial normal, por primera vez en mucho tiempo.

En mi práctica clínica, he visto a menudo a un paciente recuperarse de la adicción, seguido rápidamente por un miembro de su familia que hace lo mismo. He visto a maridos que dejan de beber, y a continuación sus esposas dejan de tener aventuras. He visto a padres que dejan de fumar marihuana, seguidos por sus hijos que hacen lo mismo.

* * *

He mencionado el experimento de Stanford con malvaviscos de 1968, en el que se estudió la capacidad de retrasar la gratificación en niños de entre tres y seis años. Los dejaron solos en una habitación vacía con un malvavisco en un plato, diciéndoles que si podían pasar quince minutos completos sin comerlo obtendrían ese malvavisco y otro de propina. Es decir, obtendrían una recompensa doble si lograban esperar.

En 2012, investigadores de la Universidad de Rochester alteraron ese experimento de una manera crucial. A un grupo de niños, antes de que se realizara la prueba del malvavisco, se les hizo experimentar una promesa rota.[161] Los investigadores salían de la habitación y le decían al niño que regresarían cuando él tocara un timbre, pero luego no lo hacían. Al otro grupo de niños se les dijo lo mismo, pero cuando tocaron el timbre el investigador regresó tal como había prometido.

Los niños del último grupo estaban dispuestos a esperar hasta cuatro veces más (doce minutos) por un segundo malvavisco que los niños del grupo de la promesa rota.

* * *

¿Cómo debemos entender el hecho de que la recuperación de María de su adicción al alcohol inspirara a Diego a abordar su problema con la comida? ¿O por qué cuando los adultos cumplen sus promesas a los niños, estos pueden controlar mejor sus impulsos?

La forma en que yo lo entiendo es diferenciando lo que llamo la «mentalidad de abundancia de la mentalidad de escasez». Decir la verdad genera una mentalidad de abundancia. Mentir genera una mentalidad de escasez. Lo explicaré.

Cuando las personas que nos rodean son confiables, nos dicen la verdad y cumplen las promesas que nos hacen, nos sentimos más seguros acerca del mundo y de nuestro propio futuro en él. Creemos que podemos confiar no solo en ellos, sino también en que el mundo será un lugar ordenado, predecible y seguro. Incluso en medio de la escasez, confiamos en que las cosas saldrán bien. Esta es una mentalidad de abundancia.

Cuando las personas que nos rodean mienten y no cumplen sus promesas, nos sentimos menos seguros con respecto al futuro. El mundo se convierte en un lugar peligroso, del que no se puede esperar que

---

161. Celeste Kidd, Holly Palmeri y Richard N. Aslin, «Rational Snacking: Young Children's Decision-Making on the Marshmallow Task Is Moderated by Beliefs about Environmental Reliability», *Cognition* 126, n.º 1, 2013, págs. 109-114, https://doi.org/10.1016/j.cognition.2012.08.004.

sea ordenado, predecible o seguro. Entramos en un modo de supervivencia competitivo, y preferimos las ganancias a corto plazo en lugar de los beneficios a largo plazo, independientemente de la riqueza material real. Esta es una mentalidad de escasez.

Un experimento del neurocientífico Warren Bickel y sus colegas analizó el impacto en la tendencia de los participantes del estudio a retrasar la gratificación por una recompensa monetaria tras haber leído una narración que proyectaba un estado de abundancia, comparándolo con el impacto tras leer una narración sobre un estado de escasez.

El texto de la abundancia decía así: «Usted acaba de ser ascendido en su trabajo. Tendrá la oportunidad de mudarse a una parte del país en la que siempre quiso vivir, o elegir quedarse donde está. Cualquiera que sea su decisión, la empresa le dará una gran cantidad de dinero para cubrir los gastos de la mudanza y le dirá que se quede con el dinero que no haya gastado. Además, ganará un 100 % más de lo que ganaba anteriormente».

El texto de la escasez decía así: «Le acaban de despedir de su trabajo.[162] Ahora tendrá que mudarse a casa de un pariente que vive en una parte del país que a usted no le gusta y tendrá que gastar todos sus ahorros en la mudanza. No podrá acceder a un subsidio por desempleo, por lo que no tendrá ningún ingreso hasta que encuentre otro trabajo».

Los investigadores encontraron, como era de esperar, que los participantes que leyeron la narrativa de la escasez estaban menos dispuestos a esperar una recompensa en el futuro y era más probable que quisieran una recompensa inmediata. Aquellos que leyeron la narrativa de la abundancia estaban más dispuestos a esperar su recompensa.

---

162. Warren K. Bickel, A. George Wilson, Chen Chen, Mikhail N. Koffarnus y Christopher T. Franck, «Stuck in Time: Negative Income Shock Constricts the Temporal Window of Valuation Spanning the Future and the Past», *PLOS ONE* 11, n.º 9, 2016, págs. 1-12, https://doi.org/10.1371/journal.pone.0163051.

Tiene sentido que, cuando los recursos son escasos, las personas apuesten más por ganancias inmediatas y confíen menos en conseguir esas recompensas en un futuro lejano.

La pregunta es: ¿Por qué tantas personas que vivimos en naciones ricas y con abundantes recursos materiales encaramos nuestra vida diaria con una mentalidad de escasez?

Como hemos visto, tener demasiadas riquezas materiales puede ser tan malo como tener muy poco. La sobrecarga de dopamina afecta nuestra capacidad de retrasar la gratificación. Las exageraciones en las redes sociales y la política de la «posverdad» (llamémosla por su nombre, de la mentira) intensifican nuestra sensación de escasez. El resultado es que incluso en medio de la abundancia nos sentimos empobrecidos.

Así como es posible tener una mentalidad de escasez en medio de la abundancia, también es posible tener una mentalidad de abundancia en medio de la escasez. El sentimiento de abundancia proviene de una fuente que está más allá del mundo material. Creer en algo que nos trasciende, o trabajar para lograrlo y fomentar una vida rica en conexiones humanas y significado puede funcionar como pegamento social, al favorecer una mentalidad de abundancia incluso en medio de la pobreza extrema. Encontrar conexión y significado requiere una honestidad radical.

DECIR LA VERDAD COMO PREVENCIÓN

—Permíteme primero explicar mi cometido —le dije a Drake, un médico al que nuestro comité de bienestar profesional me había pedido que evaluara—. Estoy aquí para determinar si es posible que tengas una enfermedad mental que afecte negativamente tu capacidad para practicar la medicina, y si será preciso tomar algunas medidas para que puedas realizar tu trabajo. Pero espero que, más allá de la evaluación de hoy, también me veas como a alguien a quien puedes recurrir en caso de que necesites un tratamiento de salud mental, o un apoyo emocional.

—Te lo agradezco —respondió. Se le veía relajado.

—Tengo entendido que has recibido una multa por conducir bajo los efectos del alcohol. ¿Es así?

Para los conductores de veintiún años o más en Estados Unidos, es ilegal conducir con una concentración de alcohol en sangre del 0,08 % o superior.

—Sí. Hace más de diez años, cuando estaba en la facultad de Medicina.

—Mmm. Estoy confundida. ¿Por qué has venido a verme ahora? Por lo general, me piden que evalúe a los médicos en prácticas inmediatamente después de que reciban una DUI.

—Soy nuevo aquí. Informé sobre la DUI en mi formulario de solicitud. Supongo que los del comité de bienestar solo quieren asegurarse de que todo esté bien.

—Supongo que tiene sentido —dije—. Bueno, cuéntame tu historia.

* * *

En 2007, Drake estaba en el primer semestre de su primer año en la escuela de medicina. Había conducido hacia el noreste desde California, cambiando las soleadas praderas de la costa del Pacífico por las suaves colinas de Nueva Inglaterra en todo su esplendor otoñal.

Se había decidido por la medicina tardíamente, tiempo después de completar sus estudios universitarios en California, donde se «graduó» en surf y pasó un semestre viviendo en el bosque detrás del campus, «escribiendo mala poesía».

Después del primer examen, algunos de sus compañeros de facultad organizaron una fiesta en su casa en el campo. El plan era que un amigo condujera, pero en el último minuto el amigo tuvo problemas con el coche, por lo que Drake acabó conduciendo.

—Recuerdo que era un hermoso día de principios de otoño, en septiembre. La casa estaba en un camino rural, no muy lejos de donde yo vivía.

La fiesta resultó ser más divertida de lo que Drake esperaba. Era la primera vez que se soltaba desde que había ingresado en la escuela de medicina. Comenzó bebiendo un par de cervezas y luego se pasó al Johnnie Walker Blue Label. A las once y media de la noche, cuando acudió la policía porque un vecino protestó por el ruido, Drake estaba ebrio. Su amigo también.

—Mi amigo y yo nos dimos cuenta de que estábamos demasiado borrachos para conducir. Así que nos quedamos en la casa. La policía y la mayoría de los invitados se fueron. Encontré un sofá y traté de dormir. A las dos y media de la mañana, me levanté. Todavía estaba un poco borracho, pero no me sentía alterado. Para regresar a mi casa había que recorrer un tramo corto, unos tres o cuatro kilómetros, por un camino rural vacío. Lo hicimos.

Tan pronto como Drake y su amigo tomaron el camino rural, vieron un coche de policía a un lado de la carretera. La policía comenzó a seguirlos, como si los hubieran estado esperando. Llegaron a un cruce en el que un semáforo, colgando de un cable, se sacudía y retorcía con el fuerte viento.

—Pensé que parpadeaba en ámbar en mi dirección, y en rojo para el otro lado, pero era difícil saberlo porque se balanceaba mucho. Además, me había puesto nervioso con la policía detrás de mí. Atravesé el cruce lentamente y no pasó nada, así que pensé que tenía razón sobre el ámbar intermitente y seguí adelante. Quedaba un solo cruce más y un giro a la izquierda hacia mi casa. Giré, pero olvidé poner el intermitente, y fue entonces cuando el policía me detuvo.

El oficial de policía era joven, de la misma edad que Drake.

—Parecía nuevo en el trabajo, era casi como si se sintiera mal por detenerme, pero tenía que hacerlo.

Le hizo a Drake un test de sobriedad y un control de alcoholemia. Dio un 0,10 %, un poco por encima del límite legal. El oficial lo llevó a la comisaría, donde Drake tuvo que llenar un montón de papeles y se enteró de que le retiraban temporalmente el permiso por conducir bajo los efectos del alcohol. Alguien de la comisaría lo llevó a casa.

—Al día siguiente, recordé un rumor de que un amigo con el que crecí había recibido una DUI durante su residencia en medicina de urgencia. Era alguien a quien realmente respetaba. Había sido el presidente de nuestra clase. Lo llamé. «Hagas lo que hagas —me dijo mi amigo—, no puedes tener una DUI en tu expediente, y menos como médico. Consigue un abogado de inmediato y él encontrará la manera de convertirla en una "conducción imprudente" o eliminarla por completo». Eso fue lo que hice.

Drake encontró un abogado local y le pagó cinco mil dólares por adelantado, un dinero que sacó de su préstamo estudiantil.

El abogado le dijo: «Te van a citar en el juzgado. Vístete bien, compórtate de forma agradable. El juez te llamará al estrado y te preguntará cómo te declaras, y le dirás «No culpable». Eso es todo. Es todo lo que tienes que hacer. Dos palabras: «No culpable». Empezaremos por ahí».

El día de la audiencia, Drake se vistió como le dijeron. Vivía a pocas manzanas del juzgado y, mientras caminaba hacia allí, se puso a pensar. Pensó en su primo de Nevada, que conducía borracho y chocó de frente con un coche que venía en sentido contrario. Él y la chica de dieciocho años que conducía el otro vehículo murieron. Las personas que vieron a su primo en un bar antes del accidente dijeron que había estado bebiendo como si quisiera matarse.

—En el juzgado, vi a otros hombres de mi edad. Parecían, ya sabes, menos privilegiados que yo. Pensaba que probablemente no tenían un abogado. Empecé a sentirme despreciable.

Una vez dentro de la sala del tribunal, mientras esperaba a que lo llamaran, Drake siguió pensando en las instrucciones de su abogado: «El juez te llamará al estrado y te preguntará cómo te declaras, y le dirás "No culpable". Eso es todo. Es todo lo que tienes que hacer. Dos palabras: "No culpable"».

El juez lo llamó al estrado de los testigos. Drake se acomodó en la silla de madera dura, justo debajo y a la derecha del juez. Se le pidió que levantara la mano derecha y jurara decir la verdad. Él lo juró.

Miró a la gente en la sala del tribunal. Miró al juez. El juez se volvió hacia él y le dijo: «¿Cómo se declara?».

Drake sabía lo que se suponía que tenía que decir. Había planeado decirlo. Dos palabras. «No culpable». Las palabras estaban casi en sus labios. Tan cerca.

—Pero luego me puse a pensar en ese momento, cuando tenía cinco años y le pedí un helado a mi papá y me dijo que tendría que esperar hasta después del almuerzo. Le dije: «He almorzado. He ido al lado, a la casa de Michael, y me ha dado un perrito caliente». Pero la verdad es que nunca fui a la casa de Michael. Michael y yo no éramos realmente amigos, y mi padre lo sabía. Bueno, mi papá no perdió el tiempo. Cogió el teléfono y le preguntó a Michael: «¿Le has dado a Drake un perrito caliente?». Después se sentó, y me dijo con calma que mentir es siempre la peor opción. Me dijo que mentir nunca vale la pena, por las consecuencias. Lo recuerdo como si fuera hoy.

»Todo el tiempo había estado planeando declararme «no culpable», tal como me dijo el abogado. No es que hubiera tomado una decisión diferente antes de subir al estrado, pero en el momento en que el juez me preguntó no pude pronunciar las palabras. Simplemente no pude. Sabía que era culpable. Había conducido después de haber estado bebiendo.

«Culpable», dijo Drake.

El juez se enderezó en su silla, como si se despertara por primera vez esa mañana. Volvió la cabeza, muy despacio. Miró directamente a Drake, escrutándolo con los ojos entrecerrados. «¿Está seguro de que esa es su declaración definitiva? ¿Se da cuenta de las consecuencias? Porque no podrá volver atrás».

—Nunca olvidaré la forma en que giró la cabeza y me miró —continuó Drake—. Pensé que era un poco extraño que me estuviera preguntando eso. Me pregunté durante una fracción de segundo si estaba cometiendo un error. Luego le dije al juez que sí, que estaba seguro.

Después, Drake llamó al abogado y le contó lo sucedido.

—Se quedó muy sorprendido. Me dijo: «Respeto su honestidad. No suelo hacer esto, pero le devolveré sus cinco mil dólares».

Y lo hizo. Un reembolso total.

Drake pasó el año siguiente asistiendo a las clases obligatorias que implicaba una DUI. Las clases se dictaban en lugares distantes. Como no podía conducir, tomaba el autobús; podía pasar horas viajando, cada vez. En las reuniones obligatorias, se sentaba en círculo con personas con las que normalmente no habría tenido contacto, «muy distintas de la gente con la que estaba en la escuela de medicina». La mayoría eran hombres blancos mayores que él, con múltiples DUI en su haber.

Después de pagar más de mil dólares en multas y pasar decenas de horas en las clases obligatorias, Drake recuperó su permiso de conducir. Pero resultó ser solo el comienzo.

Terminó la carrera de Medicina y solicitó la residencia, mencionando la DUI en toda la documentación. Para obtener su licencia médica, tuvo que hacer lo mismo. Y nuevamente al solicitar la certificación de la junta de especialización. Al final de todo ello, cuando consiguió un puesto de residente en el área de la Bahía de San Francisco, se enteró de que ninguna de las clases de DUI a las que había asistido en Vermont contaba en California, por lo que tuvo que hacerlas todas de nuevo.

—Trabajaba muchas horas diarias, hasta muy tarde por la noche. Salía corriendo del hospital para llegar a las clases en autobús. Si llegaba un minuto tarde, tenía que pagar una tasa. Hubo un momento en el que me pregunté si habría sido mejor mentir. Pero ahora, cuando miro atrás, me alegro de haber dicho la verdad.

»Mis padres tuvieron problemas con la bebida cuando yo era pequeño. Mi padre todavía bebe. Puede pasar semanas seguidas sin beber, pero cuando lo hace, se pone fatal. Mi madre se recuperó hace diez años, pero estuvo bebiendo sin parar mientras yo crecía, aunque yo no lo sabía, y nunca la vi borracha. Pero a pesar de sus problemas, mis padres lograron hacerme sentir que podía ser abierto y honesto con ellos.

»Siempre mostraban amor y orgullo por mí, incluso cuando me portaba mal. No fueron complacientes conmigo. Nunca me dieron dinero para pagar mis gastos judiciales, por ejemplo, aunque podrían haberlo hecho. Pero, al mismo tiempo, nunca me juzgaron. Crearon un espacio cómodo y seguro para que yo creciera. Eso me permitió ser abierto y honesto.

»Hoy, yo mismo rara vez bebo. Soy propenso a hacer las cosas compulsivamente y soy arriesgado, por lo que era muy posible que tomara ese camino. Pero creo que decir la verdad en ese momento crucial de mi vida, cuando me impusieron esa DUI, me impulsó a tomar otro camino. Quizás ser honesto a lo largo de los años me ha ayudado a sentirme más cómodo conmigo mismo. No guardo secretos.

* * *

Es posible que decir la verdad y sufrir las duras consecuencias cambiara la trayectoria de la vida de Drake. Él parecía pensar así. El profundo respeto por la honestidad que le infundió su padre a una edad temprana parecía haber tenido un impacto mayor que su considerable carga genética de adicción. ¿Podría la honestidad radical ser considerada una medida preventiva?

La experiencia de Drake no nos dice nada sobre lo contraproducente que podría ser la honestidad radical en un sistema corrupto y disfuncional, o sobre cómo los privilegios de raza y clase en nuestra sociedad contribuyeron a su capacidad para superar las considerables repercusiones. Si hubiera sido una persona pobre y/o de color, el resultado podría haber sido muy diferente.

No obstante, su historia me ha convencido, como madre, de que puedo y debo considerar la honestidad como un valor fundamental en la crianza de mis hijos.

* * *

Mis pacientes me han enseñado que la honestidad crea relaciones más satisfactorias, nos hace más conscientes y responsables de una narrativa más auténtica, y fortalece nuestra capacidad para retrasar la gratificación. Incluso puede prevenir el desarrollo de una adicción en el futuro.

Para mí, la honestidad es una lucha diaria. Siempre hay una parte de mí que quiere embellecer un poquito la historia, hacerme quedar mejor o encontrar una excusa para mi mal comportamiento. Me esfuerzo mucho por luchar contra esos impulsos.

Aunque es difícil en la práctica, esta pequeña y sencilla herramienta —decir la verdad— está sorprendentemente a nuestro alcance. Cualquiera puede despertarse un día y decidir: «Hoy no voy a mentir sobre nada». Al hacerlo, no solo cambiará su propia vida para mejor, sino que quizás incluso ayudará a cambiar el mundo.

9

Vergüenza prosocial

Cuando se trata de un consumo excesivo-compulsivo, la vergüenza es una emoción intrínsecamente compleja. Puede ser el vehículo para perpetuar el comportamiento, pero también el impulso para detenerlo. Entonces, ¿cómo reconciliamos esta paradoja?

Primero, hablemos de lo que es la vergüenza.

La literatura psicológica actual identifica la vergüenza como una emoción distinta de la culpa. La idea es la siguiente: la vergüenza nos hace sentirnos mal con nosotros mismos como personas, mientras que la culpa nos hace sentir mal por nuestras acciones, pero conservando una imagen favorable de nosotros mismos. La vergüenza es una emoción desadaptativa. La culpa es una emoción adaptativa.

Mi problema con la dicotomía verguenza/culpa es que, como experiencia, la vergüenza y la culpa son idénticas. Intelectualmente, es posible que pueda diferenciar el odio hacia uno mismo de la convicción de «ser una buena persona que hizo algo mal»; pero en el momento en que siento vergüenza y culpa, el golpe en el estómago de una emoción, el sentimiento es idéntico: arrepentimiento, mezclado con el miedo al castigo y el terror al abandono. El arrepentimiento es por haber sido descubierta y puede incluir o no arrepentimiento por el comportamiento en sí. El terror al abandono, su propia forma de castigo, puede ser especialmente potente. Es el terror de ser expulsado, rechazado, de no formar más parte de la manada.

Sin embargo, la dicotomía vergüenza/culpa conecta con algo real. Creo que la diferencia no es cómo experimentamos la emoción, sino cómo responden los demás a nuestra transgresión.

Si los otros responden rechazándonos, condenándonos o evitándonos, entramos en el ciclo de lo que yo llamo «vergüenza destructiva». La vergüenza destructiva profundiza la experiencia emocional de la vergüenza y nos condiciona para perpetuar el comportamiento que nos llevó a sentir vergüenza en primer lugar. Si los otros responden acercándose más y brindándonos una guía clara para la redención/recuperación, entramos en el ciclo de la «vergüenza prosocial». La vergüenza prosocial mitiga la experiencia emocional de la vergüenza y nos ayuda a detener o reducir el comportamiento que nos la produce.

Teniendo esto en cuenta, empecemos por hablar de cuándo la vergüenza sale mal (cuando estamos ante una vergüenza destructiva) como preludio para hablar de cuándo la vergüenza sale bien (es decir, cuando es una vergüenza prosocial).

VERGÜENZA DESTRUCTIVA

Uno de mis colegas psiquiatras me dijo una vez: «Si no nos gustan nuestros pacientes, no podemos ayudarlos».

Cuando conocí a Lori, no me gustó.

Lori estaba en modo ejecutivo; se apresuró a decirme que estaba allí solo porque la había enviado su médico de cabecera, lo cual, por cierto, era totalmente innecesario, porque nunca había tenido ningún tipo de adicción u otro problema de salud mental y solo necesitaba que se lo confirmara para que pudiera volver al «médico de verdad» para obtener sus medicamentos.

—Me sometí a una cirugía de *bypass* gástrico —dijo, como si esto fuera una explicación suficiente para las dosis peligrosamente altas de fármacos recetados que estaba tomando. Hablaba como una maestra de escuela pasada de moda que estuviera sermoneando a su alumno menos dotado.

—Solía pesar más de noventa kilos —continuó—, y ahora ya no. Por supuesto, como me desviaron el intestino me quedó un síndrome de malabsorción, por lo que necesito 120 miligramos de Lexapro solo para llegar a los niveles en sangre de una persona normal. Usted, doctora, más que nadie, debería entenderlo.

Lexapro es un antidepresivo que modula la serotonina, un neurotransmisor. Las dosis diarias medias son de 10 a 20 miligramos, lo que hacía que la dosis de Lori fuera como mínimo seis veces superior a la normal. Por lo general, los antidepresivos no se usan para drogarse, pero he visto casos de este tipo a lo largo de los años. Si bien es cierto que la cirugía en Y de Roux a la que Lori se sometió para perder peso puede ocasionar problemas para absorber alimentos y medicamentos, es muy raro necesitar dosis tan altas. Algo más estaba pasando.

—¿Está tomando algún otro medicamento o alguna otra sustancia?

—Tomo gabapentina y marihuana medicinal para el dolor. Y tomo Ambien para dormir. Esas son mis medicinas. Las necesito para tratar mi estado de salud. No sé qué hay de malo en eso.

—¿Qué trastornos le están tratando?

Por supuesto, yo había leído su historia clínica y sabía lo que decía, pero siempre me gusta verificar el nivel de comprensión de los pacientes sobre su diagnóstico y tratamiento médico.

—Tengo depresión y dolor en el pie debido a una vieja lesión.

—Vale. Tiene sentido. Pero las dosis son altas. Me pregunto si alguna vez ha tenido problemas por tomar más cantidad de medicamento de lo que planeaba, o por consumir alimentos o drogas para hacer frente a emociones dolorosas.

Se puso rígida, con la espalda recta, las manos entrelazadas en el regazo y los tobillos cruzados con fuerza. Parecía a punto de levantarse de su silla y salir corriendo de la consulta.

—Ya se lo he dicho, doctora, no tengo ese tipo de problemas —dijo, apretando los labios y desviando la mirada.

Suspiré.

—Cambiemos de enfoque —propuse, con la esperanza de suavizar nuestro difícil comienzo—. ¿Por qué no me cuenta algo sobre su vida, como una miniautobiografía? Dónde nació, quién la crio, cómo era de niña, los principales hitos de su vida hasta el día de hoy...

Una vez que conozco la historia de un paciente, las fuerzas que lo moldearon para crear a la persona que veo ante mí, mi animosidad se evapora con la calidez de la empatía. Entender verdaderamente a alguien es cuidarlo. Por eso siempre enseño a mis estudiantes y residentes de medicina —que están ansiosos por analizar la experiencia encuadrándola en compartimientos separados como «historial de enfermedades actuales», «examen de estado mental» y «examen de sistemas», como se les ha enseñado a hacer— a que en cambio se concentren en la historia. La historia recupera no solo la humanidad del paciente, sino también la nuestra.

* * *

Lori creció en la década de 1970 en una granja en Wyoming, la menor de tres hermanos criados por sus padres. Recordó que desde muy pequeña sintió que era diferente.

—Algo no andaba bien conmigo. No sentía que formara parte de nada. Me sentía incómoda y fuera de lugar. Tenía un defecto en el habla, un ceceo. Me sentí estúpida toda mi vida.

Lori era obviamente muy inteligente, pero nuestras primeras ideas acerca de nosotros mismos tienen una gran importancia en nuestras vidas, a pesar de todo lo que se diga en contra.

Recordó haberle tenido miedo a su padre, un hombre propenso a la ira. Pero la mayor amenaza en su hogar era el espectro de un Dios castigador.

—Al crecer, conocí a un Dios condenatorio. Si no eras perfecta, te ibas a ir al infierno.

Como resultado, decirse a sí misma que era perfecta, o al menos más perfecta que otras personas, se convirtió en un tema importante en su vida.

Lori era una estudiante del montón y una atleta superior a la media. Estableció el récord de la escuela secundaria en los cien metros vallas y comenzó a soñar con los Juegos Olímpicos. Pero en su tercer año de secundaria se rompió el tobillo durante una carrera. Necesitó cirugía y su incipiente carrera como corredora terminó abruptamente.

—La única cosa en la que era buena desapareció. Fue entonces cuando empecé a comer. Parábamos en McDonald's, y podía comerme dos Big Macs. Estaba orgullosa de eso. Cuando llegué a la universidad, ya no me importaba mi apariencia. Mi primer año pesaba 57 kilos. Para cuando me gradué y fui a la escuela de tecnología médica, pesaba 82. También comencé a experimentar con drogas: alcohol, marihuana, pastillas... sobre todo Vicodina. Pero mi droga preferida siempre fue la comida.

Los siguientes quince años de la vida de Lori estuvieron marcados por el vagabundeo. De pueblo en pueblo, de trabajo en trabajo, de novio en novio. Como técnica médica, le resultaba fácil conseguir trabajo en casi cualquier ciudad. La única constante en la vida de Lori era que asistía a la iglesia todos los domingos, sin importar dónde viviera.

Durante este tiempo, utilizó la comida, las pastillas, el alcohol, el cannabis, cualquier cosa que pudiera conseguir para escapar de sí misma. En un día típico, desayunaba un tazón de helado, tomaba una merienda en el trabajo y un Ambien tan pronto como llegaba a casa. Para la cena, comía otro tazón de helado, una Big Mac, una bolsa grande de patatas fritas y una Coca-Cola Light, seguidos de dos Ambien más y un «gran trozo de pastel» de postre. A veces tomaba Ambien al final de su turno, para darse impulso y estar colocada para cuando llegara a casa.

—Si no dejaba que me venciera el sueño después de tomarlo, me daba el subidón. Dos horas más tarde tomaría otros dos Ambien, para estar aun más colocada, eufórica. Era casi tan bueno como los opioides.

Lori repetía este ciclo, o uno parecido, un día tras otro. En sus días libres, para drogarse mezclaba pastillas para dormir con medicamentos para la tos, o bebía alcohol hasta emborracharse e incurría en conductas sexuales de riesgo. Para cuando estaba en la treintena, vivía sola en una casa en Iowa, y pasaba su tiempo libre drogándose y escuchando al presentador de radio y teórico conspiranoico Glenn Beck.

—Me convencí de que se acercaba el fin del mundo. Armagedón. Los musulmanes. Una invasión iraní. Compré un montón de bidones de gasolina y los guardé en mi segundo dormitorio. Luego los puse en el patio, cubiertos con una lona. Compré un rifle calibre 22. Luego me di cuenta de que podía volar por los aires, y entonces empecé a utilizar la gasolina para llenar el depósito de mi coche hasta que se acabó.

En cierto modo, Lori sabía que necesitaba ayuda, pero le aterrorizaba pedirla. Tenía miedo de que, si admitía que no era una «perfecta cristiana», la gente se apartaría de ella. En ocasiones había insinuado sus problemas en conversaciones con otros miembros de la iglesia, pero los sutiles mensajes que recibió como respuesta le indicaron que había cierto tipo de problemas que se suponía que los feligreses no debían compartir. En ese momento pesaba casi 113 kilos, sufría una depresión aplastante y había empezado a preguntarse si no estaría mejor muerta.

—Lori —le dije—, cuando lo vemos en conjunto, es decir los problemas con la comida, el cannabis, el alcohol o las pastillas, el denominador común parece ser el consumo excesivo-compulsivo y autodestructivo. ¿No te parece?

Ella me miró y no dijo nada. Entonces empezó a llorar. Cuando pudo hablar, me dijo: «Sé que es verdad, pero no quiero creerlo. No quiero escucharlo. Tengo un trabajo. Tengo un coche. Voy a la iglesia cada domingo. Pensé que la cirugía de *bypass* gástrico lo arreglaría todo. Pensé que perder peso cambiaría mi vida. Pero incluso después de haber perdido peso seguía queriendo morir.

Sugerí a Lori varios caminos posibles que podría tomar para mejorar, incluido el asistir a Alcohólicos Anónimos.

—No lo necesito —dijo sin vacilar—. Tengo mi iglesia.

Un mes después, Lori regresó, tal como habíamos programado.

—Me reuní con los ancianos de la iglesia.

—¿Y qué pasó?

Ella apartó la mirada.

—Me abrí de una manera como nunca antes lo había hecho... excepto contigo. Les dije todo... o casi todo. Simplemente, lo saqué todo fuera.

—¿Y entonces?

—Fue extraño. Se los veía... confundidos. Ansiosos. Como si no tuvieran idea de qué hacer conmigo. Me dijeron que rezara. Que ellos también rezarían por mí. También me aconsejaron que no hablara de mis problemas con otros miembros de la iglesia. Eso es todo.

—¿Qué significó eso para ti?

—En ese momento pude sentir a ese Dios condenatorio y acusador. Puedo citar las Escrituras, pero no siento ninguna conexión con el Dios amoroso que describen. No consigo estar a la altura de esa expectativa. No soy tan buena. He dejado de ir a la iglesia. Hace un mes que no la piso. Y sabes qué, nadie parece haberse dado cuenta. Nadie me ha llamado. Nadie se ha puesto en contacto conmigo. Ni una sola persona.

* * *

Lori quedó atrapada en el ciclo de la vergüenza destructiva. Cuando trató de ser honesta con otros miembros de la iglesia, se le aconsejó que no compartiera esa parte de su vida, transmitiéndole implícitamente que sería todavía más rechazada o humillada si hablaba abiertamente de sus conflictos. No podía arriesgarse a perder su lugar en la única comunidad a la que pertenecía. Pero mantener su comportamiento oculto también perpetuó su vergüenza, contribuyendo aún más a aislarla, y todo ello continuó alimentando el consumo.

Los estudios demuestran que las personas que participan activamente en organizaciones religiosas tienen, de promedio, tasas más bajas de abuso de drogas y alcohol.[163] Pero cuando las organizaciones religiosas se colocan en el lado equivocado de la ecuación de la vergüenza, evitando a los transgresores y fomentando una red de secretos y mentiras, contribuyen al ciclo de la vergüenza destructiva.

El ciclo de la vergüenza destructiva es así: el consumo excesivo conduce a la vergüenza, lo que lleva a ser rechazado por el grupo o a mentir para evitar el rechazo; ambas actitudes dan como resultado un mayor aislamiento, lo que contribuye al consumo continuo, haciendo que se perpetúe el ciclo.

El antídoto contra la vergüenza destructiva es la *vergüenza prosocial.* Veamos cómo podría funcionar.

---

163. Mark J. Edlund, Katherine M. Harris, Harold G. Koenig, Xiaotong Han, Greer Sullivan, Rhonda Mattox y Lingqi Tang, «Religiosity and Decreased Risk of Substance Use Disorders: Is the Effect Mediated by Social Support or Mental Health Status?», *Social Psychiatry and Psychiatric Epidemiology* 45, 2010, págs. 827-836, https://www.doi. org/10.1007/s00127-009-0124-3.

ALCOHÓLICOS ANÓNIMOS COMO MODELO
DE VERGÜENZA PROSOCIAL

Mi mentor me contó una vez qué fue lo que lo motivó a dejar la bebida. Recuerdo su historia a menudo, porque ilustra el cuchillo de doble filo de la vergüenza.

Hasta bien entrado en los cuarenta bebía en secreto todas las noches, después de que su esposa e hijos se hubieran ido a la cama. Siguió haciéndolo mucho después de haberle asegurado a su esposa que lo había dejado. Todas las pequeñas mentiras que contaba para encubrir que bebía, y el hecho de beber en sí, se habían acumulado y pesaban en su conciencia, lo que a su vez lo llevaba a beber más. Para entonces ya bebía por vergüenza.

Un día, su esposa lo descubrió. «La decepción y el sentimiento de haber sido traicionada que se reflejaban en su mirada me hicieron jurarle que nunca volvería a beber», recuerda. La vergüenza que sintió en ese momento y el deseo de recuperar la confianza y la aprobación de su esposa lo impulsaron a emprender su primer intento serio de recuperación. Empezó a asistir a las reuniones de Alcohólicos Anónimos. El principal beneficio de AA, para él, era lo que llamaba «proceso de des-avergonzar».

Lo describió de la siguiente manera: «Me di cuenta de que no era el único. Había otras personas como yo. Había otros médicos como yo que luchaban contra la adicción al alcohol. Saber que tenía un lugar adonde ir, en el que podía ser completamente honesto y aun así ser aceptado, fue increíblemente importante. Creó el espacio psicológico que necesitaba para perdonarme a mí mismo y cambiar. Para seguir adelante en mi vida».

La vergüenza prosocial se basa en la idea de que la vergüenza es útil e importante para que prosperen las comunidades. Sin la vergüenza, la sociedad caería en el caos. Por lo tanto, sentir vergüenza por una conducta transgresora es algo apropiado y positivo.

La vergüenza prosocial se basa, además, en la idea de que todos tenemos defectos, de que todos somos capaces de cometer errores y necesitamos ser perdonados. La clave para alentar la adhesión a las normas del grupo sin expulsar a todas las personas que se desvían es tener una lista de «cosas que hacer» después de la vergüenza, que proporcione pasos específicos para enmendar las cosas. Esto es lo que hace AA con sus Doce Pasos.

El ciclo de la vergüenza prosocial es este: el consumo abusivo conduce a la vergüenza, que exige honestidad radical y *no* conduce al rechazo como ocurre con la vergüenza destructiva, sino a la aceptación y la empatía, acompañadas de un conjunto de acciones necesarias para enmendar la transgresión. El resultado es un mayor sentimiento de pertenencia y una disminución del consumo.

Mi paciente Todd, un joven cirujano en proceso de recuperación de la adicción al alcohol, me dijo que AA «fue el primer lugar seguro para expresar vulnerabilidad». En su primera reunión de AA lloró tanto que no fue capaz de decir su nombre.

—Al finalizar, todos se acercaron a mí, me dieron sus números de teléfono y me dijeron que los llamara. Era la comunidad que siempre quise pero que nunca había tenido. Nunca podría haberme abierto así con mis amigos escaladores, o con otros cirujanos.

Después de cinco años de recuperación sostenida, Todd me contó que para él el más importante de los Doce Pasos era el décimo:

«Continuar haciendo un balance personal, y cuando nos equivoquemos, admitirlo de inmediato».

—Todos los días me examino a mí mismo. «Veamos, ¿estoy mal? Si es así, ¿cómo puedo cambiarlo? ¿Tengo que enmendar algo? ¿Cómo lo hago?». Por ejemplo, el otro día un residente no me dio la información correcta sobre un paciente. Empecé a sentirme frustrado. «¿Por qué las cosas no se hacen bien?». Cuando siento esa frustración, me digo a mí mismo: «Vale, Todd, detente. Piensa. Tiene casi diez años menos de experiencia que tú. Probablemente esté asustado. En lugar de frustrarte, ¿cómo puedes ayudarle a obtener lo que se necesita?». Eso es algo que no hubiera hecho antes de mi recuperación.

—Hace aproximadamente tres años después de mi recuperación —siguió Todd—, estaba supervisando a un estudiante de medicina que era sencillamente horrible. Pésimo. Nunca lo dejaría al cuidado de pacientes. Cuando llegó el momento de la evaluación de mitad de período, me senté con él y decidí ser honesto. Le dije: «No vas a aprobar este rotatorio clínico a menos que hagas algunos cambios importantes».

Después de escuchar mis comentarios, decidió empezar de nuevo y esforzarse por mejorar su rendimiento. Logró hacerlo, y terminó aprobando el rotatorio. En mis días de bebedor, no habría sido honesto con él. Simplemente lo habría dejado continuar y fracasar, o habría dejado de lado el problema para que otro lo resolviera.

Un autoexamen veraz no solo conduce a una mejor comprensión de nuestras propias deficiencias, sino que también nos permite evaluar las deficiencias de los demás y responder a ellas de manera más objetiva. Cuando somos responsables ante nosotros mismos, estamos más capacitados para hacer que los demás rindan cuentas. Podemos aprovechar la vergüenza sin tener que avergonzar a nadie.

La clave en este tema es la responsabilidad unida a la compasión. Estas lecciones se aplican a todos nosotros, adictos o no, y a todo tipo de relación en nuestra vida cotidiana.

* * *

Alcohólicos Anónimos es una organización modelo en lo relacionado con la vergüenza prosocial, ya que estimula la adhesión a las normas del grupo. No hay vergüenza en ser un «alcohólico», porque, como todos saben, «AA es una zona sin vergüenza». Sin embargo, la búsqueda a medias de la «sobriedad» sí es motivo de vergüenza. Los pacientes me han dicho que la vergüenza anticipada de tener que admitir ante el grupo que han recaído funciona como un eficaz impedimento contra la recaída, y promueve una mayor adhesión a las normas.

Es importante destacar que, cuando los miembros de AA recaen en la bebida, la recaída en sí se convierte en un «bien de club». Los economistas conductuales se refieren a las recompensas de pertenecer a un grupo como bienes de club. Cuanto más sólidos sean estos bienes, más probable es que el grupo pueda seguir manteniendo a sus miembros actuales y atraer a otros nuevos. El concepto de bienes de club se puede aplicar a cualquier grupo humano, desde familias hasta grupos de amigos y congregaciones religiosas.

Como escribió el economista conductual Laurence Iannaccone con referencia a los bienes de club en las organizaciones religiosas: «El placer que obtengo del servicio dominical depende no solo de mis propias aportaciones,[164] sino también de las aportaciones de los demás: cuántos asisten, con cuánta calidez me saludan, si cantan bien, el entusiasmo que ponen en leer y rezar». Los bienes de club se fortalecen mediante la participación activa en actividades y reuniones, y mediante el cumplimiento de las reglas y normas del grupo.

La revelación honesta de una recaída en el ámbito de la confraternidad de AA incrementa los bienes de club al crear la oportunidad para que otros miembros del grupo experimenten empatía, altruismo

---

164. Laurence R. Iannaccone, «Sacrifice and Stigma: Reducing Free-Riding in Cults, Communes, and Other Collectives», *Journal of Political Economy* 100, n.º 2, 1992, págs. 271-291.

y —admitámoslo— cierto grado de regodeo: «Eso podría haberme pasado a mí, y me alegra que no haya sido así», o «Gracias a Dios no fue así».

Los bienes de club se ven amenazados por los oportunistas que intentan beneficiarse del grupo sin participar lo suficiente; se les podría aplicar el término más coloquial de «gorrones». Cuando se trata de reglas y normas grupales, los oportunistas amenazan los bienes de club cuando no respetan las reglas, cuando mienten al respecto y/o no hacen ningún esfuerzo por cambiar su conducta. Este tipo de comportamiento individual no contribuye a fortalecer los bienes de club, pese a que esa persona se beneficia por ser miembro del grupo, aprovechando los beneficios de la pertenencia.

Iannaccone señaló que es difícil, si no imposible, medir la adhesión a los principios del grupo que crean la existencia de los bienes de club, especialmente cuando las demandas del grupo involucran hábitos personales y características subjetivas no tangibles, como decir la verdad.

Iannaccone, en su libro *Theory of Sacrifice and Stigma*, postula que una forma de «medir» la participación en el grupo es hacerlo de forma indirecta, imponiendo comportamientos que reducen la participación en otros contextos,[165] y exigiendo el sacrificio de los recursos individuales al excluir otras actividades. Así se descubre a los oportunistas.

En concreto, aquellas normas que parecen excesivas, gratuitas o incluso irracionales en ciertas instituciones religiosas —como llevar un cierto tipo de peinado o de ropa, abstenerse de una serie de alimentos o de formas de tecnología moderna, o rechazar ciertos tratamientos médicos— son racionales cuando se entienden como un precio individual a pagar para reducir el parasitismo en la organización.

Se podría pensar que, si las organizaciones religiosas y otros grupos sociales fueran más permisivos, con menos reglas y restricciones,

---

165. Laurence R. Iannaccone, «Why Strict Churches Are Strong», *American Journal of Sociology* 99, n.º 5, 1994, págs. 1180-1211, https://doi.org/10.1086/230409.

atraerían a un grupo más grande de seguidores. Pero las cosas no son así. Las iglesias con reglas más estrictas consiguen un mayor número de seguidores y, en general, tienen más éxito que las independientes porque descubren a los oportunistas y al mismo tiempo ofrecen bienes de club más sólidos.

Jacob se unió al grupo de Doce Pasos llamado Sexólicos Anónimos (SA) al principio de su proceso de recuperación, y aumentó su participación cada vez que recaía. Su nivel de compromiso fue formidable. Asistía a reuniones de grupo, en persona o por teléfono, todos los días. A menudo hacía ocho o más llamadas telefónicas al día a otros miembros.

AA y otros grupos que utilizan los Doce Pasos han sido difamados como «sectas», o señalados como organizaciones en las que las personas cambian su adicción al alcohol o las drogas por una adicción al grupo. Los que los critican no se dan cuenta de que el rigor de la organización, su carácter de «secta», puede ser la fuente misma de su efectividad.

Los que van por libre en los grupos de Doce Pasos pueden tomar muchas formas, pero entre los más peligrosos se encuentran aquellos miembros que no admiten que han recaído, no aceptan reiniciar el proceso como si acabaran de llegar y no quieren volver a trabajar los pasos. Con su actitud privan al grupo del bien de club de la vergüenza prosocial, por no hablar de la red social de los sobrios, crucial para la recuperación. Para mantener los bienes de club, AA debe tomar medidas enérgicas y en ocasiones aparentemente irracionales, a fin de evitar este tipo de actitudes.

Joan pudo dejar de beber gracias a su participación en AA. Ella también iba a reuniones regulares, tenía un padrino y ella misma apadrinaba a otros participantes.

Llevaba sin probar el alcohol cuatro años, durante los que seguía participando en AA, y llevaba diez como mi paciente, por lo que pude observar y apreciar todos los cambios positivos que AA había provocado en su vida.

Joan sufrió a principios de la década de 2000 un incidente que le hizo consumir alcohol sin saberlo. Viajaba por Italia, no hablaba el idioma, y accidentalmente pidió y consumió una bebida que contenía un porcentaje muy pequeño de alcohol, tan bajo como el de las cervezas «sin alcohol» que se comercializan en Estados Unidos. Solo después se dio cuenta de lo que había sucedido, no porque se sintiera alterada sino porque leyó la etiqueta.

Cuando regresó de su viaje y le contó a su padrino lo ocurrido, este insistió en que había recaído y la animó a contárselo al grupo y a modificar la fecha inicial de su sobriedad. Me sorprendió que el padrino de Joan adoptara una postura tan rígida. Después de todo, ella había consumido una cantidad de alcohol tan insignificante que la mayoría de los estadounidenses no considerarían esa bebida como «alcohólica». Joan aceptó hacer lo que le decía, aunque lo hizo con lágrimas en los ojos. Se ha mantenido en recuperación, y sigue participando en AA hasta el día de hoy.

La insistencia de su padrino en que modificara su fecha de sobriedad me pareció excesiva en ese momento, pero ahora la entiendo como una forma de evitar que un poco de alcohol se convirtiera en el preludio de mucho alcohol —la pendiente resbaladiza— y como una manera de «maximizar la utilidad» en pos del bien mayor del grupo. La disposición de Joan de acatar una interpretación muy estricta de lo que es una recaída fortaleció sus lazos con el grupo, una actitud que a largo plazo acabó siendo positiva también para ella.

Además, la propia Joan señaló: «Quizás había una parte de mí que sabía que había alcohol en la bebida y quería utilizar el hecho de estar en un país extranjero como excusa». En ese sentido, el grupo funciona como una conciencia extendida.

Es evidente que las estrategias de pensamiento grupal pueden llegar a ser utilizadas para fines nefastos. Por ejemplo, cuando el costo de pertenencia excede los bienes de club y los socios se ven perjudicados. NXIVM era un autodenominado Programa de Éxito Ejecutivo cuyos líderes fueron arrestados y acusados en 2018 por cargos federales de tráfico sexual y crimen organizado. Del mismo modo, existen situaciones en las que los miembros de un grupo se benefician, pero perjudican a los que están fuera del grupo, como varias entidades que hoy en día utilizan las redes sociales para difundir falsedades.

* * *

Pocos meses después de dejar la iglesia, Lori fue a su primera reunión de Alcohólicos Anónimos. AA le brindó el apoyo solidario que estaba buscando, y que había sido incapaz de encontrar en su iglesia. El 20 de diciembre de 2014, Lori dejó todas las drogas y ha mantenido su recuperación desde entonces.

—No puedo decirle exactamente qué sucedió, o cuándo —declaró Lori años más tarde acerca de su propia recuperación, que ella atribuye a su participación en AA—. Escuchar las historias de la gente. El alivio que sentí al deshacerme de mis secretos más profundos y oscuros. Ver la esperanza en los ojos de los recién llegados. Estaba tan aislada antes… Recuerdo que solo pensaba en morirme. Me quedaba despierta por la noche torturándome por todas las cosas que había hecho. En AA aprendí a aceptarme a mí misma y a las otras personas por lo que son. Ahora tengo relaciones auténticas con la gente. Siento que pertenezco a algo. Ellos conocen mi verdadero yo.

VERGÜENZA PROSOCIAL Y CRIANZA DE LOS HIJOS

Como madre preocupada por el bienestar de mis hijos en un mundo inundado de dopamina, he tratado de incorporar los principios de la vergüenza prosocial en nuestra vida familiar.

En primer lugar, hemos establecido la honestidad radical como un valor familiar fundamental. Me esfuerzo, no siempre con éxito, por imprimir la honestidad radical en mi propio comportamiento. A veces, como padres, pensamos que al ocultar nuestros errores e imperfecciones y revelar solo lo mejor de nosotros mismos les enseñaremos a nuestros hijos lo que es correcto. Pero esta actitud puede tener el efecto contrario, haciendo que los niños sientan que deben ser perfectos para ser amados.

En cambio, si somos abiertos y honestos con nuestros hijos acerca de nuestras luchas, creamos un espacio para que ellos sean abiertos y honestos con respecto a las suyas. Como padres, también debemos estar preparados y dispuestos a admitir nuestros errores al interactuar con ellos y con los demás. Debemos aceptar nuestra propia vergüenza y estar dispuestos a enmendarnos.

Hace unos cinco años, cuando nuestros hijos todavía estaban en la escuela primaria y secundaria, les di a cada uno un conejito de chocolate por Pascua. Eran de una tienda especializada, y estaban hechos de un cremoso chocolate con leche. Mis hijos comieron un poco de sus conejitos y guardaron el resto en la despensa para después.

Durante las siguientes dos semanas, me comí unos trocitos de sus conejitos de chocolate, no los suficientes —pensé— como para que cualquiera lo notara. Para cuando mis hijos recordaron sus conejitos de chocolate, los había reducido a casi nada. Conociendo mi afición por el chocolate, me acusaron a mí en primer lugar.

«No he sido yo», les dije. La mentira me salió de forma natural. Seguí negándolo durante los siguientes tres días. Al principio, ellos se lo tomaron con escepticismo, pero luego empezaron a acusarse mutuamente. Supe que tenía que enderezar las cosas. «¿Cómo lo haré para enseñar a mis hijos la honestidad si yo misma no soy honesta? ¡Y qué cosa tan tonta y estúpida sobre la que mentir!». Necesité tres días para reunir el valor necesario para decirles la verdad. Estaba tan avergonzada...

Se sintieron reivindicados y al mismo tiempo horrorizados al saber la verdad. Reivindicados porque su primera suposición había sido correcta. Horrorizados de que su propia madre les mintiera. Fue instructivo para mí y para ellos, en muchos sentidos.

Me recordé a mí misma, y les reconocí, cuán profundamente imperfecta soy. También les señalé que cuando cometo errores puedo al menos reconocer mi parte de responsabilidad. Mis hijos me perdonaron y hasta el día de hoy les encanta contar la historia de cómo les «robé» su chocolate y luego mentí sobre ello. Sus burlas son mi penitencia, y las acepto con agrado. Juntos reafirmamos, como familia, que la nuestra es una en la que las personas cometerán errores, pero no serán condenadas o expulsadas para siempre. Estamos aprendiendo y creciendo juntos.

Al igual que mi paciente Todd, cuando realizamos una reevaluación activa y honesta de nuestra conducta somos más capaces y estamos más dispuestos a brindar consejos honestos a otras personas, con la intención de ayudarlas a comprender sus propias cualidades y defectos.

* * *

Esta honestidad radical sin provocar vergüenza también es importante para enseñar a los niños sus fortalezas y debilidades.

Cuando nuestra hija mayor tenía cinco años, comenzó a tomar lecciones de piano. Me crie en una familia de músicos, y esperaba compartir la música con mis hijos. Resultó que mi hija no tenía sentido del ritmo y, aunque no carecía del todo de oído musical, lo parecía. A pesar de ello, ambas insistimos tozudamente con su práctica diaria, yo sentada a su lado, tratando de animarla, mientras contenía mi horror ante su total ineptitud. Como era de esperar, ninguna de las dos lo disfrutaba.

Un año más tarde, mi hija aún seguía practicando. Estábamos viendo la película *Happy Feet* sobre un pingüino, Mumble,[166] que tiene un gran problema: no puede cantar una sola nota, en un mundo donde necesitas una canción de amor para atraer a un alma gemela. Nuestra hija me miró a media película y me preguntó: «Mamá, ¿soy como Mumble?».

---

166. *To mumble* significa farfullar en inglés. (N. del t.)

Me sentí inmediatamente atrapada por la duda: «¿Qué debo decir? ¿Le digo la verdad corriendo el riesgo de dañar su autoestima, o le digo una mentira e intento utilizar el engaño para mantener vivo su amor por la música?».

Decidí arriesgarme. «Sí —le dije—, te pareces mucho a Mumble».

Una gran sonrisa apareció en el rostro de mi hija, que interpreté como una sonrisa de reconocimiento. Supe que había hecho lo correcto.

Al reconocer lo que ella ya sabía que era cierto —su falta de habilidad musical— alimenté su capacidad de autoevaluación, capacidad que ha seguido demostrando desde entonces. También le transmití el mensaje de que no podemos ser buenos en todo; que es importante saber en qué eres bueno y en qué no, para que puedas tomar decisiones acertadas.

Decidió dejar las lecciones de piano después de un año, para alivio de todos, y disfruta de la música hasta el día de hoy, cantando al unísono con la radio, desafinando todo el tiempo y sin avergonzarse lo más mínimo.

La honestidad compartida excluye la vergüenza y favorece una eclosión de intimidad, una oleada de calidez emocional, de profunda conexión con los demás que surge cuando somos aceptados a pesar de nuestros defectos. No es nuestra perfección, sino nuestra voluntad de trabajar juntos para remediar nuestros errores, lo que crea la intimidad que anhelamos.

Este fuerte sentimiento de intimidad va acompañado, casi seguramente, de una liberación de la dopamina endógena de nuestro cerebro. Pero a diferencia del subidón de dopamina que obtenemos de los placeres baratos, el subidón que ofrece la verdadera intimidad es adaptativo, rejuvenecedor y favorecedor de la salud.

* * *

A través del sacrificio, mi esposo y yo hemos intentado fortalecer los bienes de club de nuestra familia.

A nuestros hijos no se les permitió tener su propio teléfono hasta que empezaron la escuela secundaria. Esto los convirtió en una rareza entre sus compañeros, especialmente en la secundaria. Al principio, suplicaron e intentaron convencernos para que les compráramos un teléfono propio, pero después de un tiempo llegaron a ver esta diferencia como una parte fundamental de su identidad, junto con nuestra insistencia en usar la bicicleta en vez del coche siempre que fuese posible, y pasar tiempo juntos como familia, sin dispositivos electrónicos.

Estoy convencida de que el entrenador de natación de nuestros niños tiene un doctorado secreto en economía conductual, porque aprovecha el sacrificio de forma regular para fortalecer los bienes de club.

En primer lugar, está la prodigiosa dedicación que se exige: hasta cuatro horas diarias de natación para los niños en la escuela secundaria, con la vergüenza implícita en caso de perderse una clase. La alta asistencia es objeto de reconocimiento y recompensas (de forma no muy diferente a los premios de AA por asistir a treinta reuniones en treinta días), incluida la oportunidad de participar en viajes de grupo. Existen pautas estrictas sobre qué llevar en las reuniones: camisetas rojas los viernes, camisetas grises los sábados, toda la ropa (gorras, bañadores, gafas) con el logotipo del equipo. Esta norma hace que los niños se distingan con éxito de los de otros equipos, que llevan ropa normal.

Muchas de estas reglas parecen excesivas y gratuitas, pero tienen sentido cuando se ven a través de la lente de los principios de maximización de la utilidad para fortalecer la participación, reducir el oportunismo y aumentar los bienes de club. Los niños acuden en masa a formar parte de este equipo en concreto; parece que les encanta el rigor, incluso cuando se quejan del mismo.

* * *

Tendemos a pensar en la vergüenza como algo negativo, especialmente en un momento en que el *shaming* —humillar a otros por su sobrepeso, por su comportamiento sexual, por su figura, etcétera— es una palabra con tanta carga negativa y está asociada (con razón) con la intimidación, el *bullying*. En nuestro mundo cada vez más digital, el *shaming* en las redes sociales y su correlato, la *cancel culture* —el boicot social—, se han convertido en nuevas formas de rechazo, una incursión moderna en los aspectos más destructivos de la vergüenza.

Incluso cuando no hay nadie señalándonos con el dedo, estamos demasiado dispuestos a señalarnos a nosotros mismos.

Las redes sociales impulsan nuestra tendencia a la autovergüenza al incitarnos a tanta comparación odiosa. Ahora nos comparamos no solo con nuestros compañeros de clase, vecinos y compañeros de trabajo, sino con el mundo entero, lo que hace que sea muy fácil convencernos de que deberíamos haber hecho más, o haber obtenido más, o simplemente vivir de manera diferente.

Para considerar que nuestras vidas son «exitosas», sentimos que debemos alcanzar las cimas de Steve Jobs y Mark Zuckerberg o, como Elizabeth Holmes, fundadora de la empresa Theranos y una especie de Ícaro moderno, caer envueltos en llamas al intentarlo.

Pero las experiencias vividas por mis pacientes sugieren que la vergüenza prosocial puede tener efectos positivos y saludables al suavizar algunas de las asperezas del narcisismo, al vincularnos más estrechamente con nuestras redes de apoyo social y al reducir nuestras tendencias adictivas.

CONCLUSIÓN

Lecciones del equilibrio

Todos deseamos un respiro de las exigencias del mundo, una ruptura con las normas imposibles que a menudo establecemos para nosotros y para los demás. Es natural que busquemos un descanso de nuestras propias implacables cavilaciones: «¿Por qué hice eso? ¿Por qué no puedo hacer esto otro? Mira lo que me hicieron. ¿Cómo podría hacerles a ellos algo así?».

Así, nos sentimos atraídos por una multitud de formas de evasión placenteras ahora disponibles: cócteles de moda; la cámara de resonancia de las redes sociales; un atracón de *reality shows*; una noche de pornografía en Internet, patatas fritas y comida rápida; videojuegos absorbentes; novelas de vampiros de segunda... La lista es realmente interminable. Las drogas y los comportamientos adictivos brindan esa evasión, pero a la larga se suman a nuestros problemas.

¿Y si, en lugar de buscar el olvido huyendo del mundo, nos volvemos hacia él? ¿Y si en lugar de dejar el mundo atrás nos sumergimos en él?

Mi paciente Muhammad, como recordarás, probó varias formas de autorrestricción para limitar su consumo de cannabis, solo para encontrarse de nuevo allí donde había empezado, pasando de la moderación al consumo excesivo y de ahí a la adicción con una rapidez cada vez mayor.

Emprendió una excursión a Point Reyes, un sendero natural al norte de San Francisco, con la esperanza de encontrar refugio en una actividad que antes le había proporcionado placer, mientras intentaba una vez más controlar su consumo de cannabis.

Pero cada curva del camino le traía vivos recuerdos de fumar marihuana —las excursiones de senderismo en el pasado casi siempre se habían producido en un estado de semiintoxicación—, por lo que, en lugar de resultar un respiro, la caminata se convirtió en una agonía de deseo y un doloroso recordatorio de que había perdido la esperanza de conseguir resolver para siempre su problema con el cannabis.

Luego tuvo su momento de revelación. Al llegar a cierto mirador que le traía recuerdos explícitos de fumar un porro con amigos, cogió la cámara de fotos y enfocó con ella una planta que estaba cerca. Vio un insecto en una de las hojas y acercó aún más la cámara, haciendo zoom en el caparazón rojo brillante del escarabajo, las antenas estriadas y las patas espantosamente peludas. Quedó hipnotizado.

La criatura había atrapado completamente su atención. Tomó una serie de fotografías, luego cambió de ángulo y tomó algunas más. Durante el resto del viaje se detuvo a menudo para tomar fotografías de escarabajos en primer plano. Tan pronto como se dedicó a hacer esto, sus ansias de cannabis disminuyeron.

—Tuve que obligarme a permanecer muy quieto —precisó en una de nuestras sesiones en 2017—. Era esencial mantener una inmovilidad perfecta para tomar una foto bien enfocada. Ese proceso me conectó a la tierra, literalmente, y me centró. Descubrí un mundo extraño, surrealista y cautivador al otro lado de mi cámara, que rivalizaba con el mundo al que me llevaban las drogas. Pero este era mejor, porque no se necesitaba tomar nada.

Muchos meses más tarde, me di cuenta de que el camino de Muhammad hacia la recuperación era similar al mío.

Tomé la decisión consciente de volver a dedicarme de lleno a mi trabajo, centrándome en los aspectos que siempre habían sido gratificantes: las relaciones con mis pacientes a través del tiempo y la inmersión en la narrativa como una forma de poner orden en el mundo. Al hacerlo, pude dejar la lectura compulsiva de novelas románticas en pos de una carrera más gratificante y significativa. Incluso tuve más éxito en mi trabajo, pero fue un subproducto inesperado, no algo buscado.

Te animo a que encuentres una manera de sumergirte de lleno en la vida que se te ha dado. A que dejes de huir de lo que intentas escapar, sea lo que sea, y a que, en cambio, te detengas, des la vuelta y te enfrentes a ello.

A continuación, te reto a que te dirijas hacia ello. De esta manera, el mundo puede revelarse ante ti como algo mágico e inspirador, que no requiere que huyas de él. El mundo puede convertirse en algo a lo que valga la pena prestar atención.

Las recompensas de encontrar y mantener el equilibrio no son inmediatas ni permanentes. Requieren paciencia y mantenimiento. Debemos estar dispuestos a seguir adelante a pesar de no estar seguros de lo que nos depara el futuro. Debemos tener fe en que las acciones de hoy, que parecen no tener impacto en el momento presente, de hecho se están acumulando en una dirección positiva, que se nos revelará solo en algún momento desconocido en el futuro. Las prácticas saludables se construyen día a día.

Mi paciente María me dijo una vez: «La recuperación es como esa escena de *Harry Potter* cuando Dumbledore camina por un callejón oscuro, encendiendo farolas a medida que avanza. Solo en el momento en que llega al final del callejón y se detiene para mirar atrás, puede ver todo el callejón iluminado, las luces que dan testimonio de su avance».

Estamos llegando al final, pero podría ser solo el comienzo de una nueva forma de abordar el mundo hipermedicado, sobreestimulado y saturado de placer en el que vivimos. Practica las lecciones del equilibrio, para que tú también puedas mirar hacia atrás y contemplar la luz de tu progreso.

Lecciones del equilibrio

1. *La búsqueda incesante del placer (y la evitación del dolor) conducen al dolor.*

2. *La recuperación comienza con la abstinencia.*

3. *La abstinencia restablece la vía de recompensa del cerebro y, con ella, nuestra capacidad para disfrutar de placeres más sencillos.*

4. *La autorrestricción crea un espacio literal y metacognitivo entre el deseo y el consumo; es una necesidad moderna en nuestro mundo sobrecargado de dopamina.*

5. *Los medicamentos pueden restaurar la homeostasis, pero consideremos lo que perdemos al eliminar el dolor mediante fármacos.*

6. *Presionar sobre el lado del dolor restablece nuestro equilibrio hacia el lado del placer.*

7. *Cuidémonos de volvernos adictos al dolor.*

8. *La honestidad radical promueve la concienciación, mejora la intimidad y fomenta una mentalidad de abundancia.*

9. *La vergüenza prosocial nos confirma nuestra pertenencia a la tribu humana.*

10. *En lugar de huir del mundo, podemos encontrar la salida sumergiéndonos en él.*

Nota de la autora

Las conversaciones e historias íntimas de este libro se incluyen con el consentimiento de los entrevistados. Para proteger la privacidad, eliminé y cambié nombres y otros detalles demográficos, incluso en aquellos casos en los que los participantes estaban dispuestos a aceptar que los incluyera sin cambios. El proceso de obtención del consentimiento incluyó que los participantes respondieran afirmativamente a lo siguiente: «Alguien que lo conozca bien y lea aquí su historia probablemente lo reconocerá aunque yo haya cambiado su nombre. ¿Está de acuerdo con ello?». También: «Si hay algún detalle que no desea incluir, avíseme y lo omitiré».

Bibliografía

Adinoff, Bryon, «Neurobiologic Processes in Drug Reward and Addiction», *Harvard Review of Psychiatry* 12, n.º 6, 2004, págs. 305-320. https://doi.org/10.1080/10673220490910844.

Aguiar, Mark, Mark Bils, Kerwin Kofi Charles y Erik Hurst, «Leisure Luxuries and the Labor Supply of Young Men», *National Bureau of Economic Research*, working paper, junio de 2017, https://doi.org/10.3386/w23552.

Ahmed, S. H. y G. F. Koob, «Transition from Moderate to Excessive Drug Intake: Change in Hedonic Set Point.» *Science* 282, n.º 5387, 1998, págs. 298-300. https://doi.org/10.1126/science.282.5387.298.

ASPPH, Task Force on Public Health Initiatives to Address the Opioid Crisis. *Bringing Science to Bear on Opioids: Report and Recommendations*, noviembre de 2019.

Bachhuber, Marcus A., Sean Hennessy, Chinazo O. Cunningham y Joanna L. Starrels, «Increasing Benzodiazepine Prescriptions and Overdose Mortality in the United States, 1996-2013», *American Journal of Public Health* 106, n.º 4, 2016, págs. 686-688. https://doi.org/10.2105/AJPH.2016.303061.

Bassareo, Valentina y Gaetano Di Chiara, «Modulation of Feeding-Induced Activation of Mesolimbic Dopamine Transmission by

Appetitive Stimuli and Its Relation to Motivational State», *European Journal of Neuroscience* 11, n.º 12, 1999, págs. 4389-4397. https://doi.org/10.1046/j.1460-9568.1999.00843.x.

Baumeister, Roy F., «Where Has Your Willpower Gone?», *New Scientist* 213, n.º 2849, 2012, págs. 30-31, https://doi.org/10.1016/S0262-4079(12)60232-2

Beecher, Henry, «Pain in Men Wounded in Battle», *Anesthesia & Analgesia* 26, n.º 1, 1947, pág. 21. https://doi.org/10.1213/00000539-194701000-00005

Bickel, Warren K., A. George Wilson, Chen Chen, Mikhail N. Koffarnus y Christopher T. Franck, «Stuck in Time: Negative Income Shock Constricts the Temporal Window of Valuation Spanning the Future and the Past», *PLOS ONE* 11, n.º 9, 2016, págs. 1-12. https://doi.org/10.1371/journal.pone.0163051.

Bickel, Warren K., Benjamin P. Kowal y Kirstin M. Gatchalian, «Understanding Addiction as a Pathology of Temporal Horizon», *Behavior Analyst Today* 7, n.º 1, 2006, págs. 32-47. https://doi.org/10.1037/h0100148.

Blanchflower, David G., y Andrew J. Oswald, «Unhappiness and Pain in Modern America: A Review Essay, and Further Evidence, on Carol Graham's Happiness for All?», documento de trabajo del IZA Institute of Labor Economics, noviembre de 2017.

Bluck, R. S., *Plato's* Phaedo: *A Translation of Plato's* Phaedo, Routledge, Londres, 2014. https://www.google.com/books/edition/Plato_s_Phaedo/7FzXAwAAQBAJ?hl=en&gbpv=1&dq=%22how+strange +would+appear+to+be+this+thing+that+men+call+pleasure%22&pg=PA41&printsec=frontcover.

Bretteville-Jensen, A. L., «Addiction and Discounting», *Journal of*

Health Economics 18, n.º 4, 1999, págs. 393-407. https://doi.
org/10.1016/s0167-6296(98)00057-5.

Brown, S. A. y M. A. Schuckit, «Changes in Depression among
Abstinent Alcoholics», *Journal on Studies of Alcohol* 49, n.º 5, 1988,
págs. 412-417. http://www.ncbi.nlm.nih.gov/entrez/query.fcgi?cm
d=Retrieve&db=PubMed&dopt=Citation&list_uids=3216643.

Calabrese, Edward J. y Mark P. Mattson, «How Does Hormesis
Impact Biology, Toxicology, and Medicine?» *npj Aging and
Mechanisms of Disease* 3, n.º 13, 2017. https://www.doi.
org/10.1038/s41514-017-0013-z.

«Capital Pains», *Economist*, 18 de julio de 2020.

Case, Anne y Angus Deaton, *Deaths of Despair and the Future of
Capitalism*, Princeton University Press, Princeton, Nueva Jersey,
2020. https://doi.org/10.2307/j.ctvpr7rb2.

Centers for Disease Control and Prevention, «U.S. Opioid
Prescribing Rate Maps», consultado el 2 de julio de 2020,
https://www.cdc.gov/drugoverdose/maps/rxrate-maps.html.

Cerletti, Ugo, «Old and New Information about Electroshock»,
American Journal of Psychiatry 107, n.º 2, 1950, págs. 87-94.
https://doi.org/10.1176/ajp.107.2.87.

Chang, Jeffrey S., Jenn Ren Hsiao y Che Hong Chen, «ALDH2
Polymorphism and AlcoholRelated Cancers in Asians: A Public
Health Perspective», *Journal of Biomedical Science* 24, n.º 1, 2017,
págs. 1-10. https://doi.org/10.1186/s12929-017-0327-y.

Chanraud, Sandra, Anne-Lise Pitel, Eva M. Muller-Oehring, Adolf
Pfefferbaum y Edith V. Sullivan, «Remapping the Brain to
Compensate for Impairment in Recovering Alcoholics», *Cerebral
Cortex* 23, 2013, págs. 97-104. http://doi:10.1093/cercor/bhr38.

Chen, Scott A., Laura E. O'Dell, Michael E. Hoefer, Thomas N. Greenwell, Eric P. Zorrilla y George F. Koob, «Unlimited Access to Heroin Self-Administration: Independent Motivational Markers of Opiate Dependence», *Neuropsychopharmacology* 31, n.º 12, 2006, págs. 2692-2707. https://doi.org/10.1038/sj.npp.1301008.

Chiara, G. Di y A. Imperato, «Drugs Abused by Humans Preferentially Increase Synaptic Dopamine Concentrations in the Mesolimbic System of Freely Moving Rats», *Proceedings of the National Academy of Sciences of the United States of America* 85, n.º 14, 1988, págs. 5274-5278. https://doi.org/10.1073/pnas.85.14.5274.

Chu, Larry F., David J. Clark y Martin S. Angst, «Opioid Tolerance and Hyperalgesia in Chronic Pain Patients after One Month of Oral Morphine Therapy: A Preliminary Prospective Study», *Journal of Pain* 7, n.º 1, 2006, págs. 43-48. https://doi.org/10.1016/j.jpain.2005.08.001.

Church of Jesus Christ of Latter-day Saints, «Dress and Appearance», consultado el 2 de julio de 2020, https://www.churchofjesuschrist.org/study/manual/for-the-strength-of-youth/dress-and-appearance?lang=eng

Church, Russell M., Vincent LoLordo, J. Bruce Overmier, Richard L. Solomon y Lucille H. Turner, «Cardiac Responses to Shock in Curarized Dogs: Effects of Shock Intensity and Duration, Warning Signal, and Prior Experience with Shock», *Journal of Comparative and Physiological Psychology* 62, n.º 1, 1966, págs. 1-7. https://doi.org/10.1037/h0023476.

Cologne, John B. y Dale L. Preston, «Longevity of Atomic-Bomb Survivors», *Lancet* 356, n.º 9226, 2000, págs. 303-307. https://doi.org/10.1016/S0140-6736(00)02506-X.

Coolen, P., S. Best, A. Lima, J. Sabel y L. Paulozzi, «Overdose Deaths Involving Prescription Opioids among Medicaid

Enrollees—Washington, 2004-2007», *Morbidity and Mortality Weekly Report* 58, n.º 42, 2009, págs. 1171-1175.

Corán, El: Ver «*Qur'an*».

Courtwright, David T., «Addiction to Opium and Morphine» En *Dark Paradise: A History of Opiate Addiction in America*, Harvard University Press, Cambridge, MA, 2009, págs. 35-60. https://doi.org/10.2307/j.ctvk12rb0.7.

Courtwright, David T., *The Age of Addiction: How Bad Habits Became Big Business*, Belknap Press, Cambridge, MA, 2019. https://doi.org/10.4159/9780674239241.

Crump, Casey, Kristina Sundquist, Jan Sundquist y Marilyn A. Winkleby, «Neighborhood Deprivation and Psychiatric Medication Prescription: A Swedish National Multilevel Study», *Annals of Epidemiology* 21, n.º 4, 2011, págs. 231-237, https://doi.org/10.1016/j.annepidem.2011.01.005.

Cui, Changhai, Antonio Noronha, Kenneth R. Warren, George F. Koob, Rajita Sinha, Mahesh Thakkar, John Matochik y otros, «Brain Pathways to Recovery from Alcohol Dependence», *Alcohol* 49, n.º 5, 2015, págs. 435-452. https://doi.org/10.1016/j.alcohol.2015.04.006.

Cypser, James R., Pat Tedesco y Thomas E. Johnson, «Hormesis and Aging in *Caenorhabditis Elegans*» *Experimental Gerontology* 41, n.º 10, 2006, págs. 935-939, https://doi.org/10.1016/j.exger.2006.09.004.

Douthat, Ross, *Bad Religion: How We Became a Nation of Heretics*, Free Press, Nueva York, 2013.

Dunnington, Kent, *Addiction and Virtue: Beyond the Models of Disease and Choice*, InterVarsity Press Academic, Downers Grove, IL, 2011.

Edlund, Mark J., Katherine M. Harris, Harold G. Koenig, Xiaotong Han, Greer Sullivan, Rhonda Mattox y Lingqi Tang, «Religiosity and Decreased Risk of Substance Use Disorders: Is the Effect Mediated by Social Support or Mental Health Status?», *Social Psychiatry and Psychiatric Epidemiology* 45, 2010, págs. 827-836. https://doi.org/10.1007/s001270090124-3.

Eikelboom, Roelof y Randelle Hewitt, «Intermittent Access to a Sucrose Solution for Rats Causes Long-Term Increases in Consumption», *Physiology and Behavior* 165, 2016, págs. 77-85. https://doi.org/10.1016/j.physbeh.2016.07.002.

El-Mallakh, Rif S., Yonglin Gao y R. Jeannie Roberts, «Tardive Dysphoria: The Role of Long Term Antidepressant Use in-Inducing Chronic Depression», *Medical Hypotheses* 76, n.º 6, 2011, págs. 769-773. https://doi.org/10.1016/j.mehy.2011.01.020

Epstein, Mark, *Going on Being: Life at the Crossroads of Buddhism and Psychotherapy*, Wisdom Publications, Boston, 2009.

Fava, Giovanni A. y Fiammetta Cosci, «Understanding and Managing Withdrawal Syndromes after Discontinuation of Antidepressant DrugsW, *Journal of Clinical Psychiatry* 80, n.º 6, 2019. https://doi.org/10.4088/JCP.19com12794.

Fiorino, Dennis F., Ariane Coury y Anthony G. Phillips, «Dynamic Changes in Nucleus Accumbens Dopamine Efflux during the Coolidge Effect in Male Rats», *Journal of Neuroscience* 17, n.º 12, 1997, págs. 4849-4855. https://doi.org/10.1523/jneurosci.17-12-04849.1997

Fisher, J. P., D. T. Hassan y N. O'Connor, «Case Report on Pain», *British Medical Journal* 310, n.º 6971, 1995, pág. 70. https://www.ncbi.nlm.nih.gov/pmc/articles/PMC2548478/pdf/bmj00574-0074.pdf

Fogel, Robert William, *The Fourth Great Awakening and the Future of Egalitarianism*, University of Chicago Press, Chicago, 2000.

Francis, David R., «Why High Earners Work Longer Hours», *National Bureau of Economic Research* digest, 2020. http://www. nber.org/digest/jul06/w11895.html.

Frank, Joseph W., Travis I. Lovejoy, William C. Becker, Benjamin J. Morasco, Christopher J. Koenig, Lilian Hoffecker, Hannah R. Dischinger y otros, «Patient Outcomes in Dose Reduction or Discontinuation of Long Term Opioid Therapy: A Systematic Review», *Annals of Internal Medicine* 167, n.º 3, 2017, págs. 181-191, https://doi.org/10.7326/M17-0598.

Franken, Ingmar H. A., Corien Zijlstra y Peter Muris, «Are Nonpharmacological Induced Rewards Related to Anhedonia? A Study among Skydiver», *Progress in Neuro-Psychopharmacology and Biological Psychiatry* 30, n.º 2, 2006, págs. 297-300. https:// doi.org/10.1016/j.pnpbp.2005.10.011.

Gasparro, Annie y Jessie Newman, «The New Science of Taste: 1,000 Banana Flavors», *Wall Street Journal*, 31 de octubre de 2014.

Ghertner, Robin y Lincoln Groves, «The Opioid Crisis and Economic Opportunity: Geographic and Economic Trends», ASPE Research Brief from the U.S. Department of Health and Human Services, 2018. https://aspe.hhs.gov/system/files/ pdf/259261/ASPEEconomicOpportunityOpioidCrisis.pdf

Grant, Bridget F., S. Patricia Chou, Tulshi D. Saha, Roger P. Pickering, Bradley T. Kerridge, W. June Ruan, Boji Huang y otros, «Prevalence of 12 Month Alcohol Use, High-Risk Drinking, and DSM-IV Alcohol Use Disorder in the United States, 2001-2002 to 2012-2013: Results from the National Epidemiologic Survey on Alcohol and Related Conditions», *JAMA Psychiatry* 74, n.º 9, 1 de septiembre de 2017, págs. 911-923. https://doi.org/10.1001/jamapsychiatry.2017.2161

Hall, Wayne, «What Are the Policy Lessons of National Alcohol Prohibition in the United States, 1920-1933?», *Addiction* 105, n.º 7, 2010, págs. 1164-1173. https://doi.org/10.1111/j.1360-0443.2010.02926.x

Hatcher, Alexandrea E., Sonia Mendoz y Helena Hansen, «At the Expense of a Life: Race, Class, and the Meaning of Buprenorphine in Pharmaceuticalized 'Care'», *Substance Use and Misuse* 53, n.º 2, 2018, págs. 301-310. https://doi.org/10.1080/1 0826084.2017.1385633

Helliwell, John F., Haifang Huang y Shun Wang, «Chapter 2: Changing World Happiness», *World Happiness Report 2019*, 20 de marzo de 2019. Hippocrates, *Aphorisms*, Consultado el 8 de julio de 2020. http://classics.mit.edu/Hippocrates/aphorisms.1.i.html.

Howie, Lajeana D., Patricia N. Pastor y Susan L. Lukacs, «Use of Medication Prescribed for Emotional or Behavioral Difficulties Among Children Aged 6-17 Years in the United States, 2011-2012», *Health Care in the United States: Developments and Considerations* 5, n.º 148, 2015, págs. 25-35.

Hung, Lin W., Sophie Neuner, Jai S. Polepalli, Kevin T. Beier, Matthew Wright, Jessica J. Walsh, Eastman M. Lewis y otros, «Gating of Social Reward by Oxytocin in the Ventral Tegmental Area», *Science* 357, n.º 6358, 2017, págs. 1406-1411. https://doi.org/10.1126/science.aan4994.

Huxley, Aldous, *Nueva visita a un mundo feliz*, Edhasa, Barcelona, 1980.

Iannaccone, Laurence R., «Sacrifice and Stigma: Reducing Free-Riding in Cults, Communes, and Other Collectives», *Journal of Political Economy* 100, n.º 2, 1992, págs. 271-291.

Iannaccone, Laurence R., «Why Strict Churches Are Strong», *American Journal of Sociology* 99, n.º 5, 1994, págs. 1180-1211. https:///doi/10.1086/230409

Iannelli, Eric J., «Species of Madness», *Times Literary Supplement*, 22 de septiembre de 2017.

Jonas, Bruce S., Qiuping Gu y Juan R. Albertorio-Diaz, «Psychotropic Medication Use among Adolescents: United States, 2005-2010», *NCHS Data Brief*, n.º 135, diciembre de 2013, págs. 1-8.

Jorm, Anthony F., Scott B. Patten, Traolach S. Brugha y Ramin Mojtabai, «Has Increased Provision of Treatment Reduced the Prevalence of Common Mental Disorders? Review of the Evidence from Four Countries», *World Psychiatry* 16, n.º 1, 2017, págs. 90-99. https://doi.org/10.1002/wps.20388.

Kant, Immanuel, *Groundwork of the Metaphysic of Morals* (1785), Cambridge Texts in the History of Philosophy, Cambridge University Press, Cambridge, 1998.

Katcher, Aaron H., Richard L. Solomon, Lucille H. Turner y Vincent Lolordo, «Heart Rate and Blood Pressure Responses to Signaled and Unsignaled Shocks: Effects of Cardiac Sympathectomy», *Journal of Comparative and Physiological Psychology* 68, n.º 2, 1969, págs. 163-174.

Kidd, Celeste, Holly Palmeri y Richard N. Aslin, «Rational Snacking: Young Children's Decision-Making on the Marshmallow Task Is Moderated by Beliefs about Environmental Reliability», *Cognition* 126, n.º 1, 2013, págs. 109-114. https://doi.org/10.1016 /j.cognition.2012.08.004.

Knibbs, Kate, «All the Gear an Ultramarathoner Legend Brings with Him on the Trail», *Gizmodo*, 29 de octubre de 2015.

https://gizmodo.com/all-the-gear-an-ultramarathon-legend-brings-with-him-on-1736088954.

Kohrman, Matthew, Quan Gan, Liu Wennan y Robert N. Proctor, editores, *Poisonous Pandas: Chinese Cigarette Manufacturing in Critical Historical Perspectives*, Stanford University Press, Stanford, CA, 2018.

Kolb, Brian, Grazyna Gorny, Yilin Li, Anne-Noël Samaha y Terry E. Robinson, «Amphetamine or Cocaine Limits the Ability of Later Experience to Promote Structural Plasticity in the Neocortex and Nucleus Accumbens» *Proceedings of the National Academy of Sciences of the United States of America* 100, n.º 18, 2003, págs. 10.523-10.528. https://doi.org/10.1073/pnas.1834271100.

Koob, George F., «Hedonic Homeostatic Dysregulation as a Driver of Drug-Seeking Behavior», *Drug Discovery Today: Disease Models* 5, n.º 4, 2008, págs. 207-215, https://doi.org/10.1016/j.ddmod.2009.04.002.

Kramer, Peter D., *Listening to Prozac*, Viking Press, Nueva York, 1993.

Kreher, Jeffrey B. y Jennifer B. Schwartz, «Overtraining Syndrome: A Practical Guide», *Sports Health* 4, n.º 2, 2012, https://doi.org/10.1177/1941738111434406.

Leknes, Siri e Irene Tracey, «A Common Neurobiology for Pain and Pleasure», *Nature Reviews Neuroscience* 9, n.º 4, 2008, págs. 314-320. https://doi.org/10.1038/nrn2333.

Lembke, Anna, *Drug Dealer, MD: How Doctors Were Duped, Patients Got Hooked, and Why It's So Hard to Stop*, primera edición, Johns Hopkins University Press, Baltimore, 2016.

Lembke, Anna, «Time to Abandon the Self-Medication Hypothesis in Patients with Psychiatric Disorders», *American Journal of Drug and Alcohol Abuse* 38, n.º 6, 2012, págs. 524-529, https://doi.org/ 10.3109/00952990.2012.694532.

Lembke, Anna y Amer Raheemullah, «Addiction and Exercise», en *Lifestyle Psychiatry: Using Exercise, Diet and Mindfulness to Manage Psychiatric Disorders*, editado por Doug Noordsy, American Psychiatric Publishing, Washington, DC, 2019.

Lembke, Anna y Niushen Zhang, «A Qualitative Study of Treatment-Seeking Heroin Users in Contemporary China», *Addiction Science & Clinical Practice* 10, n.º 23, 2015, https://doi. org/10.1186/s13722-015-0044-3.

Levin, Edmund C., «The Challenges of Treating Developmental Trauma Disorder in a Residential Agency for Youth», *Journal of the American Academy of Psychoanalysis and Dynamic Psychiatry* 37, n.º 3, 2009, págs. 519-538. https://doi.org/10.1521/jaap.2009.37.3.519.

Linnet, J., E. Peterson, D. J. Doudet, A. Gjedde y A. Møller, «Dopamine Release in Ventral Striatum of Pathological Gamblers Losing Money», *Acta Psychiatrica Scandinavica* 122, n.º 4, 2010, págs. 326-333, https://doi.org/10.1111/j.1600-- 0447.2010.01591.x.

Liu, Qingqing, Haihong Ho, Jin Yang, Xiaojie Feng, Fanfan Zhao y Jun Lyu, «Changes in the Global Burden of Depression from 1990 to 2017: Findings from the Global Burden of Disease Study», *Journal of Psychiatric Research* 126, junio de 2020, págs. 134-140, https://doi.org/10.1016 /j.jpsychires.2019.08.002.

Liu, Xiang, «Inhibiting Pain with Pain—A Basic Neuromechanism of Acupuncture Analgesia», *Chinese Science Bulletin* 46, n.º 17, 200, págs. 1485-1494, https://doi.org/10.1007/BF03187038.

Low, Yinghui, Collin F. Clarke y Billy K. Huh, «Opioid-Induced Hyperalgesia: A Review of Epidemiology, Mechanisms and

Management», *Singapore Medical Journal* 53, n.º 5, 2012, págs. 357-360.

MacCoun, Robert, «Drugs and the Law: A Psychological Analysis of Drug Prohibition». *Psychological Bulletin* 113, 1 de junio de 1993, págs. 497-512, https://www.doi.org/10.1037/0033-2909.113.3.497.

Maréchal, Michel André, Alain Cohn, Giuseppe Ugazio y Christian C. Ruff, «Increasing Honesty in Humans with Noninvasive Brain Stimulation», *Proceedings of the National Academy of Sciences of the United States of America* 114, n.º 17, 2017, págs. 4360-4364. https://doi.org/10.1073/pnas.1614912114.

Mattson, Mark P., «Energy Intake and Exercise as Determinants of Brain Health and Vulnerability to Injury and Disease», *Cell Metabolism* 16, n.º 6, 2012, págs. 706-722, https://doi.org/10.1016/j.cmet.2012.08.012.

Mattson, Mark P. y Ruiqian Wan, «Beneficial Effects of Intermittent Fasting and Caloric Restriction on the Cardiovascular and Cerebrovascular Systems», *Journal of Nutritional Biochemistry* 16, n.º 3, 2005, págs. 129-37. https://doi.org/10.1016/j.jnutbio.2004.12.007.

McClure, Samuel M., David I. Laibson, George Loewenstein y Jonathan D. Cohen, «Separate Neural Systems Value Immediate and Delayed Monetary Rewards», *Science* 306, n.º 5695, 2004, págs. 503-507. https://doi.org/10.1126/science.1100907.

Meijer, Johanna H. y Yuri Robbers, «Wheel Running in the Wild», *Proceedings of the Royal Society B: Biological Sciences*, 7 de julio de 2014, https://doi.org/10.1098/rspb.2014.0210.

Meldrum, M. L., «A Capsule History of Pain Management», *JAMA* 290, n.º 18, 2003, págs. 2470-2475. https://doi.org/10.1001/jama.290.18.2470

Mendis, Shanthi, Tim Armstrong, Douglas Bettcher, Francesco Branca, Jeremy Lauer, Cecile Mace, Shanthi Mendis y otros, *Global Status Report on Noncommunicable Diseases 2014*, World Health Organization, 2014. https://apps.who.int/iris/bitstream/handle/1066dle/10665/148114/9789241564854_eng.pdf.

Minois, Nadège, «The Hormetic Effects of Hypergravity on Longevity and Aging», *Dose-Response* 4, n.º 2, 2006, https://doi.org/10.2203/dose-response.05-008.Minois.

Montagu, Kathleen A, «Catechol Compounds in Rat Tissues and in Brains of Different Animals», *Nature* 180, 1957, págs. 244-245. https://doi.org/10.1038/180244a0.

National Potato Council, *Potato Statistical Yearbook 2016*, consultado el 18 de abril de 2020, https://www.nationalpotatocouncil.org/files/7014/6919/7938/NPCyearbook2016_-_FINAL.pdf.

Ng, Marie, Tom Fleming, Margaret Robinson, Blake Thomson, Nicholas Graetz, Christopher Margono, Erin C. Mullany y otros, «Global, Regional, and National Prevalence of Overweight and Obesity in Children and Adults during 1980-2013: A Systematic Analysis for the Global Burden of Disease Study 2013», *Lancet* 384, n.º 9945, agosto de 2014, págs. 766-781. https://www.doi.org/10.1016/S0140-6736(14)60460-8.

Ng, S. W., and B. M. Popkin, «Time Use and Physical Activity: A Shift Away from Movement across the Globe», *Obesity Reviews* 13, n.º 8, agosto de 2012, págs. 659-680. https://doi.org/10.1111/j.1467-789X.2011.00982.x.

O'Dell, Laura E., Scott A. Chen, Ron T. Smith, Sheila E. Specio, Robert L. Balster, Neil E. Paterson, Athina Markou, y otros, «Extended Access to Nicotine Self-Administration Leads to Dependence: Circadian Measures, Withdrawal Measures, and

Extinction Behavior in Rats», *Journal of Pharmacology and Experimental Therapeutics* 320, n.º 1, 2007, págs. 180-193. https://doi.org/10.1124/jpet.106.105270

OECD, «OECD Health Statistics 2020», julio de 2020, http://www.oecd.org/els/health-systems/health-data.htm

OECD, «Special Focus: Measuring Leisure in OECD Countries», en *Society at a Glance 2009: OECD Social Indicators*, OECD Publishing, París, 2009, https://doi.org/10.1787/soc_glance-2008-en

Ohe, Christina G. von der, Corinna Darian-Smith, Craig C. Garner y H. Craig Heller, «Ubiquitous and Temperature-Dependent Neural Plasticity in Hibernators», *Journal of Neuroscience* 26, n.º 41, 2006, págs. 10.590-10.598, https://www.doi.org/10.1523/JNEUROSCI.2874-06.2006.

Omura, Daniel T., Damon A. Clark, Aravinthan D. T. Samuel y H. Robert Horvitz, «Dopamine Signaling Is Essential for Precise Rates of Locomotion by C. Elegans» *PLOS ONE 7*, n.º 6, 2012, https://doi.org/10.1371/journal.pone.0038649.

Östlund, Magdalena Plecka, Olof Backman, Richard Marsk, Dag Stockeld, Jesper Lagergren, Finn Rasmussen y Erik Näslund, «Increased Admission for Alcohol Dependence after Gastric Bypass Surgery Compared with Restrictive Bariatric Surgery», *JAMA Surgery* 148, n.º 4, 2013, págs. 374-377. https://doi.org/10.1001/jamasurg.2013.700.

Pascoli, Vincent, Marc Turiault y Christian Lüscher, «Reversal of Cocaine-Evoked Synaptic Potentiation Resets DrugInduced Adaptive Behaviour», *Nature* 481, 2012, págs. 71-75. https://doi.org/10.1038/nature10709

Pedersen, B. K. y B. Saltin, «Exercise as Medicine—Evidence for Prescribing Exercise as Therapy in 26 Different Chronic

Diseases», *Scandinavian Journal of Medicine and Science in Sports* 25, n.º S3, 2015, págs. 1-72.

Petry, Nancy M., Warren K. Bickel y Martha Arnett, «Shortened Time Horizons and Insensitivity to Future Consequences in Heroin Addicts», *Addiction* 93, n.º 5, 1998, págs. 729-738. https://www.doi.org/10.1046/j.1360-0443.1998.9357298.x.

Piper, Brian J., Christy L. Ogden, Olapeju M. Simoyan, Daniel Y. Chung, James F. Caggiano, Stephanie D. Nichols y Kenneth L. McCall, «Trends in Use of Prescription Stimulants in the United States and Territories, 2006 to 2016», PLOS ONE 13, n.º 11, 2018. https://doi.org/10.1371/journal.pone.0206100.

Postman, Neil, *Divertirse hasta morir: El discurso público en la era del show business,* Ediciones de la Tempestad, Barcelona, 2012.

Pratt, Laura A., Debra J. Brody y Quiping Gu, «Antidepressant Use in Persons Aged 12 and Over: United States, 2005-2008», *NCHS Data Brief,* n.º 76, octubre de 2011. https://www.cdc.gov/nchs/products/databriefs/db76.htm.

«*Qur'an*: Verse 24:31», consultado el 2 de julio de 2020. http://corpus.quran.com/translation.jsp?chapter=24&verse=31.

Ramos, Dandara, Tânia Victor, Maria Lucia Seidl de Moura y Martin Daly, «Future Discounting by Slum-Dwelling Youth versus University Students in Rio de Janeiro», *Journal of Research on Adolescence* 23, n.º 1, 2013, págs. 95-102. https://doi.org/10.1111/j.1532-7795.2012.00796.x

Rieff, Philip, *The Triumph of the Therapeutic: Uses of Faith after Freud,* Harper and Row, Nueva York, 1966.

Ritchie, Hannah y Max Roser, «Drug Use», Our World in Data, obtenido en 2019. https://ourworldindata.org/drug-use.

Robinson, Terry E. y Bryan Kolb, «Structural Plasticity Associated with Exposure to Drugs of Abuse», *Neuropharmacology* 47, Suppl. 1, 2004: 33-46. https://doi.org/10.1016/j.neuropharm.2004.06.025.

Rogers, J. L., S. De Santis y R. E. See, «Extended Methamphetamine Self-Administration Enhances Reinstatement of Drug Seeking and Impairs Novel Object Recognition in Rats» *Psychopharmacology* 199, n.º 4, 2008, págs. 615-624. https://www.doi.org/10.1007/s00213-008-1187-7.

Ruscio, Ayelet Meron, Lauren S. Hallion, Carmen C. W. Lim, Sergio Aguilar-Gaxiola, Ali AlHamzawi, Jordi Alonso, Laura Helena Andrade y otros, «Cross-Sectional Comparison of the Epidemiology of DSM-5 Generalized Anxiety Disorder across the Globe», *JAMA Psychiatry* 74, n.º 5, 2017, págs. 465-475. https://doi.org/10.1001/jamapsychiatry.2017.0056.

Saal, Daniel, Yan Dong, Antonello Bonci y C. Malenka, «Drugs of Abuse and Stress Trigger a Common Synaptic Adaptation in Dopamine Neurons», *Neuron* 37, n.º 4, 2003, págs. 577-582. https://doi.org/10.1016/S0896-6273(03)00021-7

Satel, Sally y Scott O. Lilienfeld, «Addiction and the Brain-Disease Fallacy», *Frontiers in Psychiatry* 4, marzo de 2014, págs. 1-11. https://doi.org/10.3389/fpsyt.2013.00141.

Schelling, Thomas, «Self-Command in Practice, in Policy, and in a Theory of Rational Choice», *American Economic Review* 74, n.º 2, 1984, págs. 1-11.

Schwarz, Alan, «Thousands of Toddlers Are Medicated for A.D.H.D., Report Finds, Raising Worries», *New York Times*, 16 de mayo de 2014.

Shanmugam, Victoria K., Kara S. Couch, Sean McNish, y Richard L. Amdur, «Relationship between Opioid Treatment and Rate of

Healing in Chronic Wounds», *Wound Repair and Regeneration* 25, n.º 1, 2017, págs. 120-130. https://doi.org/10.1111/wrr.12496.

Sharp, Mark J. y Thomas A. Melnik, «Poisoning Deaths Involving Opioid Analgesics—New York State, 2003-2012», *Morbidity and Mortality Weekly Report* 64, n.º 14, 2015, págs. 377-80.

Shahbandeh, M., «GlutenFree Food Market Value in the United States from 2014 to 2025», *Statista*, 20 de noviembre de 2019, consultado el 2 de julio de 2020. https://www.statista.com/statistics/884086/usgluten-free-food-marketvalue/.

Sherwin, C. M., «Voluntary Wheel Running: A Review and Novel Interpretation», *Animal Behaviour* 56, n.º 1, 1998, págs. 11-27. https://doi.org/10.1006/anbe.1998.0836.

Shoda, Yuichi, Walter Mischel y Philip K. Peake, «Predicting Adolescent Cognitive and Self-Regulatory Competencies from Preschool Delay of Gratification: Identifying Diagnostic Conditions», *Developmental Psychology* 26, n.º 6, 1990, págs. 978-986. https://doi.org/10.1037/0012-1649.26.6.978.

Sinclair, J. D., «Evidence about the Use of Naltrexone and for Different Ways of Using It in the Treatment of Alcoholism», *Alcohol and Alcoholism* 36, n.º 1, 2001 págs. 2-10. https://doi.org/10.1093/alcalc/36.1.2

Singh, Amit, y Sujita Kumar Kar, «How Electroconvulsive Therapy Works?: Understanding the Neurobiological Mechanisms», *Clinical Psychopharmacology and Neuroscience* 15, n.º 3, 2017 págs. 210-221. https://doi.org/10.9758/cpn.2017.15.3.210.

Sobell, L. C., J. A. Cunningham y M. B. Sobell, «Recovery from Alcohol Problems with and without Treatment: Prevalence in Two Population Surveys», *American Journal of Public Health* 86, n.º 7, 1996, págs. 966-972.

Sobell, Mark B. y Linda C. Sobell, «Controlled Drinking after 25 Years: How Important Was the Great Debate?», *Addiction* 90, n.º 9, 1995, págs. 1149-1153.

Solomon, Richard L. y John D. Corbit, «An Opponent-Process Theory of Motivation», *American Economic Review* 68, n.º 6, 1978, págs. 12-24.

Spoelder, Marcia, Peter Hesseling, Annemarie M. Baars, José G. Lozeman-van't Klooster, Marthe D. Rotte, Louk J. M. J. Vanderschuren y Heidi M. B. Lesscher, «Individual Variation in Alcohol Intake Predicts Reinforcement, Motivation, and Compulsive Alcohol Use in Rats», *Alcoholism: Clinical and Experimental Research* 39, n.º 12, 2015, págs. 2427-2437. https://doi.org/10.1111/acer.12891

Sprenger, Christian, Ulrike Bingel y Christian Büchel, «Treating Pain with Pain: Supraspinal Mechanisms of Endogenous Analgesia Elicited by Heterotopic Noxious Conditioning Stimulation», *Pain* 152, n.º 2, 2011 págs. 428-439. https://doi.org/10.1016/j.pain.2010.11.018.

Šrámek, P., M. Šimečková, L. Janský, J. Šavlíková y S. Vybíral, «Human Physiological Responses to Immersion into Water of Different Temperatures», *European Journal of Applied Physiology* 81, 2000, págs. 436-442. https://doi.org/10.1007/s004210050065.

Strang, John, Thomas Babor, Jonathan Caulkins, Benedikt Fischer, David Foxcroft y Keith Humphreys, «Drug Policy and the Public Good: Evidence for Effective Interventions», *Lancet* 379, 2012, págs. 71-83.

Substance Abuse and Mental Health Services Administration, U.S. Department of Health and Human Services, *Behavioral Health, United States, 2012.* HHS Publication n.º (SMA) 134797, 2013. http://www.samhsa.gov/data/sites/default/files/2012-BHUS.pdf.

Sutou, Shizuyo, «Low-Dose Radiation from A Bombs Elongated Lifespan and Reduced Cancer Mortality Relative to Un-Irradiated Individuals», *Genes and Environment* 40, n.º 26, 2018. https://doi.org/10.1186/s41021-018-0114-3.

Sydenham, Thomas. «A Treatise of the Gout and Dropsy», en *The Works of Thomas Sydenham, M.D., on Acute and Chronic Diseases*, 254. Londres, 1783. https://books.google.com/books?id=iSxsAA AAMAAJ&printsec=frontcover&source=gbs_ge_summary_r&ca d=0#v=onepage&q&f=false2.

Synnott, Mark, «How Alex Honnold Made the Ultimate Climb without a Rope», *National Geographic* online. Consultado el 8 de julio de 2020. https://www.nationalgeographic.com/ magazine/2019/02/alexhonnold-made-ultimate-climb-el-capitan-withoutrope.

Synnott, Mark, *La escalada imposible: Alex Honnold, El Capitán y vivir para la escalada*, Ediciones Desnivel, Barcelona, 2020.

Taussig, Helen B., «'Death' from Lightning and the Possibility of Living Again», *American Scientist* 57, n.º 3, 1969, págs. 306-316.

Tomek, Seven E., Gabriela M. Stegmann y M. Foster Olive, «Effects of Heroin on Rat Prosocial Behavior», *Addiction Biology* 24, n.º 4, 2019, págs. 676-684. https://doi.org/10.1111/adb.12633.

Twelve Steps and Twelve Traditions. Alcoholics Anonymous World Services, Nueva York, 1953.

Vasconcellos, Silvio José Lemos, Matheus Rizzatti, Thamires Pereira Barbosa, Bruna Sangoi Schmitz, Vanessa Cristina Nascimento Coelho y Andrea Machado, «Understanding Lies Based on Evolutionary Psychology: A Critical Review», *Trends in Psychology* 27, n.º 1, 2019, págs. 141-153. https://www.doi. org/10.9788/TP2019.1-11.

Vengeliene, Valentina, Ainhoa Bilbao y Rainer Spanagel, «The Alcohol Deprivation Effect Model for Studying Relapse Behavior: A Comparison between Rats and Mice», *Alcohol* 48, n.º 3, 2014, págs. 313-320. https://doi.org/10.1016/j. alcohol.2014.03.002.

Volkow, N. D., J. S. Fowler y G. J. Wang, «Role of Dopamine in Drug Reinforcement and Addiction in Humans: Results from Imaging Studies», *Behavioural Pharmacology* 13, n.º 5, 2002, págs. 355-366. https://doi.org/10.1097/00008877-200209000-00008

Volkow, N. D., J. S. Fowler, G. J. Wang, y J. M. Swanson, «Dopamine in Drug Abuse and Addiction: Results from Imaging Studies and Treatment Implications», *Molecular Psychiatry* 9, n.º 6, junio de 2004, págs. 557-569. https://doi. org/10.1038/sj.mp.4001507.

Watson, Gretchen LeFever, Andrea Powell Arcona y David O. Antonuccio, «The ADHD Drug Abuse Crisis on American College Campuses», *Ethical Human Psychology and Psychiatry* 17, n.º 1, 2015. https://doi.org/10.1891/1559-4343.17.1.5

Weisman, Aly y Kristen Griffin, «Jimmy Kimmel Lost a Ton of Weight on This Radical Diet», *Business Insider*, 9 de enero de 2016.

Wells, K. B., R. Sturm, C. D. Sherbourne y L. S. Meredith, *Caring for Depression*, Harvard University Press, Cambridge, MA, 1996.

Whitaker, Robert, *Anatomy of an Epidemic: Magic Bullets, Psychiatric Drugs, and the Astonishing Rise of Mental Illness in America*, Crown, Nueva York, 2010.

Winnicott, Donald W., «Ego Distortion in Terms of True and False Self» en *The Maturational Process and the Facilitating*

Environment: Studies in the Theory of Emotional Development, International Universities Press, Nueva York, 1960, págs. 140-157.

Wu, Tim, «The Tyranny of Convenience», *New York Times*, 6 de febrero de 2018.

Younger, Jarred, Noorulain Noor, Rebecca McCue y Sean Mackey, «Low-Dose Naltrexone for the Treatment of Fibromyalgia: Findings of a Small, Randomized, Double-Blind, Placebo-Controlled, Counterbalanced, Crossover Trial Assessing Daily Pain Levels», *Arthritis and Rheumatism* 65, n.º 2, 2013, págs. 529-538. https://doi.org/10.1002/art.37734.

Zhou, Qun Yong y Richard D. Palmiter, «Dopamine-Deficient Mice Are Severely Hypoactive, Adipsic, and Aphagic», *Cell* 83, n.º 7, 1995 págs. 1197-1209. https://doi.org/10.1016/0092-8674(95)90145-0.

Agradecimientos

Me gustaría agradecer a mis pacientes, que compartieron conmigo sus experiencias y reflexiones en el proceso de redacción de este libro. Su disposición a entregarse no solo a mí, sino también a lectores invisibles y desconocidos, es un acto de valentía y generosidad. Este libro es nuestro.

También me gustaría agradecer a las personas que no son mis pacientes y que aceptaron ser entrevistadas para este libro. Sus conocimientos sobre la adicción y la recuperación han enriquecido enormemente los míos.

Tengo la suerte de estar rodeada de muchas personas reflexivas y creativas, cuyas ideas han llegado a este libro a través de nuestras conversaciones. Sería imposible mencionarlos a todos, pero quiero dedicar un agradecimiento especial a Kent Dunnington, Keith Humphreys, E. J. Iannelli, Rob Malenka, Matthew Prekupec, John Ruark y Daniel Saal.

Gracias también a Robin Coleman por hacerme volver a escribir, a Bonnie Solow por creer en el proyecto, a Deb McCarroll por las ilustraciones y a Stephen Morrow y Hannah Feeney por llevarlo a buen término.

Finalmente, nada habría sido posible sin el apoyo de mi querido esposo, Andrew.